D1721969

Kaspar Hauser

Die Erfahrung

Das etwas andere Buch über
Freimaurer, Illuminaten, UFOs,
Außerirdische u.s.w.

Vorbehaltserklärung:

Dieses Buch ist dazu bestimmt, Informationen in bezug auf das behandelte Thema zu vermitteln.

Der Autor ist keinesfalls schadenersatzpflichtig oder verantwortlich irgend einer Person oder Wesenheit gegenüber im Falle eines Verlustes oder eines Schaden, der indirekt oder direkt durch die auf den folgenden Seiten enthaltenen Informationen verursacht worden sein könnte.

2. Auflage Dezember 1999

Copyright IMPULS Freies Institut für alternative Technologie & Geisteswissenschaft e.V., 1998

Covergestaltung: EXTREM Verlag, Idstein
Satz und Gestaltung: EXTREM Verlag, Idstein
Druck: Ute Berndt, Offsetdruck, Mainz-Kastel

Das Werk einschließlich aller seiner Teile ist urheberrechtlich geschützt. Jede Verwertung außerhalb der engen Grenzen des Urheberrechts ist ohne Zustimmung des Verlags unzulässig und strafbar. Das gilt insbesondere für Vervielfältigungen, Übersetzungen, Mikroverfilmungen und die Einspeicherung und Verarbeitung in elektronischen Systemen.

EXTREM Verlag, Inh. T. Schmitt
In der Ritzbach 11a
65510 Idstein
Email: extrem-verlag@gmx.de

Inhalt

Danksagung

Als erstes möchte ich mich bei allen Leuten bedanken, die mir direkt und indirekt beim Entstehen dieses Buches geholfen haben. Ein ganz besonderes Dankeschön geht hierbei auch an meine Frau, die mir während der langen Zeit der Entstehung des Buches ihr volles Verständnis entgegengebracht hat, obwohl dieses keineswegs immer einfach und selbstverständlich war. Ich möchte mich auch bei allen im Buch erwähnten Personen bedanken, auch wenn sie im ersten Moment noch so "negativ" waren, aber ohne diese wäre dieses Buch nie entstanden und wir hätten nie unsere Erfahrungen machen können.

Zu guter Letzt möchte ich mich bei der Göttlichen Inspiration bedanken, die mich jederzeit beim Schreiben des Buches begleitete.

Vorwort

Nach langer Überlegung, ob es sinnvoll ist, noch ein weiteres Buch über diese Thematik (Freimaurer, Illuminaten, UFOs usw.) zu schreiben und herauszugeben, da es schon sehr viel gute Literatur über dieses Thema auf dem Markt gibt, entschloß ich mich einmal ganz anders, als bisher, über die Freimaurer, Illuminaten, UFOs, Außerirdische u.s.w. zu berichten. Es ist war nie mein Anliegen, mit diesem Buch weitere Ängste zu wecken beziehungsweise Horrorszenarien aufzeigen oder neue Feindbilder entstehen zu lassen, sondern zu erklären, daß alles, was jetzt um uns herum geschieht, so geschieht, weil es so geschehen muß und wir uns alles, was um uns herum passiert selbst ausgesucht haben, um daraus zu lernen und zwar jeder einzelne für sich selbst. Wir können auch für niemanden die Aufgabe lösen, welche er sich zum Ziel gesetzt hat, nur er selbst kann dies. Nachdem Sie dieses Buch gelesen haben, werden Sie vielleicht verstehen, was ich damit aussagen möchte.

Trotz den ganzen sogenannten "schrecklichen" Erfahrungen, die meine Frau und ich gemacht hatten, sollte auch ein Buch voller Verständnis und Liebe entstehen. Dieses Buch soll auch eine Hilfe sein, um den Sinn des Seins in allem was geschieht, ein bißchen besser verstehen zu können. Vielleicht bekommen Sie beim Lesen wieder neues Selbstvertrauen und erhalten die nötige Motivation, um Ihr Leben so zu gestalten, wie Sie es sich vorstellen und wünschen. Denn jeder bekommt, gemäß den Naturgesetzen, genau das wieder, was er sich wünscht.

Denjenigen unter Ihnen, die sich für Einzelheiten der freimaurerischen Machtstrukturen und ihrer Verflechtungen mit Politik, Wirtschaft und Banken interessieren, kann ich für nähere Informationen (siehe hierzu auch die Buchempfehlungen am Ende des Buches) die Werke von Jan van Helsing, Johannes Rothkranz, Dieter Rüggeberg und Juan Maler empfehlen, in denen beschrieben wird, wie die ursprünglichen Freimaurerlogen, in denen sich die Mitglieder über Jahrhunderte hinweg mit den metaphysischen Fragen des Lebens beschäftigt hatten, gegen Ende des 17. Jahrhunderts von internationalen "Elementen" unterwandert wurden und der spirituelle Geist der Logenbrüder dem der Unterwanderer wich.

Die Illuminati – wie man die negativen Machtstrukturen auch bezeichnet – haben als Ziel, die Weltherrschaft, die sie als die "Neue Weltordnung" bezeichnen. Plan der Illuminati ist es, die Menschen in dieser "Neuen Weltordnung" durch Kreditkarten und Mikrochips zu kontrollieren, wie in George Orwells "1984" – ein gnadenloser Sklavenstaat.

Um diesen Plan umzusetzen, benötigten die Illuminati jedoch schon früh die Kontrolle über wichtige und einflußreiche Personen. Und deshalb mußten sie die Freimaurerlogen infiltrieren und später unter ihre Kontrolle bringen, da sich in diesen, Männer des Militärs, Wissenschaftler, Denker, Ärzte, Lehrer u.a. zusammengefunden hatten. Sie waren im Mittelalter die einzigen Menschen, die lesen und schreiben konnten und daher auch über die wichtigen Fragen des Lebens diskutieren konnten.

Und so wurden die Logen über die letzten zwei Jahrhunderte aus einem Bund geistiger und spiritueller Männer zu einem Organ einer gewaltigen Verschwörung. Das heißt jedoch keinesfalls, daß jeder Freimaurer Teil der Verschwörung ist, sondern eigentlich nur die Hochgrade der Logen, also die inneren Kreise beziehungsweise die Obersten unter den Brüdern, da der Rest nie in diese Geheimnisse eingeweiht ist.

Doch dieses ist nie der Inhalt dieses Buches und hat auch weniger mit unserer Geschichte zu tun. Von diesen Strukturen erhielt ich auch erst vor zwei Jahren Kenntnis, beziehungsweise wurde ich mir erst jetzt darüber bewußt, obwohl sie eigentlich seit meiner Geburt um mich herum vorhanden waren.

Dieses Buch soll auch aufzeigen, daß die Ereignisse um uns herum nie grundlos geschehen, sondern zum größten Teil ein Produkt von uns Selbst sind, und sollten sie im ersten Moment noch so "schrecklich" sein, so können sie uns doch weiterhelfen. Sie werden nun sicherlich denken, wie können so "negative" Ereignisse einem weiterhelfen oder sogar von einem Selbst mit inszeniert sein?

Meiner Frau und mir erging es bis vor kurzem auch genauso, es reihte sich scheinbar ein negatives oder seltsames Ereignis an das andere. Es sah alles nach einer Verschwörung aus, doch wer oder was sollte sich gegen einen jungen Mann (ich bin heute dreißig Jahre alt) und seine ebenso junge Frau (einunddreißig) verschworen haben? Waren wir jemandem mit irgend etwas auf die Füße getreten? Sollte es keinerlei Hilfe oder einen Ausweg mehr für uns geben?

Es sollte einige Jahre dauern, bis wir dahinter kamen, wer und was uns das Leben schwer machte und wie eine Lösung für dieses Problem aussehen würde. Natürlich lassen sich unsere Erlebnisse keineswegs mit denen von James Bond vergleichen, da es sich bei vielen solcher Ereignisse um spirituelle handelt, doch haben wir auch handfeste Schießereien hinter uns. Und insgesamt weichen unsere Erfahrungen sicherlich um ein Weites von dem ab, was bei einem Otto-Normal-Verbraucher über sein Leben hindurch geschieht. Von diesen Ereignissen und den Erkenntnissen möchte ich Ihnen anschließend berichten. Doch vorher möchte ich Ihnen noch kurz die Gestaltung des Buches erläutern:

Die ersten beiden Teile habe ich, im Gegensatz zum dritten Teil, in der Erzählform geschrieben, so als würden wir uns, gemütlich gegenüber sitzen.

Der erste Teil dieses Buches handelt über die von meiner Frau und mir erlebte Kindheit, damit Sie die Möglichkeit bekommen, sich ein Bild über uns zu machen. Im zweiten Teil berichte ich über die von uns gemeinsam erlebten Geschehnisse.

Der dritte Teil handelt von der Erkenntnis, die wir daraus gewonnen haben und die wir als Hilfe an Sie gerne weitergeben möchten. Dort haben wir auch versucht, unsere persönliche Meinung, die wir durch eigene Erfahrungen oder durch Visionen zu verschiedenen Themen gewonnen haben, niederzuschreiben, weil sie im ersten Teil unerwähnt bleiben.

Daß von mir ein Pseudonym auf dem Cover verwendet wurde, beruht auf keiner Angst oder weil ich mich wichtig machen möchte, sondern weil mein richtiger Name, in diesem Fall, ohne jegliche Bedeutung ist. Das gleiche gilt auch für fast alle anderen Namen, die ich in diesem Buch verwendet habe. Der Grund, wieso ich gerade diesen Namen ausgewählt habe, ist, daß Kaspar Hauser jemand war, der den Menschen immer wieder verziehen hatte und dabei Freundlichkeit, Verständnis und Liebe ausstrahlte. Er hatte kein polares Denken, sondern verkörperte eine gewisse Neutralität. Diese Eigenschaften wollte ich auch mit diesem Buch aufzeigen. Vereinfacht gesagt er verurteilte keinen und genau so soll dieses Buch angesehen werden.

Teil I

Ereignisse in meiner Kindheit

Geboren wurde ich Ende der sechziger Jahre in einer Kleinstadt in Deutschland. Das erste Erlebnis, an das ich mich erinnern kann, war, daß ich mit zirka drei Jahren wegen einer harmlosen Operation ins Krankenhaus gebracht wurde. Es war ein so schreckliches Ereignis für mich, daß ich dieses erst vor kurzer Zeit ganz überwunden habe. Es passierte damals folgendes, der Chefarzt verbot meinen Eltern, mich zu besuchen. Ich hatte nämlich fast Tag und Nacht geschrien, daß meine Eltern mich abholen sollten, da ich, aus irgendeinem Grund, absolute Panikzustände hatte, ausgelöst durch das Krankenhaus und die Ärzte. Meine Eltern durften mich wegen meiner Angst nie besuchen. Sie durften auch die Spielsachen, die sie für mich gekauft hatten, nur Bekannten von ihnen mitgeben. Nur diese ließ der Arzt zu mir. Bis heute habe ich ein bestimmtes Unbehagen gegen Ärzte und Krankenhäuser behalten. Als ich dann aus dem Krankenhaus entlassen wurde, stotterte ich durch den dort erlittenen Schock und hatte bei der Aussprache von S-Lauten sehr große Schwierigkeiten. Auch vor jedem Fremden hatte ich eine solche Furcht, daß ich mich versteckte. Mit dieser Angst ging es sogar soweit, daß ich mich schon im Haus versteckte, wenn jemand Fremdes draußen am Fenster vorbeiging. Als meine Eltern mit mir das erste mal in den Urlaub fahren wollten, weigerte ich mich hartnäckig, die gemietete Ferienwohnung zu betreten, da ich Angst hatte, sie würden mich wieder alleine lassen. Es gelang ihnen aber dennoch, mit sehr viel Geduld, mich dazu zu überreden auszusteigen, und es wurde dann doch noch ein schöner Urlaub. Meine Eltern sind, weil sich mein Sprachproblem auch nach ein paar Wochen kaum besserte, mit mir zu einem Sprachlehrer gegangen. Er konnte lediglich mein Problem bei der Aussprache von S-Lauten lösen ansonsten blieb die Therapie erfolglos. Er sagte ihnen auch, daß der erlittene Schock, von dem Krankenhausaufenthalt, so groß ist, daß es noch einige Zeit dauern würde, bis ich dieses Erlebnis überwunden beziehungsweise vergessen hätte. Mit dieser Aussage sollte er recht behalten, den mein starkes Stottern und die Angst vor fremden Personen blieb eine ganze Zeit bestehen. Später, als ich älter war und eingeschult wurde, und so auch in Kontakt mit anderen Kindern kam, trat eine leichte Besserung ein. Es dauerte jedoch noch einige Jahre, bis diese Sprachstörung ganz verschwand.

Trotzdem hielt ich zu anderen Kindern eine gewisse Distanz, spielte lieber alleine oder interessierte mich für ungewöhnliche Phänomene, wie übersinnliche Fähigkeiten, Raumfahrt, UFOs usw. Ich sammelte, sobald ich richtig lesen konnte, alle Zeitungsausschnitte, die ich über solche Themen irgendwo gelesen oder gesehen hatte.

Kurz vorher hatte ich erwähnt, daß ich am liebsten allein gespielt habe; dieses kam zum Teil daher, weil ich Angst davor hatte, daß die anderen Kinder mir irgend etwas von meinen Spielsachen zerbrechen würden. Dieses wurde mir von meinen Eltern so eingeprägt. Nie habe ich als Kind irgend etwas zerbrochen und besitze auch heute noch mein erstes Spielzeugauto oder überhaupt die ersten Spielsachen. Sie liegen fast alle noch bei meinen Eltern auf dem Dachboden.

Am liebsten hielt ich mich aber bei meiner Großtante auf, die fast immer auf mich aufpaßte, wenn meine Eltern fort waren und mir viele Geschichten mit spirituellem Hintergrund erzählte. Von ihr möchte ich jetzt ein Erlebnis schildern.

Als ich mit zirka sechs Jahren mit meinen Eltern in Holland im Urlaub war, ereignete sich dort etwas Merkwürdiges: Kurz bevor der Urlaub zu Ende ging, fuhren meine Eltern mit mir zu einer großen Schleusenanlage. Wir besichtigten diese und beobachteten die großen Schiffe, wie sie durch die Schleuse fuhren. Während wir an der Kaimauer entlang in Richtung des Autos gingen, wollte mein Vater über eine Absperrkette springen, die vor uns auf dem ausgewiesenen Gehweg, ungefähr zehn Zentimeter über dem Boden hing. Er ging ganz langsam auf diese Kette zu, um kurz vorher loszuspringen. Er war aber schon zu dicht an die Kette gekommen und blieb dabei mit dem Fuß an der Kette hängen und stürzte. Er fiel so unglücklich auf seinen Arm, daß dieser sofort blau und dick wurde und im Ellenbogenbereich kaum noch zu bewegen war. Wir sind sofort mit ihm ins Krankenhaus gefahren, wo sein Arm untersucht und geröntgt wurde. Die Ärzte stellten anhand der Röntgenbilder fest, daß sein Ellenbogen gebrochen war und gipsten diesen ein. Danach fuhren wir zurück zur Ferienpension. Als wir dort angekommen waren, riefen wir meine Großtante an, die zu Hause auf die Wohnung aufpaßte und erzählten ihr, was geschehen war. Sie sagte, wir sollten sie morgen noch einmal anrufen, denn sie müßte uns etwas darüber mitteilen. Diese Aussage wunderte uns bei ihr kaum. Mein Vater sagte immer, sie hätte einen direkten Draht "nach oben".

Am nächsten Abend riefen wir wie vereinbart bei meiner Großtante an und sie erzählte, daß sie sich mit den "geistigen Wesen" in Verbindung gesetzt habe und sie hätten ihr mitgeteilt, der Ellenbogen sei in Ordnung und es sei deswegen auch gar kein Problem, im Urlaub zu bleiben. Mein Vater sagte nur, er ließe sich mal überraschen, wie es nun weitergehe. Am nächsten Morgen bekamen wir durch einen Anruf vom Krankenhaus mitgeteilt, daß mein Vater zu einer erneuten Untersuchung ins Krankenhaus kommen solle. Wir fuhren gleich zum Krankenhaus und als wir dort angekommen waren, nahm man meinem Vater den Gips gleich wieder ab, mit der Begründung, daß der Arzt ihn erneut untersuchen wolle. Dieser teilte nach der Untersuchung mit, daß man sich geirrt hätte und nach einer Rücksprache mit anderen Ärzten zeigte er meinen Eltern die neuen Bilder. Es lag nun, nach erneutem Röntgen des Ellenbogens, kein Bruch mehr vor. Die Ärzte meinten, daß es sich lediglich um eine Verstauchung handele und der Gips den mein Vater hatte, könnte nun auch abgenommen werden. So hatte meine Großtante recht behalten und wir wurden von ihr nach Beenden des Urlaubs mit einem verschmitzten Gesicht empfangen. Dieses ist nur eine von vielen Geschichten, die ich über meine Großtante erzählen kann. Sie war eine ganz einfache Frau, die in ihrem Leben nur das getan hat, was sie wollte. Womit sie verständlicherweise ab und zu auch großes Unverständnis bei den Menschen, mit denen sie zu tun hatte, auslöste. Sie ließ sich von niemandem manipulieren oder irgendwie steuern, was einen Teil meiner Verwandtschaft sichtlich störte. Sie nahm sich aber trotzdem, wenn jemand, ganz egal wer, ein Problem hatte, die Zeit, um ihm zuzuhören, und wenn er es wünschte, Hilfe anzubieten, um ihm zu zeigen, wie er sein Problem selbständig lösen könne. Sie starb, als ich acht Jahre alt war. Für mich war sie wie eine Ausbilderin aus einer anderen Welt, die mir viele Dinge im spirituellen Bereich gezeigt hat, die ich zum Teil während meiner Jugendzeit verloren habe, aber an die ich mich jetzt, im richtigen Moment, wieder erinnere und durch diese manche Probleme lösen kann. Sie ist für mich irgendwie nie wirklich gestorben, und ich weiß heute, daß sie nur ihren Körper verlassen hat, weil meine Ausbildung abgeschlossen war. Ich habe mich nach ihrem Tod noch viel mit ihr unterhalten, selbst mein Vater macht dieses heute noch in Problemsituationen. An einem Tag, zirka fünf Jahre nach ihrem Tod, saßen meine Eltern, die Besuch hatten, im Wohnzimmer. Auf einmal konnte man die Stimme meiner Großtante deutlich hören, wobei sie nach meinen Eltern rief, um ihnen eine für sie wichtige Botschaft zu übermitteln. Ich konnte dies ganz deutlich spüren und hören, ja selbst der Besuch bekam es mit und war sehr erschrocken. Ja, so war sie eben meine Großtante.

Nun möchte ich von meinem Vater und meinen anderen nahen Verwandten erzählen. Mein Vater hat mit mir gespielt, wenn er abends von der Arbeit kam, und wenn ich ein Problem hatte, konnte ich mich jederzeit an ihn wenden. Wir sind, wenn es die Zeit zuließ, fast jeden Abend in der Natur spazierengegangen, haben Tiere beobachtet oder nur die Natur um uns herum genossen. Ich mochte Tiere schon als Kind sehr gerne, und meine Eltern konnten mich keine Tiersendung sehen lassen, in der einem Tier etwas zugestoßen ist. Wie zum Beispiel "Lassie", da habe ich immer zu weinen begonnen. Solch eine Kindheit hört sich im ersten Moment zwar wunderbar an, doch bei näherer Betrachtung ändert sich der Eindruck.

Es gab nämlich auch einige Probleme mit meinen Eltern. Durch ihre übertriebene Angst und den Schutz, kam ich mir manchmal wie in einem goldenen Käfig vor. Aus dem Grund war es für mich zum Beispiel unmöglich, bis ich mit zweiundzwanzig Lebensjahren meine jetzige Frau kennenlernte, eine Selbständigkeit in meinem handeln zu entwickeln.

Bevor ich nun weiter über meinen Vater und meine Kindheit erzähle, möchte ich noch ein paar Worte persönliche Worte an meinem Vater richten, der dieses Buch wahrscheinlich lesen wird:

Bitte versuche mich mit dem, was ich in diesem Abschnitt schreibe, zu verstehen, denn es ist für mich wichtig. Es tut mir leid, wenn du darüber traurig bist, aber wir konnten uns leider bis zum heutigen Tag nie richtig darüber unterhalten. Ich bin dir trotzdem für alles, was Du bis heute für mich getan hast, sehr dankbar, denn ich konnte dadurch sehr viele Erfahrungen sammeln. Ich verstehe auch, daß du immer nur das Beste für mich wolltest. Dein eigener Vater ist schon sehr früh gestorben und hat dir als Heranwachsender sehr gefehlt. Es ist auch in Ordnung, daß dir Geld und Macht sehr viel bedeuten, nur für mich sind andere Dinge wichtiger. Dieses ändert aber nie etwas daran, daß die Dinge, die du getan und gesagt hast, für dich ganz wichtig sind, was von mir respektiert wird.

So, nun aber wieder zurück zu meiner Kindheit. Mein Vater war schon relativ früh politisch tätig. Er besuchte sehr viele weiterbildende Lehrgänge bis hin zu Managerseminaren. Später, als er in seinem Beruf, die nötige Qualifikationen hatte, hielt er selbst auch Ausbildungsseminare ab. Während meiner Kindheit bzw. solange wie ich bei meinen Eltern wohnte brachte er mir deshalb viele Dinge bei. Er übte zum Beispiel mit mir, wie man vor einem großen Publikum redet und dabei deren Aufmerksamkeit erreicht, die Körpersprache einsetzt bzw. an ihr erkennt welche Person man vor einem hat, anhand der Kleidung eine Person beurteilen kann, Briefe an Ämter schreibt und viele Dinge mehr, die zu dem Bereich der "Psychopolitik" gehören.

Er wollte schon früh mit meiner Mutter und mir auswandern oder wegziehen. Es war schon einmal soweit, daß er fast eine Farm in Südamerika gekauft hätte, was jedoch im letzten Moment scheiterte. Er war trotzdem irgendwie mit seiner Situation, seinem Leben unzufrieden und wollte nach meinem Empfinden irgendwohin ausbrechen oder vor etwas davonlaufen. Mein Vater ist nämlich auch eine sehr ängstliche Person. Zum Beispiel hat er immer Angst, daß jemand einbrechen oder ihm beziehungsweise der Familie irgend etwas antun könnte. Seine Pläne auszuwandern hörten ab dem Zeitpunkt schlagartig auf, als er eine Beziehung zu einer anderen Frau anfing und kaum noch bei meiner Mutter und mir war. Er war abends nur noch kurz zu Hause, spielte mit mir und fuhr dann zu dieser anderen Frau. Es war eine sehr schwere Zeit, denn nun fühlte ich mich irgendwie alleine in meinem "goldenen Käfig". Meine Mutter versuchte, so gut es ging, das Loch, das mein Vater bei mir aufgerissen hatte, zu schließen. Sie fuhr mit mir in kurze Urlaube und sah mit mir viele Dinge an. Es war zwar sehr lieb von ihr gemeint und ich danke ihr auch dafür, aber es fehlte mir trotzdem irgend etwas. Meine Oma und mein Onkel kümmerten sich auch sehr um mich, was ich toll fand. Durch meinen Onkel, der sich genauso wie ich, für verschiedenste Themen interessierte, lernte ich sehr viel kennen und kam auch viel herum. Folgendes Erlebnis scheint mir dabei erwähnenswert: Als ich elf Jahre alt war, wollten meine Oma und mein Onkel mit mir wieder einmal einen Ausflug machen. Wir beabsichtigten zum Nürburgring in die Eifel zu fahren, um uns ein Autorennen anzusehen. Mein Onkel fuhr mit dem Auto in ein Industriegebiet, das auf dem Weg lag, weil er noch etwas besorgen mußte. Plötzlich gab es einen Knall und nach kurzer Zeit schlugen Flammen aus der Motorhaube. In dem Moment, als das Auto zum Stillstand kam, sprangen meine Oma und mein Onkel sofort aus dem Auto, doch mir war es unmöglich, so schnell herauszukommen, da ich hinten saß und es sich bei dem Fahrzeug um einen zweitürigen Sportwagen handelte. Mein Onkel handelte in dieser bedrohlichen Situation blitzschnell und ohne Rücksicht auf seine Gesundheit. Er riß mit bloßen Händen die brennende Motorhaube auf und anschließend das stromführende Kabel von der Batterie ab. Die Ummantelung des Kabels brannte sich sofort in seine Hände ein, doch trotz starker Schmerzen holte er mich anschließend noch aus dem Auto. Er war danach sehr lange in ärztlicher Behandlung und hat bis heute nie mehr die völlige Bewegungsfähigkeit der Finger, trotz Hautverpflanzungen, zurückerhalten. Ich fand dieses Handeln meines Onkels sehr mutig.

Doch nun zur Begründung warum ich mich bei meinen Eltern wie in einem "Goldenen Käfig" gefangen fühlte? Es hieß, wenn ich irgend etwas selbständig machen wollte: "Das ist zu schwer für dich, zu gefährlich oder das kannst du nie". Ich durfte nie ich selbst sein. Unbewußt wurde ich so von meinen Eltern und meiner Oma eingeschränkt. Nur meine Großtante, von der ich schon erzählt habe, tat das nie. Nach ihrem Tod und der Beziehung meines Vaters zu einer anderen Frau dachten alle, sie müßten mich jetzt noch mehr beschützen und bemuttern. Ein paar Beispiele von vielen sind: Wenn ich etwas tragen wollte, hieß es: "Nein, das ist zu schwer für dich". Ein Freund von mir bastelte gern. Wenn ich es auch versuchen wollte, hieß es: "Laß das, das klappt doch sowieso nie". Wenn ich mir von meinem Geld irgend etwas kaufen wollte, hieß es: "Spar dir lieber Dein Geld, was willst du für so etwas Geld ausgeben". Wenn ich später mal etwas getrunken hatte, hieß es: "Laß das, das ist ungesund". Wenn ich mit meinen Freunden in die Disco fahren wollte, hieß es: "Das ist zu weit, bleibt doch hier". Wenn ich kein Fleisch gegessen oder gar keinen Hunger hatte, hieß es: "Du mußt doch was richtiges essen, sonst wirst du zu dünn". Wenn ich mit dem Mofa außerhalb meines damaligen Wohnortes fahren wollte, hieß es: "Das ist zu gefährlich, da kann ja irgend etwas passieren". Wenn ich später einen etwas ungewöhnlichen Beruf (Archäologe, Astronaut oder ähnliches) ausüben wollte, hieß es: "Du mußt doch was Vernünftiges lernen, damit du später auch eine Altersversorgung hast". Wenn ich eine Freundin hatte, hieß es: "Was willst du mit der, was hat die für einen Ruf?" oder: "Ihre Eltern sind nur einfache Leute und verdienen zu wenig." Es ging alles nur um Geld und Macht.

Eines Tages wollte ich, wie meine anderen Schulkameraden auch, mit dem Mofa in die Schule fahren, doch ich bekam es nur erlaubt, wenn mein Vater mit dem Auto die ganze Strecke von acht Kilometern hinter mir her fuhr. Es gäbe noch viele solcher Beispiele, aus denen verständlich wird, wieso ich in einem "Goldenem Käfig" lebte. Ich konnte mich und meinen freien Willen nie selbst entwickeln, bis zu dem Tag, als ich meine Frau kennenlernte. Vorher konnte ich das nur mit Hilfe meines Computers, den ich mit vierzehn Jahren von meinen Eltern zu Weihnachten geschenkt bekam. Dort baute ich mir dann, mit den von mir erstellten Programmen, meine eigene Traumwelt auf. Dies war eine freie Welt für mich, in der mir meine Eltern oder irgendwelche andere Personen keinerlei Einschränkungen machen konnten. Es war auch schwierig für meine Eltern, meine Einstellungen und Vorstellungen schon als Kind über diese Welt zu verstehen. Ich sagte zum Beispiel einmal, als jemand gestorben war, daß es mir unverständlich sei, wieso die Leute traurig sind, wenn jemand stirbt. Für ihn sei doch dann nur das Schuljahr auf diesem Lernplaneten beendet, er gehe jetzt auf einen Ferienplaneten und käme dann, wenn sein Schuljahr wieder beginnen würde, auf diesen oder einen anderen Planeten zurück.

Für mich gab es auch niemals einen Zweifel darüber, ob Außerirdische existieren oder sie nur erfunden sind. Mich interessierte nur, was sie wollen, und mein größter Wunsch war es, einmal mit einer Flugscheibe zu fliegen.

Als in der Schule, im Biologieunterricht, zum ersten mal über den Mikrokosmos gesprochen wurde, äußerte ich, es könne doch auch möglich sein, daß unser Kosmos nur ein Teil einer Spitze von einem Bleistift sei, also, daß es noch etwas viel Größeres gäbe. Diese Aussage war damals für meinen Lehrer allerdings absolut unverständlich.

Durch mein Interesse an sogenannten "Unglaublichen Phänomenen" entwickelte ich verschiedene Fähigkeiten. Beispielsweise konnte ich Astralreisen, Lampen zerspringen lassen, Stromschwankungen auslösen (z.B. Lampen an uns ausschalten). Oftmals geschah dieses unbeabsichtigt immer dann, wenn ich starke Kopfschmerzen hatte. Durch diese Stromschwankungen spielten sehr oft auch Computer verrückt. Hierzu möchte ich ihnen ein kurzes Erlebnis schildern. Als ein Bekannter von mir bei einem anderen Bekannten einen Paßwortschutz in das Computersetup eingeben wollte, sagte ich zu ihm, daß er dies lieber sein lassen solle, weil ich heute so starke Kopfschmerzen und das Gefühl hätte, daß er nie wieder an das Paßwort des Computers herankommen würde. Er lachte nur und sagte: "Was stören mich deine Kopfschmerzen oder dein Gefühl", und gab das Paßwort deutlich vor unseren Augen ohne einen Fehler ein. Anschließend stellte er den Computer aus und startete ihn erneut. Als er zu der Paßwortabfrage kam, gab er das Paßwort genau so ein, wie er es programmiert hatte, doch der Computer meldete nur: Falsches Paßwort. Er wiederholte den Vorgang dann mindestens noch zwanzig mal aber immer wieder ohne Erfolg. Nun baute er die Batterie aus dem Rechner aus, damit sich das BIOS des Computers wieder auf seine Standardwerte zurücksetzte, doch auch dieses blieb ohne Erfolg. Als letzte Möglichkeit fiel ihm nur noch ein, das BIOS auszulöten, um dann einen ganzen Tag und eine ganze Nacht abzuwarten bis er es wieder in den Rechner einbauen kann, damit es sich, so hoffte er, wieder auf seine Standardwerte zurücksetzte. Danach baute er es wieder ein, doch auch diesmal funktionierte der Computer keineswegs. Der Computer wurde dann zu einem Fachmann gebracht, der ein paar Teile auf dem Motherboard austauschte, wonach der Computer sofort wieder lief. Seit der Zeit durfte ich nie mehr an den PC meines Freundes, wenn ich starke Kopfschmerzen hatte. Das war auch noch so, als meine Frau ein Geschäft hatte, worüber ich später noch berichten werde.

Mit dem Zerspringen von Glas war es zum Teil sehr störend, denn wenn ich sehr angestrengt und konzentriert auf etwas schaute, sprangen mir die Brillengläser. Selbst bei den Kontaktlinsen, die ich später trug, konnte es passieren, daß in der Mitte ein kreisrundes Loch war. Das erste Mal fragte mich der Augenarzt ganz unverständlich, ob ich in der Mitte mit einem Laser ein Loch eingebrannt hätte, ich verneinte, denn wie sollte ich das angestellt haben. Es war sowieso komisch, wie ich zu der Brille kam. Ich ging damals in die dritte Klasse. Wir mußten bei einer Mathematikarbeit immer die Aufgaben von der Tafel abschreiben. An dem Tag, an dem wir die Mathematikarbeit schrieben, ging ich ganz normal wie jeden Tag zur Schule. Ich bemerkte bis zu dem Zeitpunkt, als die Unterrichtsstunde begann, keinerlei Veränderung an mir. Wir mußten, wie schon am Tag vorher, bei der Übungsarbeit die Zahlen von der Tafel abschreiben. Nach dem Unterricht gaben wir unsere Arbeit ab. Am Nachmittag rief der Lehrer bei meinen Eltern an und sagte ihnen, daß sie mit mir dringend zum Augenarzt gehen sollten. Denn ich hatte komplett falsche Zahlen von der Tafel abgeschrieben. So ging meine Mutter am nächsten Tag mit mir zum Augenarzt, der eine gravierende Sehschwäche feststellte. Seit diesem Tag mußte ich eine Brille tragen. Heute brauche ich keine Brille mehr. Wie es dazu kam, werde sie später noch erfahren.

Leider gingen viele dieser Fähigkeiten über die Jahre hinweg verloren, weil mir Geld und Macht durch meine Erziehung und mein Umfeld immer wichtiger wurden.

Es gab drei Dinge, vor denen ich starke Angst hatte, die aber mittlerweile verschwunden ist. Das erste sind Spinnen. Ich konnte keinen Raum betreten, von dem ich wußte, daß sich darin eine Spinne befand. Mein Vater hat mich manchmal geärgert und mir auf die Computertastatur eine eingetrocknete Spinne gelegt. Ich bin anschließend meinem PC ferngeblieben, bis jemand die Spinne entfernt hatte. Das zweite ist die Dunkelheit. Als Kind konnte ich nur mit Licht schlafen, und wenn ich einen Keller, beziehungsweise einen dunklen Raum betreten mußte, fing ich leise an zu singen, was mir dann geholfen hat, der Angst entgegenzuwirken. Es gab als Kind eine Zeit, da bin ich jede Nacht um die gleiche Uhrzeit zu meinen Eltern ins Bett gekommen, weil ich so schlecht geträumt hatte, beziehungsweise glaubte, daß ich in meinem Zimmer nie alleine war. Ich hatte dann das Gefühl, daß irgendwelche Wesen da waren und die Angst wurde durch das Unbekannte immer stärker. Die dritte Sache hört sich jetzt vielleicht lustig an, aber davor war meine Angst als Kind am größten. Es handelte sich hierbei um Vampire. Ich zog vor dem Einschlafen immer die Decke bis zur Nasenspitze hoch. Wurde ich nachts wach und die Decke war herunter gerutscht, so daß mein Hals frei war, zog ich sie sofort wieder hoch, in der Hoffnung, daß der Vampir mir so unmöglich in den Hals beißen könne. Während der Schulzeit verschwanden dann aber diese Ängste langsam.

In die Schule ging ich manchmal ganz gerne, doch die meiste Zeit weniger gern. Mitunter war mir einfach zu langweilig, was mir dort beigebracht wurde, und deshalb bemühte ich mich auch selten. Das hatte natürlich Auswirkungen auf meine Noten, was für meine Eltern immer unverständlich. Gab es zum Beispiel ein interessantes Thema in der Schule, dann schrieb ich in der Arbeit eine Eins oder Zwei. War das Thema für mich uninteressant, so konnte die Note schon einmal eine Vier oder sogar, ab und zu, eine Fünf sein. Die Lehrer bemängelten in den ersten Schuljahren fast immer an mir, daß ich manche Dinge, die sie erklärten, richtigstellen wollte. Oftmals habe ich sie zu Recht verbessert. Das konnte selbst bei Aufgaben in der Mathematik der Fall sein, bei denen ich andere Lösungswege fand, als uns vorgegeben wurden und ich auf einem, für mich leichteren Weg, trotzdem zum richtigen Ergebnis kam. Das war aber auch in anderen naturwissenschaftlichen Fächern der Fall. Selbst im Religionsunterricht stellte ich Fragen, auf die mir auch ein Pfarrer keine Antwort geben konnte oder ich beantwortete gestellte Fragen so, daß ich ihn selbst zum Nachdenken brachte. Ein Pfarrer wollte auch immer, daß ich selbst einmal Pfarrer werden sollte. Das lehnte ich aber schon im dritten Schuljahr mit der Begründung ab, daß man als Pfarrer aufs heiraten verzichten muß beziehungsweise mit keiner Frau zusammenleben dürfe.

Was mich noch sehr interessierte war zuerst die Serie "Raumschiff Enterprise" und später die "Krieg der Sterne"- Trilogie, weshalb ich mit meinem Freund einen "Star Wars Fanclub" gründete. Aber auch alles, was mit der Raumfahrt zu tun hatte, interessierte mich. Ich wollte immer Astronaut werden. Zu dieser Sache fällt mir noch eine kleine Geschichte ein. Als meine Großtante gestorben war, stand das Elternhaus von meinem Vater leer. Ich möchte hier vorab noch kurz erwähnen, daß es sich dabei um den größten Hof im Ort handelte. Meine Vorfahren stellten in diesem Ort den Bürgermeister, den Pfarrer, die Postverwaltung und waren an der Erbauung der Kirche um 1900 beteiligt. Auf diesem Hof arbeiteten zur damaligen Zeit viele Leute und während des Krieges auch einige Kriegsgefangene. Das Ganze ist aber kurz nach dem Krieg zusammengebrochen, da fast alle Männer meiner Vorfahren im Krieg starben und auch mein Opa so schwer verwundet wurde, daß er kurze Zeit nach dem Krieg starb. Als später auch meine Großtante starb, die zuletzt noch einen Rest dieses Anwesens bewohnt hatte, jedoch einen Teil davon verkaufte, verkaufte mein Vater auch noch den Rest. Beim Ausräumen des Hauses fand mein Vater eine alte Truhe mit sehr alten Kirchenbüchern und einem Stammbaum der Familie. In die Kirchenbücher, so hatte mein Opa einmal gesagt, dürfe man nie hereinschauen, sonst würde man keinesfalls mehr wissen, was man noch glauben solle. Hiervon möchte ich aber keineswegs berichten, sondern es geht um den Stammbaum. In diesem stand unter anderem auch, daß einige der Vorfahren nach Amerika ausgewandert waren. Einer wurde als Viehdieb im sogenannten "Wilden Westen" aufgehängt und der andere hatte dort einen Saloon. Diese Linie verfolgte mein Vater weiter, und es ergab sich daraus, daß einer der Nachfahren als Astronaut bei einer Apollo-Mission mit auf dem Mond war. Er trug weiterhin noch den deutschen Familiennamen. Nachdem mein Vater mit ihm Kontakt aufgenommen hatte, schickte er uns Bilder von seiner Apollo-Mission. Das verstärkte bei mir noch mehr den Wunsch einmal Astronaut zu werden, beziehungsweise mich mit UFOs, Außerirdischen und ähnlichem zu beschäftigen.

Soviel über meine Kindheit und ein paar intimen Eigenheiten. Diese Beschreibungen war wichtig, damit die im zweiten Teil, erlebten Ereignisse für sie verständlicher werden.

Ereignisse in der Kindheit meiner Frau

Sie wurde vor dreißig Jahren in einer kleinen Stadt in Norddeutschland geboren und war als Kind, wenn ich das hier so hart schreiben darf, ein richtiges Biest. Schon als ganz kleines Kind hat sie jemanden, der zu ihr in den Kinderwagen, in dem sie gelegen hat, schauen wollte, in die Wange gebissen. Ein anderes mal ist sie einem älteren Jungen, über den sie sich geärgert hatte, von hinten an die Kapuze gesprungen, hat sich daran gehängt und sich festgehalten. Erst die Oma meiner Frau mußte sie von dort losreißen, nachdem der Junge schon ziemlich stark nach Luft gerungen hatte. Als ihr Bruder einmal beim üben mit dem Fahrrad zufahren in einen tiefen Graben fuhr, der mit Wasser gefüllt war, stellte sie sich daneben und schaute zu, wie er verzweifelt vermied zu ertrinken ohne ihm zu helfen. Die Oma kam dann herbeigelaufen und rettete den Bruder meiner Frau, der noch lange danach, durch das viele Wasser, was er geschluckt hatte, krank war. Als ihre Mutter mit ihr Einkaufen war, und sie keinesfalls das bekam, was sie wollte, hat sie einfach in den Eingang des Ladengeschäftes vor lauter Wut gepinkelt, oder im Geschäft die Waren aus dem Regal gerissen und zerstört. Ihrem Bruder oder anderen Kinder hat sie, wenn sie mit deren Spielsachen nie spielen durfte, diese einfach zerstört. Ein anderes mal, als ihre Mutter einmal mit ihr schimpfte, weil sie nie das gemacht hatte, was sie sollte, hat sie ihrer Mutter die frisch geputzte Küche voller Sand gestreut. Deshalb durfte sie zu Hause dann auch alles machen was sie wollte, da sie so furchtbar wütend werden konnte, daß sie selbst für ihre Eltern unberechenbar beziehungsweise unkontrollierbar wurde.

Sie konnte auch Leute so "steuern", daß sie immer das bekam was sie wollte. Alle anderen Kinder hatten deshalb Angst vor ihr. Selbst, als ich schon mit ihr zusammen war, und wir durch die Stadt gingen und uns ehemalige Schulkameraden meiner Frau begegneten, machten diese einen großen Bogen um uns. Wenn ich meine Frau dann darauf ansprach, wer das sei, weil er uns ausweichen würde, sagte sie zum Beispiel einmal: Oh, das ist jemand, dem habe ich in der siebten Klasse einmal einen Zahn ausgeschlagen, oder dem habe ich meinen Turnbeutel so auf den Kopf gehauen, daß die Gläser mit Plakafarben, die darin waren, alle zerbrachen und ihm die Farbe über den Kopf lief.

Sie lernte auch nie für die Schule, weil es für sie zu langweilig war und eine Unterforderung darstellte, machte aber trotzdem, obwohl sie sich deshalb keine Mühe gab, einen guten Hauptschulabschluß.

Sie war als Kind auch sehr schadenfroh, wenn anderen unangenehme Dinge passierten. Sie war sehr neugierig und beschäftigte sich mit Dingen, die sie interessierten nur solange, bis sie alles wußte. Danach waren sie für sie uninteressant geworden. Ihre Uroma sagte immer, sie würde aussehen wie eine Zigeunerin, und hatte immer Angst vor ihr.

Meine Frau konnte bis vor kurzem zu Verwandten oder andere Menschen, laut ihrer eigenen Aussage, keinerlei Zuneigung oder gar so etwas wie Liebe empfinden. Als Beispiel nannte sie mal, sollte jemand, der Hilfe benötigt, ihr im Weg liegen, würde sie ohne ein Anzeichen von Emotionen, einfach über ihn gehen können. Bis zu dem Zeitpunkt, als wir den Schlüssel zu unserer Geschichte fanden, hat man bei ihr auch nie irgendeine Art von Emotionen erkennen können oder sie einmal weinen sehen.

Sie hatte aber, weil sie keine Emotionen zeigte, große Probleme. Als Kind hatte sie manchmal den Gedanken, daß es besser wäre, wenn sie nie geboren wurden wäre. Ebenso war sie der Meinung, daß ihre Eltern nie ihre leiblichen Eltern seien. Das beschäftigte sie sehr.

Trotz dieser Dinge gab es etwas, mit dem sie gerne zusammen war und gut umgehen konnte, das waren Tiere. So unwahrscheinlich dies auch klingen mag, sie kann mit Tieren hin und wieder auch reden. Ihre Lieblingtiere waren schon damals die Pferde. Nur vor einem Tier hatte sie eine panische Angst, selbst wenn sie dieses nur auf Bildern oder im Fernsehen gesehen hat, das waren Schlangen. Und den Grund hierfür sollten wir später auch herausfinden.

Als Kind wußte sie ebenfalls schon, wie sie ihren Körper verlassen und in eine Welt mit einer Landschaft reisen konnte, die einen so herrlichen Eindruck hinterließ, wie sie noch nie eine auf der Erde gesehen hatte. Das Austreten aus dem physischen Körper beschreibt sie dabei wie folgt: Sie schließt ihre Augen, und fängt an, sich auf das Austreten aus dem Körper zu konzentrieren. Danach entsteht ein Druck im Kopf mit leichtem hyperventilieren, bis sie später aufhörte zu atmen. Dann kommt sie durch etliche dunkle Gänge, die total verworren sind, und es entsteht bei ihr der Eindruck, daß sie durch ihren Mund den Körper verläßt.

Einmal ist ihr es passiert, daß sie in der erwähnten Landschaft bleiben wollte, ihr dann aber eine Stimme befahl, daß sie wieder zurückkehren müsse. Sie ist dann auch schlagartig wieder zurückgekommen. Eine andere Sache, die ihr in bezug auf das Verlassen des Körpers passierte, war folgende: Sie sagt, daß es mit ungefähr zehn Jahren passiert sein muß. Sie wachte nach so einer "Reise" morgens auf und war plötzlich unfähig sich zu bewegen. Alles, sogar die Finger, sei wie gelähmt gewesen. Da sie aber zur Schule mußte und es schon spät war, hat sie sich ganz stark auf ihren Körper konzentriert und sich gezwungen, sich zu bewegen. Nach einer geraumen Zeit schaffte sie es dann auch tatsächlich unter großen Schmerzen, sich langsam wieder etwas zu bewegen, und es dauerte noch weitere dreißig Minuten, bis sie sich wieder vollständig bewegen konnte.

Wenn sich meine Frau etwas hundertprozentig vornimmt, erreicht sie es auch. Das funktioniert aber nur, wenn sie selbst kein bißchen an der Umsetzung zweifelt. Ein ganz interessantes Beispiel aus ihrer Schulzeit hat sie mir hierzu einmal erzählt. Sie war im Sport eigentlich nie sehr gut. Zum Teil lag es sicherlich auch daran, weil sie keine Lust dazu hatte. Eines Tages, sie war in der vierten Klasse, bei den Bundesjugendspielen, gab es für die Klasse ein Problem. Da so viele krank waren, konnten sie keine Laufstaffel stellen. Doch da meldete sich meine Frau und sagte, daß sie ja mitlaufen könne. Die anderen waren aber zuerst dagegen, da meine Frau in den Laufdisziplinen immer eine der Schlechtesten war. Die anderen dachten sich dann aber doch nach dem olympischen Motto: "Lieber mitgemacht und dabeigewesen, als überhaupt nie gelaufen". Dann wurden die einzelnen Startplätze ausgelost. Hierbei ergab es sich, daß meine Frau ausgerechnet gegen das stärkste Mädchen der Schule beziehungsweise des Kreises zum Schluß laufen mußte. Das andere Mädchen war in einem Leichtathletikverein und trainierte dort auch regelmäßig. Meine Frau hatte sich innerlich ganz stark und fest vorgenommen, dieses Rennen für ihr Klasse zu gewinnen. Nun begann also das Rennen, bis meine Frau als Schlußläuferin das Staffelholz übergeben bekommen hatte. Ihre Staffel lag ganz knapp auf Platz zwei, hinter der Staffel, in der das andere Mädchen lief. Meine Frau bekam nun das Staffelholz und fing an zu rennen, sie erklärte mir, daß sie wie in Trance gelaufen sei. Sie bekam demnach von außen und von dem Rennen im eigentlichen Sinn überhaupt nie etwas mit, als würde sie sich außerhalb ihres Körpers befinden. Sie rannte und rannte, und die anderen an der Strecke glaubten sie träumten oder hätten Halluzinationen, als sie sahen, wie meine Frau kurz vor dem Ziel das andere Mädchen überholte und so für ihre Staffel das Rennen gewann.

Auch hat meine Frau schon immer, solange sie zurückdenken kann, Vorahnungen und Visionen. Sie beschreibt das selbst wie folgt: "Oft habe ich viele Dinge vorher, also bevor sie passierten, gesehen. Ich dachte dann, daß das doch unmöglich wahr sein kann, aber die Beschreibungen waren zum Teil so exakt, daß ich vorher Einzelheiten, wie zum Beispiel die Gardinen in einem Raum, das Auto, oder die genaue Umgebung eines Ereignisses beschreiben konnte. Nur die betroffenen Personen selbst habe ich vorher schemenhaft gesehen, und ich konnte auch nie genau bestimmen, zu welchem Zeitpunkt das Ereignis eintreten würde. Es konnte Tage oder manchmal Monate oder sogar Jahre dauern, bis sie dann eingetreten sind. Ein paar Beispiele dazu: Mit zirka zwölf Jahren war ich in den Ferien bei einer Freundin meiner Mutter zu Besuch. Die Freundin wohnte ungefähr einhundertundfünfzig Kilometer entfernt von uns. Als ich morgens, so zirka gegen sieben Uhr, aufwachte, hatte ich das Gefühl, daß irgend etwas Zuhause passiert wäre. Ich war der Meinung, es hätte ein Unfall sein können oder daß jemand gestorben sei. Es war vielleicht zirka zehn Minuten später, als das Telefon bei der Freundin meiner Mutter läutete, und ich sie, als sie danach ins Zimmer kam, fragte, ob jemand gestorben wäre. Sie reagierte auf diese Frage völlig perplex und fragte ganz verwirrt: "Woher weißt du das. Ich sollte es dir ja erst später sagen, aber heute Nacht ist dein Urgroßvater gestorben."

Ein anderes Beispiel für ihre Vorahnungen ist folgendes: Meine Frau und ich hatten zu Beginn unserer Ehe mehrere Pferde. Im Sommer waren die jungen Pferde Tag und Nacht auf der Koppel. Diese lag zirka zwanzig Kilometer von unserem Wohnort entfernt. Gegen Ende des Sommers kauften wir ein junges Pferd dazu, das wir mit den Pferden von Bekannten auf dieser Koppel ließen. Nach drei Tagen sagte meine Frau zu mir, daß wir unser neues Pferd besser zu unseren anderen Pferden in den Stall stellen sollten. Die anderen Bekannten und ich sagten jedoch, daß wir die Pferde sich noch ein bißchen auf der Koppel austoben lassen sollten. Und so ließ sie sich gegen ihre innere Stimme dazu überreden, das Pferd auf der Koppel zu lassen. Wir konnten jedoch nur manchmal zur Koppel fahren, weswegen unsere Bekannte nach der Koppel sahen. Nach drei Wochen riefen uns diese an und teilten uns mit, daß in der Nacht davor Betrunkene die Pferde freigelassen hätten. Sie konnten zunächst die Pferde am nächsten Tag unmöglich finden. Doch schließlich fanden sie diese in einem Apfelgarten, wo sie genüßlich die Äpfel fraßen. Die Bekannten hatten nun, nachdem sie die Pferde gefunden hatten, diese wieder auf die Koppel zurückgebracht und gedacht, daß damit wieder alles in Ordnung sei. Nun riefen sie aber an, weil unser junges Pferd schon einen halben Tag lang flach auf dem Boden lag. Wir fuhren sofort zur Koppel und nahmen auch gleich einen Tierarzt mit. Er konnte das Pferd leider nur noch einschläfern, da es eine Darmverschlingung hatte und, wie sich später herausstellte, schon fünf Meter des Darmes abgestorben waren. Durch die vielen Äpfel hatte es eine Kolik bekommen und sich aufgrund dessen gewälzt, wodurch es zu der Darmverschlingung gekommen war.

Hätte meine Frau in diesem Fall auf ihre Vorahnung gehört, würde das Pferd heute wahrscheinlich noch leben.

Ein anderes mal hatte sie nachts einen Wahrtraum. Zum damaligen Zeitpunkt waren wir noch unverheiratet. Sie träumte, daß ich mit meinem Auto einen schweren Unfall hatte. Es muß zu dem Zeitpunkt ziemlich kalt gewesen sein, denn meine Oma und meine Mutter standen im Pelzmantel daneben. Rings um die Unfallstelle war alles voller Fahrzeuge mit Blaulicht. Es waren Polizeiautos, Feuerwehrautos und Krankenwagen, es sah ganz schrecklich und beängstigend aus. Am nächsten Tag hat sie die Bilder noch mehrmals vor ihren Augen gesehen und bekam jedesmal die Eingabe: Das Auto muß so schnell wie möglich verkauft werden. Eine Woche später hat sie dann das Auto verkauft und ein neues erworben, woraufhin auch die Bilder vor ihren Augen schlagartig verschwanden. Offenbar hatten wir durch diese freie Willensentscheidung unser Schicksal verändert.

An einem Frühlingstag im März 1997, als sie morgens aß und zu mir sagte: "Heute passiert noch irgend etwas, mir ist es aber bis jetzt noch unmöglich zu sagen was." Das Gefühl blieb den ganzen Tag bis abends so gegen zwanzig Uhr, als das Telefon klingelte und meine Mutter anrief. Sie teilte uns mit, daß der Opa vor etwa einer Stunde gestorben sei. Erneut hatte ihre innere Stimme wieder einmal recht gehabt. Diese Vorahnungen sind ihr bis zum heutigen Tage treu geblieben.

Doch ich erinnere mich noch an ein weiteres interessantes Ereignis. Eine Stimme in ihr sagte ihr oft, wie sie sich in der einen Angelegenheit oder der anderen verhalten solle. Was sie tun sollte und was sie unterlassen sollte. Es war etwas anderes, als die innere Stimme, die sie sonst hörte, die auch mit dem sogenannten "Höheren Selbst" verglichen wird. Sie gehörte auch nie so richtig zu ihr und war, wie sie später festgestellt hat, wahrscheinlich fremdgesteuert. Denn sie hatte keine Möglichkeit sie zu kontrollieren. Sie kam auch immer nur dann, wenn sie alleine war. Das letzte mal, als diese Stimme sie zu steuern versuchte, passierte folgendes: Die Stimme übermittelte ihr, daß sie sich von allem trennen solle und sofort nach Spanien fahren müsse. Da setzte sie sich in Ruhe hin und fragte sich, was sie dort überhaupt solle, und daß dies doch niemals ihr eigener Wille sei. Daher überlegte sie ganz genau, ob sie dies wirklich wollte und entschloß sich dazu, dieser Stimme nie mehr nachzugeben, sondern sich ihr zu widersetzen. Sie setzte sich hin, um zu meditieren und sagte zu dieser Stimme: "Ich werde mich nie mehr von euch, egal wer ihr auch immer seid, beeinflussen lassen. Ich werde ab heute niemals mehr auf euch hören und nur noch das machen, was mein eigener freier Wille ist." Seit dieser Zeit ist diese manipulierende Stimme verschwunden.

Manchmal passiert folgendes, wenn ihr jemand Fremdes begegnet. Ohne daß sie jemals mit dieser Person ein Wort gesprochen hat, bekommt sie von ihrer eigenen inneren Stimme gesagt, daß mit dieser Person irgend etwas unstimmig war oder diese unehrlich sei. Es kann auch sein, daß nur eine Abneigung gegen die Person entsteht. Später stellt sich dann immer heraus, wenn es jemand ist, mit dem sie danach noch Kontakt hat, daß an dieser Person wirklich irgend etwas "faul" war. Das gleiche geschieht ihr natürlich auch in angenehmer und positiver Weise.

Eine extreme Situation, die ihr in diesem Zusammenhang einmal passierte, war wie folgt: Es begegnete uns während eines Urlaubs auf Kuba ein Mann, über den sie sofort sagte: "Schau dir mal den an, das ist ein Mörder". Durch diese Aussage erschrak ich und fragte sie: "Wie kommst du denn auf einmal darauf?" Sie antwortete mir nur, daß es ihr ihre innere Stimme gesagt habe.

Oder ein etwas weniger krasses Beispiel war, als ihre innere Stimme bei einer Person, die mit uns zusammen arbeiten wollte, sagte: "Paßt auf, der will euch betrügen." Doch diesmal entschied sie sich dieser Stimme keinerlei

Beachtung zu schenken und später stellte sich jedoch heraus, daß diese Person tatsächlich versucht hatte, uns zu betrügen. Doch es fiel uns glücklicherweise noch rechtzeitig auf. Solche "negativen" Auswirkungen passierten öfter, wenn sie keinesfalls auf ihre eigene innere Stimme hörte. Seit dieser Zeit versucht sie nun, so gut es geht, ihrer inneren Stimme zu folgen und ist damit auch immer gut gefahren.

Sie schaut mitunter auch Personen an, und sieht dabei, welche Krankheiten sie haben. Am Anfang hatte sie das sehr erschreckt, besonders, wenn sie gesehen hat, daß irgend jemand Krebs hatte und dies für ihn selbst noch unbekannt war. Um solche Menschen in keinem Fall zu verunsichern, behält sie es meistens für sich oder erzählt es höchstens mir. Wenn sie es mir dann erzählt, kann es schon mal passieren, das ich dann zu ihr sage, daß ich genau das gleiche auch schon vermutet hatte. Sie kann dann aber nie genau sagen, ob ich diese Gedanken von ihr per Gedankenübertragung übermittelt bekommen hatte oder von der betroffenen Person direkt. Denn meine Frau und ich können uns auch per Gedanken "unterhalten", was uns schon am Anfang, als wir uns kennenlernten, auffiel. Aber wir dachten zuerst, daß dies nur ein Zufall sei. Später haben wir aber durch einige Versuche, die wir machten, festgestellt, daß es sich dabei unmöglich um einen Zufall handelt, sondern daß es wirklich gegenseitige Gedankenübertragung war. Ein einfaches Beispiel hierfür ist, wenn einer von uns zum Einkaufen geht und dem anderen, der zu Hause geblieben ist, noch etwas einfällt, was er noch haben möchte, braucht er nur stark daran zu denken und schon bringt der andere das auch prompt mit.

Erlebnisse bei der Bundeswehr

Nach Abschluß meines Fachabiturs hatte ich mich freiwillig zur Bundeswehr gemeldet, weil ich dort ein Studium absolvieren wollte. Bevor ich meinen Dienst bei der Bundeswehr jedoch antrat, lernte ich in einem Spanienurlaub meine Frau kennen. Am letzten Tag unseres Urlaubs beschloß meine Frau eine ehemalige Arbeitskollegin zu besuchen, die von unserem Urlaubsort zirka dreißig Kilometer entfernt zusammen mit ihrem Vater eine Tauchschule betrieb. Wir fuhren nachmittags mit der Bahn dorthin, konnten aber die Bekannte nie finden und beschlossen daraufhin, am Abend wieder nach Hause zu fahren. Da wir aber in den falschen Bus eingestiegen waren, kamen wir zu spät zum Bahnhof und verpaßten dort den letzten Zug. Da ich, was ich zugeben muß, zu geizig war, ein Taxi zu besorgen, beschlossen wir, da es mittlerweile schon dunkel geworden war, zu Fuß zurückzugehen. Wir kannten uns aber kaum richtig aus und hatten auch keine Landkarte dabei. Da der letzte Zug laut Fahrplan schon abgefahren war, beschlossen wir, auf den Gleisen zurückzugehen. Wir waren gerade auf den Gleisen über eine große Brücke gelaufen, als wir ein Geräusch hörten und kurz vor uns die Lichter eines Zuges um die Ecke kommen sahen. Wir machten beide instinktiv einen Sprung zur Seite als der Zug gerade vor uns war und als wir im Gebüsch aufkamen, fuhr er an uns vorüber. Es war ein Güterzug gewesen, der auf dem Fahrplan fehlte, da dort nur die Personenzüge ausgewiesen waren.. Nachdem wir uns erst einmal von dem Schreck erholt hatten, suchten wir in der Nähe nach einer Straße, auf der wir etwas sicherer weitergehen konnten. Als wir ein wenig später fündig geworden waren, fragten wir eine Autofahrerin, die an einer Kreuzung stehen bleiben mußte, ob sie uns ein Stück mitnehmen könne. Doch als sie uns gesehen hatte, gab sie Vollgas und verschwand. Letztendlich kamen wir mitten in der Nacht an unserem Urlaubsort an. Seit dieser Zeit häuften sich ungewöhnliche Ereignisse in unserem Umfeld. Wie sagte einmal ein Bekannter zu uns? "Wo ihr euch aufhaltet, wird es einem nie langweilig". Gleich nach dem Urlaub besuchte ich meine Frau, meine darauffolgenden Besuche endeten darin, daß ich zu guter Letzt ganz dort blieb.

Im Oktober trat ich meinen Dienst bei der Bundeswehr an. Während meiner Grundausbildung, die ich in der Nähe von Aachen absolvierte, hatte ich bei einer Geländeübung einen Unfall. Ich war kurz nach der Mittagspause während eines simulierten Sturmangriffs mit dem Gewehr im Vorhalt in ein Loch getreten und bin gestürzt. Ein herbeigeeilter Unteroffizier sah sich mein stark angeschwollenes Sprunggelenk an und sagte zu mir, daß ich alleine in den Gruppenstand zurückgehen solle, da man die Übung wegen mir unmöglich unterbrechen könne. So nahm ich also mein Gewehr als Stütze, da mir ja keiner helfen konnte und humpelte in den Gruppenstand zurück. Dort angekommen, teilte man mir mit, daß ich mit dem Küchenwagen in die Kaserne fahren könne.

Ich mußte mit meinen Schmerzen ohne Hilfe auf den Küchenwagen warten, um in die Kaserne zurückzukommen. Bevor ich aber endlich in die Kaserne fahren konnte, gab man mir noch die Anweisung, daß ich dort schon mein Gewehr reinigen könne, bevor die Gruppe dann spät abends wieder zurückkäme.

In der Kaserne angekommen, holte ich mir einen Eimer, der mit kaltem Wasser gefüllt war, stellte dort meinen geschwollenen Fuß hinein und begann das Gewehr zu reinigen. Am Abend kamen dann die anderen der Gruppe von der Übung zurück. Mein Vorgesetzter sah sich nun den Fuß an und meinte, daß es doch besser sei, wenn ich in ein kleines Bundeswehrkrankenhaus gebracht würde. In diesem Bundeswehrkrankenhaus teilte man mir dann mit, das zu dieser Zeit kein Arzt mehr zu erreichen sei. Daraufhin wurde ich in ein Zimmer gelegt und am darauffolgenden Morgen sah sich ein zuständiger Arzt mein Sprunggelenk an. Er stellte fest, daß es nun schon zu spät sei, um den Fuß zu röntgen, da er zu stark angeschwollen sei. Daher bekam ich nur einen Salbenverband und wurde wieder in die Kaserne zurückgeschickt. In der Kaserne hat mich dann wiederum der Truppenarzt krank geschrieben, und ich wurde auf meine Stube geschickt.

Am Freitag fuhr ich mit Bekannten nach Hause ins Wochenende. In der folgenden Nacht bekam ich so starke Schmerzen in meinen Fuß, das mich meine Frau ins Krankenhaus gefahren hat. Der Arzt in der Ambulanz sagte zu mir, daß er erst bei der Bundeswehr fragen müsse, ob er mich behandeln dürfe. Dies hatte folgenden Hintergrund: Ein Soldat unterliegt dem Versorgungsgesetz der Bundeswehr und darf deshalb grundsätzlich nur von Bundeswehrärzten versorgt werden. Nur in Sonderfällen kann die Bundeswehr entscheiden, ob auch ein ziviler Arzt behandeln darf. Doch in meinem Fall verbot das der Bundeswehrarzt, da das Sprunggelenk lediglich verstaucht sei und es keinesfalls nötig wäre, einen anderen Arzt aufzusuchen. Da ich aber so starke Schmerzen hatte, sah der Arzt im Krankenhaus trotzdem nach meinem Fuß. Er sagte zu mir: "Gehen Sie am Montag sofort zu Ihrem Truppenarzt, und lassen Sie sich den Fuß noch einmal untersuchen, denn es sieht so aus, als wäre das Sprunggelenk gebrochen." Er machte mir anschließend noch einen Salbenverband und schickte mich wieder nach Hause. Als ich am Montag in der Kaserne ankam, um meinen Truppenarzt aufzusuchen, um ihm mitzuteilen, was der Arzt im Krankenhaus festgestellt hatte, wurde dieser sehr ärgerlich darüber, daß ich bei einem zivilen Arzt gewesen war und sagte zu mir: "Zivile Ärzte sind alle Medizinmänner und Quacksalber und haben keine Ahnung." Ich sollte deshalb froh sein, daß ich bei der Bundeswehr sei, denn dort befänden sich die besten Ärzte, die es gäbe, und wenn er sage, daß der Fuß nur verstaucht sei, dann sei dies auch so. Er behandelte daraufhin meinen Fuß mit "Mobilat" (nach dem bekannten Motto "jedem Soldat sein Mobilat")und ließ mich wieder zu meiner Einheit zurückkehren, um meinen Dienst dort zu versehen. Er sagte noch zu mir, daß ich ja schließlich ein angehender Zeitsoldat sei, und so jemand stelle sich nie wehleidig an. So kehrte ich also wieder zu meiner Einheit zurück und versah dort meinen Dienst so gut ich konnte. Als es mir nach zwei Tagen unmöglich war auf meinen Fuß aufzutreten, meldete ich mich wieder krank. An diesem Morgen war ein anderer Arzt im Sanitätsbereich, da der eigentliche Truppenarzt für eine Woche an einem Lehrgang teilnehmen mußte. Der Aushilfsarzt sah sich mein sehr stark angeschwollenes, gelblich eiterndes und nässendes Sprunggelenk an und meinte, so sei es ihm unmöglich meinen Fuß zu röntgen beziehungsweise genauer zu untersuchen, was aber in diesem Fall dringend nötig wäre. Wegen des Eiters mußte ich meinen Fuß in einer Flüssigkeit baden, danach verband er ihn mit einem Salbentapeverband und gab mir Gehhilfen mit, denn ich sollte meinen Fuß auf gar keinen Fall belasten. Weiterhin schrieb er mich KzH.(Krank zu Hause) und sagte: "Baden Sie Ihren Fuß regelmäßig, und nach zwei Wochen kommen Sie wieder." Ich fuhr also nach Hause und tat alles so, wie er es mir gesagt hatte. Es gab nur ein Problem. Der Unfall passierte in den letzten drei Wochen meiner Grundausbildung, und als ich zu meiner Einheit zurückgekommen bin, war die Abschlußprüfung gerade einen Tag vorher abgelaufen, so daß mir die Grundausbildungs-ATN (Allgemeiner Technischer Nachweis) verweigert wurde. Zu diesem Zeitpunkt war ich noch Eignungsübender, das heißt, daß anhand meiner Grundausbildung entschieden werden sollte, ob ich für die Unteroffizierslaufbahn tauglich sei und meine Verpflichtung auf vier Jahre anerkannt werden würde. Aus diesem Grund wäre die Abschlußprüfung der Grundausbildung aber sehr wichtig gewesen. Es gab zwar noch die Möglichkeit, daß der Hauptmann der Kompanie mir die Grundausbildung anerkennen würde, was er bei einem anderen Eignungsübenden tat, weil er ja, genauso wie ich, den größten Teil der Grundausbildung mitgemacht hatte. Also ging ich anschließend, als ich wieder zu meiner Einheit zurückgekehrt war, gleich zum Hauptmann hin. Der teilte mir nun aber mit, daß meine Grundausbildung in keinem Fall anerkannt würde, weil ich ja hätte schauen können, wohin ich laufe. Ich sei deshalb auch selbst Schuld an dem Sturz, was bei dem anderen Eignungsübenden keineswegs der Fall sei, da dieser sich bei einem Verkehrsunfall, ohne Schuld zu haben, verletzt habe. Er würde allerdings aus humanitären Gründen meine Probezeit verlängern, und da ich am nächsten Tag zu meiner Stammeinheit verlegt werden würde, könnte ich ja dort noch einmal mit meinem Vorgesetzen über alles reden. Es gab dabei allerdings noch ein Problem für mich. Ich konnte nur noch mit Gehhilfen laufen, da sich am Fuß immer noch keine Besserung gezeigt hatte. Also meldete ich mich am nächsten Tag in meiner Stammeinheit wieder krank. Dort sagte mir die Truppenärztin folgendes: Da nun ja mein Weihnachtsurlaub anstehen würde, sollte ich mich sofort in dem BwK(Bundeswehrkrankenhaus), in der Nähe meines Wohnortes melden, denn dies sei dringend bei dem Zustand meines Fußes notwendig. Vorher sollte ich mir allerdings noch in der Kaserne, die sich in der Nähe meines Wohnortes befand, vom Truppenarzt einen Termin für das BwK geben lassen, da sie von hier aus keine Möglichkeit hat einen Termin zu vergeben. So fuhr ich also, mit einem Salbenverband versorgt, zu meinem Wohnort. Ich begab mich auch sofort zum Truppenarzt der nächsten Kaserne, um mir einen Termin für das BwK geben zulassen. Dort angekommen, sagte der Truppenarzt zu mir, seit wann es denn so etwas gäbe. Man käme nie in das BwK seines Wohnortes, sondern nur in das BwK seines Truppenstandortes. Ich solle allerdings noch so lange warten, bis mein Weihnachtsurlaub vorbei sei, um mir dann am Standort meiner Einheit von der Truppenärztin einen Termin für das BwK, welches dort in der Nähe sei, geben zu lassen. So fuhr ich also ziemlich entnervt und enttäuscht zurück. Vor lauter Aufregung, Schmerzen und Streß bekam ich dann auch noch eine Magenschleimhautentzündung. Deshalb mußte ich über den Weihnachtsurlaub hinaus im Bett bleiben, war dadurch für einen Transport unfähig und konnte so unmöglich zu meiner Einheit zurückkehren. An meinem Sprunggelenk war der Zustand immer noch unverändert. Als ich wieder transportfähig war, kehrte ich zu meiner Einheit zurück und meldete mich dort sofort wieder bei der Truppenärztin in meinem zuständigen San-Bereich. Es war für sie jedoch absolut unverständlich, daß ich immer noch in keinem BwK gewesen war und deshalb machte sie mir auch sofort einen Termin im nächstliegenden BwK.

Dort angekommen wurde ich sofort zum Röntgen geschickt und danach zum Arzt. Dieser teilte mir mit, daß der Fuß eingegipst werden müsse, da es so aussähe, als sei mein Sprunggelenk gebrochen. Nach drei Wochen sollte ich noch einmal wiederkommen. Man gipste also nun, über drei Monate nach meinem Unfall, den Fuß ein. Ich wurde krankgeschrieben und fuhr wieder nach Hause.

Nach drei Wochen fuhr ich erneut, wie es der Arzt mir gesagt hatte, ins Bundeswehrkrankenhaus. Man nahm mir dort meinen Gips ab, röntgte den Fuß beziehungsweise das Sprunggelenk erneut und teilte mir dann mit, daß es nun doch zu spät war, meinen Fuß einzugipsen. Er sei nun schief zusammengewachsen und müßte wahrscheinlich irgendwann versteift werden. Mit dieser niederschmetternden Diagnose und meinen Gehhilfen fuhr ich anschließend wieder zurück zu meinem Standort.

Dort teilte ich die Diagnose des Arztes meinem Vorgesetzten und meiner Truppenärztin mit. Doch für beide war es absolut unverständlich, daß mich das so deprimierte. Denn sie waren der Meinung, daß es nie so schlimm sein könne, wie der Arzt dies gesagt hatte. Ich stellte aber trotzdem sofort einen Antrag auf Wehrdienstbeschädigung. Mein Vorgesetzter sagte nur, daß ich jetzt zurück ins Wehrpflichtigenverhältnis gestuft werde und ich alle meine bis dato erreichten Titel aberkannt bekäme, da ich mich als Zeitsoldat ungeeignet wäre und nach seiner Aussage, aber als Wehrpflichtiger zum Kaffee kochen immer noch gut genug sei. Nun sollte ich nur noch unterschreiben, daß ich mich damit

einverstanden erklären würde, von meiner Verpflichtung auf vier Jahre zurück-
zutreten und meine Eignungsübung freiwillig abzubrechen. Das wollte ich
jedoch nie tun, da ich es mir zu diesem Zeitpunkt absolut unbekannt war, welche Konsequenzen das nach sich ziehen würde und daher versah ich notgedrungen weiter meinen Dienst mit Gehhilfen. Eine Woche später wurde ich
noch einmal ins BwK geschickt, wo man mir mitteilte, daß ich untauglich für
die Bundeswehr sei und ausgemustert werden müsse, was der Arzt auch in
einem Attest bestätigte. Mit diesem Schreiben fuhr ich dann wieder zu meinem
Truppenarzt in die Kaserne zurück. Doch dieser ignorierte das Schreiben völlig
und teilte mir mit, daß es überhaupt jetzt unmöglich in Frage kommen würde,
daß ich die Bundeswehr verließe. Aus diesem Grund müsse ich trotzdem meine
Wehrpflicht ableisten und ich hätte keinerlei Chancen mich dagegen zu
beschweren. Da ich aber nun keine weitere Zukunft bei der Bundeswehr gesehen hatte, bewarb ich mich um eine andere Arbeit und bekam auch eine Zusage
für ein Vorstellungsgespräch in einem großen Unternehmen in Norddeutschland. Ich teilte das meinem Vorgesetzen mit und fragte ihn, ob ich dafür Urlaub
bekommen würde. Doch der meinte, daß das nur unter einer Bedingung möglich sei, nämlich, daß ich unterschreiben müsse, daß ich ins Wehrpflichtigenverhältnis zurück gestuft und alle meine Dienstgrade aberkannt würden. Da ich
keine andere Möglichkeit mehr sah, unterschrieb ich also.

So war ich jetzt also nur noch ein ganz normaler Wehrpflichtiger, der
Gehhilfen hatte und dem unbekannt war, wovon er leben sollte. Es gab aber zum
Glück noch das Vorstellungsgespräch, von dem ich mir sehr viel erhoffte.

Es handelte sich dabei um eine Tätigkeit in einem Kernkraftwerk, die mich
sehr interessierte. Und es störte sich dort niemand an meine Gehhilfen, da es für
die Tätigkeit, die ich ausüben sollte, kein Hindernis war. Man bestellte mich
dann aber noch zur Sicherheit zum Betriebsarzt, der ebenfalls sein "okay" dazu
gab und ich brauchte nur noch die allgemeine Sicherheitsüberprüfung abzuwarten, nach der man mir mitteilte, daß ich mit meiner Tätigkeit gleich nach meiner Bundeswehrzeit beginnen könne.
Als ich in die Kaserne zurückkehrte, teilte ich das meinem Vorgesetzten mit
und fragte ihn, warum ich denn keine Chance habe durch meine Behinderung
ausgemustert zu werden. Doch das interessierte ihn keineswegs und er schickte
mich wieder zu meiner Tätigkeit in die Schreibstube zurück. Dort hatte man
mich nämlich mittlerweile versetzt.
Ich bekam weiterhin meine Salbenverbände, mußte aber trotzdem mit den
Gehhilfen meinen Dienst versehen. Ich war sogar einmal damit im Manöver.
Die Leute, bei denen wir auf einem Bauernhof unser Quartier eingerichtet hatten, fragten, ob jetzt ein Ernstfall ausgebrochen sei, da man schon Soldaten mit
Gehhilfen mit ins Manöver nähme.

Nach einem weiteren Monat stellte ich erneut einen Antrag auf Ausmusterung, da ich schon wieder einmal krank geschrieben war, aber auch dieser wurde abgelehnt. Ich verstand nie, warum ich weiterhin meinen Wehrdienst ableisten sollte, und warum andere, die vielleicht nur zu dick waren, schon bei der Musterung als untauglich erklärt wurden. Auch für meine Frau, mit der ich zum damaligen Zeitpunkt verlobt war, war es eine schwere Belastung. Wir konnten keine längere Strecke mehr spazierengehen, Sport ausüben, was ich vor meinem Unfall sehr viel getan habe, geschweige denn tanzen gehen, usw.

So faßte ich den Entschluß, mich mit Hilfe meines Vaters an den Deutschen Bundestag und den Wehrbeauftragten zu wenden. Ich bekam von dort nach zirka vierzehn Tagen einen Brief, in dem geschrieben stand, daß ich aus der Bundeswehr wegen meiner Behinderung zu entlassen sei. Das wurde auch meinem Truppenarzt und meinem Vorgesetztem mitgeteilt, die sich jedoch überhaupt nie dafür interessierten. Das einzige, was ich nach einem anschließenden, zweimonatlichen hin und her erreichen konnte, war, daß ich erst einmal für ein halbes Jahr zurückgestellt wurde.

So verließ ich also Ende Mai 1990 meine Einheit und begann im Kernkraftwerk. Dort machte mir die Arbeit zunächst großen Spaß, da ich mich schon immer für technische Dinge interessiert hatte. Auch war es für mich, mit meinem damaligen Wissen, die sauberste Möglichkeit, Strom zu erzeugen. Denn bei einem Kohlekraftwerk kommt neben dem CO_2-Gehalt die "natürliche" Radioaktivität der Kohle noch hinzu. Damals gab es für mich auch keinen Unterschied zwischen der natürlichen Radioaktivität der Kohle und "künstlichen" erzeugten Radioaktivität in einem Kernkraftwerk. Einmal hatten wir nur zum Spaß einen Meßversuch mit einem Meßgerät für Radioaktivität auf einer Kohlenhalde gemacht und waren sehr überrascht über die Intensität der dort vorhandenen Strahlung. Trotzdem würde ich mit dem heutigen Wissen und den Erfahrungen, die ich während meiner Tätigkeit im Kernkraftwerk gemacht habe, für einen sofortigen Ausstieg aus der Kernenergie stimmen. Aber dazu mehr im nächsten Kapitel.

Ich wurde im folgenden halben Jahr von allen möglichen Ärzten behandelt. Doch eine Besserung meiner Beschwerden trat nur sehr langsam ein, bis sie später ganz zum Stillstand kam. Meine Beschwerden sahen nun folgendermaßen aus: Ich konnte jetzt humpelnd ohne Gehhilfen ein kleines Stück gehen, war aber nie schmerzfrei. Auch war der Fuß weiterhin geschwollen. Nachdem das halbe Jahr für meine Rückstellung beendet war, wurde ich zu einer Musterung geladen. Dort entschied man aber, wegen des starken Humpelns und des angeschwollenen Knöchels, mich um ein weiteres Jahr zurückzustellen.

Bei meiner neuen Tätigkeit erwies sich die Behinderung nach einem Jahr nun langsam doch als störend, denn wie ich später erfuhr, hatte man doch damit gerechnet, daß sich meine Beschwerden am Fuß beziehungsweise Sprunggelenk bessern würden. Ich wurde dort vom Betriebsarzt untersucht und dieser schickte mich zum Arbeitsamtsarzt zur Untersuchung. Dieser sollte feststellen, ob ich überhaupt noch meinen Beruf ausüben könne. Denn meine Beschwerden hatten sich sogar wieder verschlimmert, so daß ich stellenweise einen Stock benutzen mußte. Der Arbeitsamtsarzt stellte fest, daß ich in meinem Beruf unmöglich weiter arbeiten könne und sagte, daß ich nur noch hauptsächlich eine sitzende Tätigkeit verrichten solle. So gab mir mein Arbeitgeber auch erst einmal eine sitzende Tätigkeit, aber bei wesentlich geringerem Gehalt.

Ich begann gegen die Bundeswehr Schadensersatz geltend zu machen, doch das einzige, was ich von der Wehrbereichsverwaltung als Antwort bekam, war folgendes: Ich solle das alles sein lassen, da eine Klage gegen die Bundeswehr beziehungsweise Bundesrepublik Deutschland keine Aussicht auf Erfolg habe und nur unnötige Kosten für mich entstehen würden. Trotzdem ging ich zu einem Rechtsanwalt, der meine Klage einreichte. Bald darauf wurde ich zur Untersuchung für ein Gutachten in ein Bundeswehrkrankenhaus geladen.

Die Untersuchung selbst war so interessant, daß ich sie gerne schildern möchte: Bei dem Termin war meine Frau mit dabei, da ich wegen der Schmerzen an meinem Fuß unmöglich längere Strecken mit dem Auto fahren konnte. Pünktlich wurde ich zur Untersuchung zum Arzt hereingebeten und als der Arzt mich gesehen hatte, sagte er nur: "Ach, Sie sind der Herr ..., na ja, ich habe von Ihnen ja eine ganze Menge Befunde und Untersuchungsergebnisse von anderen Ärzten vorliegen. Sie können dann wieder gehen, das reicht mir schon aus." Das war die ganze Untersuchung. Ein paar Wochen später bekam dann mein Anwalt das Untersuchungsergebnis zugesandt. In diesem stand, daß der Arzt festgestellt hätte, daß ich an Übergewicht leide und deshalb mein Sprunggelenk durch die Überlastung so angeschwollen und minderbelastbar sei. Ergänzend stand noch darin, daß es mir sehr gut tun würde, meinen restlichen Wehrdienst von drei Monaten abzuleisten, um abzunehmen und durch sportliche Belastung die Muskeln am Fuß zu trainieren. Dann würden auch die Schmerzen und Schwellungen weggehen. Das war eine interessante Feststellung, wenn man bedenkt, daß er mich gerade zwei Minuten gesehen hatte. Auch unter dem Aspekt, daß ich 1,84 m groß bin und zu diesem Zeitpunkt 85 Kg gewogen habe. Mit dem Sport treiben konnte er es kaum ernst gemeint haben, denn vor meinem Unfall habe ich aktiv Leistungssport betrieben. Dieser ganze Ablauf paßte in das bisher erlebte Geschehen bei der Bundeswehr. Diese Untersuchung wurde auch seitens der Wehrbereichsverwaltung dazu benutzt, um gerichtlich entscheiden zu lassen, daß ich tauglich sei, um meinen Restgrundwehrdienst von drei Monaten abzuleisten.

Am 20. Dezember wurde mir dann per Einschreiben der Gerichtsbeschluß zu gesandt in dem stand, das ich tauglich sei und am 1. Januar meine restliche Wehrpflichtzeit abzuleisten hätte, es gäbe für mich keine Möglichkeit gegen das Urteil Widerspruch einzulegen. Das hatte mich schwer erschüttert, denn es hätte auch bedeutet, daß ich meine damalige Arbeit verlieren würde. Also bin ich noch am gleichen Tag mit meinem Schwiegervater zum Gericht gefahren und habe die Richter aufgesucht, die dieses Urteil gefällt hatten, ohne mich vorher gesehen oder angehört zu haben. Als die Richter sahen, wie ich humpelnd mit Stock zur Tür hereinkam, sagte einer der Richter: "Sind Sie in etwa Herr ...?" "Ja", sagte ich, "der bin ich!" Darauf meinten die Richter, daß wenn er mich nun sieht, sie wohl ein Fehlurteil gefällt hätten, woraufhin ich ihnen entgegnete: "Wie soll es aber rückgängig gemacht werden, wenn ich keine Möglichkeit für einen Widerspruch mehr habe." Man überlegte kurze Zeit seitens der Richter und kam zu dem Entschluß, daß möglicherweise ein Verfahrensfehler vorliege, da ein Richter bei diesem Urteilsspruch gefehlt habe und ich deshalb das Urteil anfechten könne. Ich sollte mich mit einem Rechtspfleger in Verbindung setzen und dieser sollte mir etwas aufsetzen. Sie würden dann anschließend in einem Schnellverfahren darüber entscheiden.

So ging ich zu einem Rechtspfleger, der die ganze Sache dann auch schnell in die Hand nahm. Am selben Tag schaltete ich dann auch noch die Presse ein. Es kam am nächsten Tag auch jemand von der Bildzeitung, die ausführlich von dem Fall berichtete. Am 22. Dezember bekam ich vom Gericht Bescheid, daß das alte Urteil aufgehoben sei und ich keinen Wehrdienst mehr ableisten müsse. Zwei Jahre später hat mir mein Arbeitgeber aus gesundheitlichen Gründen gekündigt, da er für mich keine Beschäftigung mehr hatte. Ich habe aber bis zum heutigen Tag keinerlei Entschädigung oder Berufsunfähigkeitsrente seitens der Bundeswehr oder LVA gesehen.

Gefahren der Kernenergie

Ich komme hier nochmals kurz auf das Thema ‚Kernkraftwerk' und meine Tätigkeit dort zurück. Nach meiner Meinung und den Erfahrungen, die ich während meiner Tätigkeit dort gemacht habe, sind unsere Kraftwerke keineswegs sicherer, als die ausländischen. Was nutzt ein großer nach außen hin vorgezeigter Sicherheitsstandard, wenn die Unsicherheitsfaktoren Mensch und Geld bleiben. Ein Stromerzeuger möchte doch soviel Geld als möglich mit einem Kernkraftwerk erwirtschaften. Also werden auch nur die dringendsten Reparaturen gemacht. Es wird einfach nur etwas provisorisch behoben. So habe ich zum Beispiel einmal erlebt, daß bei einer Rohrleckage lieber eine weitere Schelle gesetzt wurde, obwohl schon mehrere dort saßen, als das Rohr auszutauschen. Denn dieses hätte durch die anfallenden Kosten den Gewinn geschmälert. Hier verhält es sich zum Teil so, daß der zuständige Teilbereichsleiter eine bestimmte Summe im Jahr für die Ausführung von anfallenden Reparaturen zur Verfügung hat. Sollte dann noch etwas übrig bleiben, bekommt er davon noch einmal eine prozentuale Beteiligung ausgezahlt. Ein anderes Beispiel für die mangelnde Sicherheit ist, daß TÜV-Gutachter bestochen werden um bestimmte Prüfungen abzunehmen, obwohl sie unter normalen Voraussetzungen nie als in Ordnung begutachtet werden dürften. Auch werden Dinge genehmigt, die sonst nie genehmigt würden. Es dringen ebenfalls nur vorher zensierte und ausgesuchte Störmeldungen nach außen, um eine Beunruhigung der Bevölkerung zu vermeiden. Ich habe auch selbst erlebt, daß verantwortliche Personen bei einer Störung oder bei einem Störfall einfach überfordert waren. Und wie schnell kann in so einer Notsituation durch eine falsche Handlung Schlimmeres ausgelöst werden. Ein großes Manko stellen auch die Brennelementetransporte dar, die angeblich keine Gefahr durch Strahlung für die Umwelt bedeuten. Doch in Wirklichkeit sieht dieses anders aus, ich habe selbst miterlebt, daß solange an verschiedenen Punkten gemessen wurde bis ein passender Wert herauskam und die vorher erhöhten Werte ließ man einfach weg. Der Öffentlichkeit wurden dann nur die Werte bekanntgegebenen, die kein Risiko darstellten. Sollten diese angeführten Bedenken mittlerweile alle ausgeschlossen sein, was ich mir aber unmöglich vorstellen kann, gibt es noch einen weiteren Grund für mich, gegen Kernenergie zu sein, und zwar weil es sich um Zerstörung von kosmischer Urgeometrie handelt. Denn, indem man einen Atomkern spaltet, zerstört man eine natürliche geometrische Form und erschafft eine künstliche. Hierin sehe ich eine große Gefahr, denn wie heißt es im Hermetischen Gesetz: "Wie im Großen so im Kleinen" und umgekehrt. Was das für uns, beziehungsweise für die Umwelt bedeutet, vage ich mir deshalb kaum vorzustellen. Würde man die natürliche Energie nutzen, könnten die sogenannten Energieversorger aber keinen Gewinn mehr machen. Denn mit der natürlichen Energie meine ich in diesem Fall keine Sonnen-, Wind- oder

Wasserkraftwerke, sondern "Freie Energie". Sie wird deshalb als freie Energie bezeichnet, da sie frei und kostenlos verfügbar ist. "Aber wo ist denn diese Energie, von der hier die Rede ist?" wird eventuell der eine oder andere fragen. Es ist die Energie, aus der wir bestehen, die unsere Neutronen, Protonen und Elektronen drehen läßt, es ist die Energie, die auch unsere Erde und alle anderen Planeten sich drehen läßt, denn die wird doch ganz bestimmt mit meinem keinem Ottomotor angetrieben – es ist Magnetenergie. Sie ist die Energie, die das Universum antreibt und ist deshalb für jeden zugänglich. Man muß sie nur anzapfen. Und dies geschieht durch sogenannte Magnetgeneratoren oder –konverter, die seit der Jahrhundertwende entwickelt worden sind. Bekanntester Wiederentdecker dieser Energiequelle war Nikola Tesla, der unter anderem einen Motor entwickelt hatte, den er 1930 in ein Auto einbaute und damit ohne Mühe eine Spitzengeschwindigkeit von 144 km/h erreichte, ohne irgendeinen Treibstoff und Abgase. Er arbeitete sogar an einem riesigen Kraftwerk, mit dem ganze Städte mit freier Energie versorgt werden könnten. Doch wurde er von seinem Sponsor, dem Bankier J.P. Morgan, daran gehindert, als dieser erkannte, welche Konsequenz die Verfügungsstellung kostenloser Energie für ihn als Bankier, aber auch für die Entwicklung der Menschheit in technischer Hinsicht mit sich bringen würde.

Im Zweiten Weltkrieg hatten die Deutschen bereits eine größere Anzahl von Flugscheiben gebaut – heute von Unwissenden als "UFOs" bezeichnet – die mit Magnetkonvertern flogen und es gab sogar damals schon zwei U-Boote, die mit solch einem Antrieb fuhren.

Es wären so viele wunderbare Dinge damit zu machen, wäre diese Energie dem Menschen frei zugänglich. Doch was passiert mit den Leuten, die auf diesen Gebieten forschen? Sie werden bedroht oder sogar beseitigt. Ihre Entwicklungen beziehungsweise Erfindungen verschwinden in den Schubladen der großen Konzerne und Ölmultis, damit die breite Masse weiterhin von diesen abhängig bleibt. Ich möchte allerdings zu den "Freien Energiemaschinen" folgendes sagen: Für jede Entwicklung muß die Zeit reif sein, und für diese Art ist nach meiner Meinung die Zeit, zumindest im Moment, noch keinesfalls reif. Denn wenn solche Maschinen auf den Markt kommen würden, hätte das zur Folge, daß das komplette Wirtschaftssystem und damit die momentan herrschenden Machtstrukturen zusammenbrechen und ein totales Chaos entstehen würde. Jede revolutionäre Erfindung hat bei ihrem Bekanntwerden zwar ein ziemliches Durcheinander ausgelöst, aber wenn der Moment dafür da ist, beruhigt sich das Ganze auch schnell wieder. In unserer schnellebigen Zeit kann das im Fall der "Freien Energie" auch schon in ein paar Monaten ganz anders aussehen. Man müßte die Menschen dann ganz langsam auf solche Dinge aufmerksam machen, dann würde der Übergang zu solch einer Energiemaschine auch ohne Chaos möglich sein. Trotzdem gilt zu bemerken, daß es sich selbst bei dieser Art von Maschinen auch nur um Maschinen handelt, also um ein

Hilfsmittel. Persönlich bin ich der Überzeugung, daß der eigentliche und wirklich wesentliche Weg des Menschen - als ein spirituelles Geschöpf – nie in der Abhängigkeit von Maschinen beruht, sondern in seiner geistigen Bewußtwerdung, woher wir kamen und wohin wir gehen. In diesen Bewußtwerdungsprozeß vom Neandertaler zum "Gottmenschen", also dem Menschen, der erkannt hat, was die Quelle seiner Existenz ist und daß diese in ihm selbst angelegt ist, gehört auch die Entwicklung von Technik. Doch sie ist nur eine Hürde, eine Etappe auf dem Weg des Menschen, bis er erkennt, daß alle Kraft und alle Macht in seinen Gedanken liegen. Denn die Maschinen und Entwicklungen waren ja auch zuerst in Gehirnen erdacht worden, bevor sie jemand umgesetzt hat. Was ich damit zum Ausdruck bringen möchte ist, daß wir trotz der Faszination der Technik niemals unseren eigentlichen Weg übersehen sollten, und der ist ein spiritueller. Denn je mehr wir uns im "Äußeren" schaffen um so mehr verlieren wir im "Inneren".

Teil II

Unsere gemeinsamen Erlebnisse mit Freimaurern, Illuminaten, UFOs, Außerirdische u.s.w.

Anfang der neunziger Jahre hatten meine Frau und ich am Ende eines Kubaurlaubs ein besonderes Erlebnis. Schon vor dem Flug nach Kuba hatten wir ein ungutes Gefühl. Meine Frau hatte sogar Angst vor dem Rückflug, weil sie wieder eine ihrer Vision gehabt hatte. Sie sah, wie das Flugzeug abstürzte. Der Hinflug verlief jedoch völlig normal ohne irgendeine Störung.

Beim Betreten des Hotelzimmers aber erschrak meine Frau. Als sie die Gardinen sah, stellte sie fest, daß es exakt die gleichen Gardinen waren, die sie in ihrer Vision gesehen hatte. So spannend ging es auch weiter. In der ersten Nacht wurde ich durch ungewöhnliche Geräusche in unserem Hotelzimmer geweckt. Ich hörte ein schmatzendes Geräusch neben mir und versuchte meine Frau zu wecken. Sie schlief jedoch so fest, daß ich damit keinen Erfolg hatte. Dann tastete ich mich langsam zum Lichtschalter der Nachttischlampe vor, und als das Licht anging, sah ich in zwei ebenfalls sehr erschrockene Geckoaugen. Man konnte im Moment unmöglich sagen wer erschrockener war, der Gecko oder ich. Es dauerte eine ganze Weile, bis der Gecko vom Nachttisch die Wand zur Decke hoch lief und dann in einem Loch in der Decke verschwand. Ich war jedenfalls erleichtert, das dieses schmatzende Geräusch nur ein Gecko war, der unsere angebrochenen Kekse, die auf dem Nachttisch lagen, verspeiste. Die Hotelbediensteten teilten uns am nächsten Tag mit, daß wir sehr froh sein könnten, einen Gecko als Mitbewohner auf dem Zimmer zu haben, denn so hätten wir keine Probleme mit Vogelspinnen, die sich sonst im Zimmer aufhalten könnten. Welche Erleichterung! Von anderen Urlaubern im Hotel hörten wir später, daß sie Vogelspinnen im Zimmer hatten und ein Kammerjäger kommen mußte, damit sie wieder ruhig ihr Zimmer betreten konnten. Bis auf zwei besondere Situationen war es mit einer der schönsten Urlaube, den ich bisher erlebte. Die Menschen waren sehr gastfreundlich und die Landschaft sowie das Wetter waren herrlich. Der erste Vorfall war folgender: An jedem Abend wurde, wie es in großen Hotelanlagen üblich ist, ein anderes Programm geboten. Wir hatten dort ein sehr nettes Paar kennengelernt, das uns an einem Abend zu einer kubanischen Folklore-freiluftveranstaltung in ihr Hotel einlud. Am Anfang der Veranstaltung traten verschiedene Sänger auf, die kubanische Volkslieder gesungen haben. Es war fast Mitternacht, als von dem Leiter des Abends eine besondere Attraktion angekündigt wurde. Er sagte: "Lassen sie sich jetzt überraschen und erleben sie ein altes kubanisches Tanzritual". Es wurden nun alle Lichter gelöscht und Fackeln aufgestellt und ein alter kleiner Mann mit sehr faltiger Haut betrat die Bühne und hielt sich eine brennende Fackel direkt unters Kinn. Die Flamme der Fackel ging durch sein Gesicht, ohne es zu verbrennen.

Dann begann er ganz langsam in verschiedenen Figuren auf der Bühne, direkt vor meiner Frau und mir, zu tanzen. Nun kam ein zweiter Mann mit einer Trommel auf die Bühne. Der Mann setzte sich an das Ende der Bühne und schlug die Trommel in einem bestimmten Takt. Jetzt kamen auch mehrere Frauen ganz in weiß gekleidet auf die Bühne und sangen rituelle Lieder. Als letztes erschienen noch zwei Männer, von denen einer komische Zeichen in sein Gesicht und auf seine Haut gemalt hatte. Er hielt ein Schwert in der Hand und tanzte auch in geometrischen Figuren. Der zweite Mann war kalkweiß im Gesicht und hielt eine Kokosnuß und einen komischen Stab in der Hand. Nachdem nun alle Akteure auf der Bühne versammelt waren, begaben sie sich auf die Zuschauer zu und versuchten sie in ihre Rituale einzubeziehen. So rieb zum Beispiel der Mann mit der Kokosnuß, diese an den Kopf von verschiedenen Zuschauern. Das Ritual ging zirka schon eine halbe Stunde, als einer von ihnen auf meine Frau zukam. Sie sprang auf einmal wie von einer Tarantel gestochen auf, schrie ganz laut: "Die machen Vodoo und wollen euch verhexen", und rannte davon. Ich rannte hinterher und erreichte sie kurz vor unserem Hotel. Sie war richtig verstört und stark verängstigt. Sie sagte mehrmals hintereinander zu mir, daß es sich bei diesem Ritual um Vodoo gehandelt habe und sie die Zuschauer verhexen, beziehungsweise mit fremden Geistern belegen würden. Nachdem ich sie dann beruhigt hatte, gingen wir in unser Hotel zurück und legten uns schlafen.

Die ganze Veranstaltung hatte ich, bis zu dem Zeitpunkt als meine Frau davonlief, auf Video aufgenommen und zu Hause bestätigte uns jemand, der das Video gesehen hatte, daß es sich dabei tatsächlich um eine Vodoo- Zeremonie gehandelt hat. Die Bekannten, die noch länger als wir dort blieben, sagten später zu uns, daß kurz nachdem meine Frau weggerannt war, mit der Zeremonie aufgehört wurde und nach ein paar Volksliedern die Veranstaltung ganz beendet worden wäre.

Am letzten Tag unseres Urlaubs wurden wir mit Bussen zum Flugplatz gefahren, wobei dieser militärisch als auch zivil genutzt wurde. Wir kamen recht früh am Flughafen an, und mußten noch einige Zeit auf die Abfertigung warten. Zur Unterhaltung wurde eine kubanische Tanzshow geboten. Meine Frau nutzte die Zeit, um sich noch ein paar Stände mit Souvenirs, die in der Flughafenhalle aufgebaut waren, anzusehen. Da fiel ihr plötzlich eine Frau mit einem ganz kleinen Stand auf. Dort lagen kleine geschnitzte Figuren, die sehr alt aussahen. Sie kam mit der Frau ins Gespräch und sie sagte ihr, daß sie in einem Museum als Archäologin arbeiten würde. Mit dem Verkauf von Replikaten würde sie helfen, die weiteren Ausgrabungen finanziell zu unterstützen. Sie erzählte meiner Frau auch, daß sie eine Schwester in der Schweiz habe. Anschließend begann sie die Bedeutungen der kleinen Figuren zu erklären. Es waren alles irgendwelche Götter, der eine ein Fruchtbarkeitsgott, der andere ein Gott, der für eine gute Ernte sorgte, ein anderer sorgte für persönlichen Schutz usw.. Sie waren aus unterschiedlichen Materialien hergestellt, diese reichten von Holz über Stein bis hin zu Knochen. Sie erwähnte auch noch, daß die Einheimischen sagen würden, daß man diese Götter gut behandeln müsse. Das heißt, daß man sie auf gar keinen Fall fallen lassen dürfe, oder irgendwo unachtsam in eine Ecke legen oder ähnliches, sonst würden sie kein Glück mehr bringen. Meine Frau war so fasziniert von diesen Figuren, daß sie mich holte, um mir den Stand zu zeigen. Nachdem mir die Einheimische noch einmal alles erklärte, entschied sich meine Frau, drei von den Figuren zu kaufen. Die Verkäuferin bat meine Frau noch um einen kleinen Gefallen, was für mich unbemerkt blieb. Sie bat sie, einen Brief, der ziemlich dick und angeblich an ihre Schwester in der Schweiz adressiert war, mitzunehmen und von Deutschland aus an die angegebene Adresse zu schicken. Sie könnte ihn unmöglich persönlich absenden, da die Post in Kuba sehr streng kontrolliert werde und es sich hierbei um persönliche Angaben handeln würde, die niemand wissen sollte. Meine Frau steckte den Brief ein und wir verabschiedeten uns von der Verkäuferin. Danach gingen wir zurück in die Wartehalle, um auf unseren Flieger zu warten. Dieser kam bald und wir flogen bei schönstem Sonnenschein von Kuba weg. Es war bis zu den Bahamas ein ganz wolkenloser und sehr ruhiger Flug, die Stewardessen begannen gerade das Essen auszuteilen, als das Flugzeug, für jeden unerwartet, in starke Turbulenzen geriet. Es wurde draußen schlagartig dunkel und ein starker Sturm kam auf. Die Stewardessen bemühten sich trotz des schaukelnden Flugzeugs, das gerade ausgeteilte Essen wieder einzusammeln, und der Pilot verkündete, daß wir in ein Unwetter hinein fliegen würden. Wir waren in diesem Moment im Bereich des sogenannten "Bermuda Dreieck". Die Notbeleuchtung wurde eingeschaltet und wir mußten uns anschnallen. Das Flugzeug fing jetzt so stark an zu schwanken, daß man den Flug mit der Fahrt in einer Achterbahn gleichsetzen konnte. Die Toilettenkabinen, an denen die Videoeinwand angebracht war, fingen an sich zu bewegen und zu lösen. Wenn man aus dem Fenster schaute war es so dunkel, daß man gerade nur die Positionslampen an der Tragfläche sehen konnte. Wenn man auf sie achtete, konnte man sehen, wie weit das Flugzeug hin und her schwankte, denn sie bewegten sich wie eine Flipperkugel, die man hin und her schießt. Die Leute begannen zu schreien und bekamen Panik. In der Sitzreihe hinter uns saß ein Pilot mit einem Kind, der nur sagte: "Hoffentlich geht das gut. Aber es sieht schlecht aus". Mir wurde die Sache nun zu dumm, ich legte jetzt den Sitz nach hinten und bin eingeschlafen. Die Leute schrien meine Frau an, wie ich jetzt, wo das Flugzeug abstürzen würde, schlafen könne, aber diesen störte sie keineswegs. Ich hatte einen ganz phantastischen friedvollen ruhigen Traum. Als ich nach etwas mehr als einer halben Stunde aufwachte, war der ganze Spuk vorbei. Den anderen Passagieren konnte man zwar noch das schreckliche Erlebnisse ansehen, aber ansonsten war draußen wieder alles ruhig und es herrschte herrlichstes Wetter. Die Stewardessen begannen erneut das Essen zu verteilen und bis nach Hause wurde es dann ein ruhiger Flug. Am Flughafen hat mir meine Frau von dem Brief erzählt und ihn auch gleich in den

Briefkasten geworfen. Zu Hause angekommen riefen wir gleich unsere Urlaubsbekanntschaft an, von denen wir wußten, daß sie kurz nach uns vom gleichen Flughafen flogen und fragten sie, wie ihr Flug war. Sie erzählten uns, daß sie weder die Verkäuferin mit den Göttern gesehen hätten, noch daß es irgendwelche Probleme beim Flug gegeben hätte, obwohl Sie nur eine halbe Stunde nach uns abgeflogen sind. Sie hatten von Kuba bis nach Deutschland das schönste Wetter. Ein paar Jahre später erzählte mir dann eine Hellseherin, ich hätte einmal einen Flug vor dem Absturz gerettet, indem ich ruhig und ganz ohne ein Zeichen von Panik geblieben wäre.

Die Vision meiner Frau war also eingetreten, doch es war mir unbewußt gelungen, den Ausgang der Vision zu verändern. Es war erneut eine Warnung gewesen.

- 2 -

Wir führten in der Stadt, in der wir wohnten, zu Beginn ein fast ganz normales Leben. Das ‚fast' liegt darin begründet, daß wir uns unabhängig voneinander seit Kindheit an, für mystische und unglaubliche Dinge aller Art interessierten. Wo wir uns aufhielten, passierte fast immer irgend etwas Ungewöhnliches. Es gab aber mit den Menschen in der Stadt keinerlei Probleme, bis wir drei Dinge taten.

Das erste war der Entschluß, daß wir heiraten wollten, was unsere Eltern mit allen Mittel zu verhindern versuchten, dies war aber vergeblich. Wir hatten uns zusätzlich noch etwas besonderes ausgedacht. Mein Traum, seit ich zirka elf Jahre alt war, war es, vor der Kirche mit einem Fallschirm abzuspringen, was aber leider wegen der Behinderung unmöglich war. So entschieden wir uns für den Traum von meiner Frau, mit einer Kutsche zur Kirche zu fahren und die längste Schleppe der Welt zu haben. Es war aber sehr schwer, das zu verwirklichen, denn wenn wir in Brautgeschäften nachfragten, sagte man uns, daß alles über neun Meter nur Adligen vorbehalten sei. Wir konnten dann doch noch nach langer Suche eine Schneiderin finden, die uns eine Schleppe von fast dreizehn Metern, passend bestickt zum Brautkleid, anfertigte. Bis dahin hatte Prinzessin Diana die längste Schleppe der Welt gehabt. Als die Zeitung davon Wind bekam, standen bei der Hochzeitsfeier selbst von großen deutschen Zeitungen Reporter beziehungsweise Fotografen da. Es war ein richtiges Volksereignis in der Stadt. Doch die Oberen der Stadt mieden uns, als hätten wir eine ansteckende Krankheit. Dabei wollten wir damit nie angeben, es ging uns lediglich um die Verwirklichung eines Kindheitstraums meiner Frau.

Das zweite war folgendes: Eines Tages kam eine ehemalige Arbeitskollegin meiner Frau, die jetzt arbeitslos war, zu uns und sagte: Sie würde jetzt mit einem Schlag alle ihre Probleme lösen und es würde bei uns ebenfalls funktionieren. Wir waren natürlich gespannt, was diese sich so wunderbar anhörende Sache sein sollte, denn alle würden doch gerne das Geld ganz einfach nebenbei verdienen. Sie erzählte uns, daß man für einhundert Mark, die man an eine bestimmte Adresse bezahlt, beziehungsweise ihr geben würde, zu einem Treffen in einem Hotel oder Gaststätte eingeladen wird. In den einhundert Mark wäre selbstverständlich auch ein Buffet, das es dort gäbe, enthalten. Als ich sie fragte, wo diese Treffen denn stattfinden, sagte sie zu mir, daß man erst nach bezahlen des Geldes kurz vorher erfahre, wo die Treffen stattfinden würden. Die Orte für die Treffen würden ständig wechseln. Das kam uns natürlich gleich sehr merkwürdig vor. Wir wollten noch näheres dazu wissen, doch sie sagte, daß mit ihr ein Vertrag vereinbart worden wäre und sie, wenn sie zuviel darüber erzähle, eine hohe Strafe bezahlen müsse. Wir konnten von ihr nur noch erfahren, daß in dieser Stadt sehr viele Geschäftsleute mitmachen würden und daß man, wenn man sich ‚dafür' entschließe, fünftausend Mark bezahlen müsse. Dann bekäme man einen Posten in diesem Unternehmen und wäre an den erwirtschafteten Gewinnen beteiligt. Je höher die Position in dem Unternehmen sei, die man erreicht, sei auch die Gewinnbeteiligung. Meine Frau fragte sie, ob sie schon einmal Geld ausgezahlt bekommen habe. Daraufhin sagte sie "Nein". Aber sie würde jemanden kennen, der schon zehntausend Mark innerhalb einer kurzen Zeit bekommen habe. Ich meinte, daß die fünftausend Mark Einsatz aber sehr viel Geld seien. Weiterhin sei sie arbeitslos. Ich fragte, wie es ihr denn gelungen sei, eine solche Summe zusammen zu bekommen. Sie antwortete, daß sie alles Ersparte zusammen gekratzt habe. Diese ganze Geschichte, die sie uns erzählte, hörte sich für mich sehr nach einem Kettenbrief - Spiel an. Ich hatte nämlich mit zirka achtzehn und neunzehn Jahren schon zweimal an einen Kettenbrief - Spiel teilgenommen. Das erste mal hatte ich dabei ein kleines bißchen verdient, da ich einen ziemlich großen Bekanntenkreis hatte. Es ging dabei auch nur um einen Einsatz von zehn Mark, was kein großes Risiko war. Beim zweiten mal habe ich mit großer Mühe den Einsatz von fünfhundert Mark fast vollständig wieder herausbekommen, aber viele von meinen Bekannten hatten keinen Pfennig gesehen. Ich mußte dafür viel und weit fahren, wodurch nochmals Kosten auf mich zukamen. So erzählte ich ihr meine Erfahrungen, die ich bisher mit Kettenbriefen gemacht hatte, doch sie meinte, daß es sich hierbei um ein Unternehmen und keinen Kettenbrief handele. Wir sagten zu ihr, daß wir es uns noch einmal überlegen würden. In den nächsten Tagen hörten wir von immer mehr Leuten, die teilnehmen. Doch eines Tages kam eine andere Bekannte meiner Frau ziemlich deprimiert zu uns, und fragte, ob wir schon von der "Betrügerfirma" gehört hätten. Wir sagten "ja", sofern es sich dabei überhaupt um eine Firma handelte, aber sie sollte erst einmal erzählen. Sie berichtete, daß sie von den "Chefs" der Firma bedroht würde und sie normalerweise zu keiner Person etwas erzählen dürfe. Sie begann aber trotzdem zu erzählen: Anfangs war es fast das Gleiche wie es die andere Bekannte auch gesagt hatte. Nur sie erzählte, da sie uns vertraute, noch mehr Details: Zum Beispiel, daß beim ersten Treffen ein Vertrag unterzeichnet wird und dann die fünftausend Mark zu bezahlen sind. In ihrem

Fall ist dann am nächsten Tag jemand mit ihr zu ihrer Bank gefahren und hat dann sofort das Geld, das sie dort von ihrem Konto abgehoben hat, kassiert. Wir hörten nun von immer mehr Leuten, daß sie einen großen finanziellen Schaden erlangt hatten und manche so verzweifelt waren, daß sie sogar an Selbstmord dachten. Nun erinnerte ich meine Frau daran, daß wir doch sehr gute Verbindung zu einem Fotograf einer großen deutschen Tageszeitung haben. Wir riefen ihn an, teilten ihm die Geschichte mit und fragten ihn, ob er an einem Bericht in der Zeitung interessiert sei. Er sagte: "Selbstverständlich, das hört sich ja nach einer interessanten Sache an." Wir ermöglichten ihm einen Termin zu solch einem Treffen, da diese geheim waren, und es für ihn als Fotograf allein schwieriger war, einen Termin zu bekommen. Er nahm an dem Treffen teil und kurze Zeit später stand die Geschichte bundesweit in der Zeitung. Es wurden sogar von verschiedenen Fernsehsendern Berichte über dieses soge-nannte Unternehmen gebracht und die Leute gewarnt, denn es handelte sich natürlich um einen geschickt getarnten Kettenbrief.

Das dritte Ereignis war der Tag, als wir beschlossen, daß sich meine Frau selbständig macht. Ich hatte mich, wie bereits kurz erwähnt, schon seit meiner Jugendzeit mit Computern und Software beschäftigt. Mit einundzwanzig Jahren hatte ich dann ein Reisegewerbe angemeldet und für Freunde als Nebenerwerb Software besorgt oder zum Teil selbst welche erstellt. Der Freund einer Arbeits-kollegin meiner Frau machte genau dasselbe. Als die Arbeitskollegin davon hörte, meinte sie, daß ich mich mit ihm einmal treffen könnte. Vielleicht bestün-de die Möglichkeit, mit ihm zusammen zu arbeiten. Wir fuhren zu ihm. Sein Vater hatte eine große Firma in der Stadt, in der wir wohnten. Sein Sohn und ich beschlossen, Test weise eine Zusammenarbeit als Nebenerwerb zu versuchen. Doch gleich beim ersten Auftrag merkte ich schon, daß er mich betrogen hatte. Er versuchte nur an die Adressen meiner Kunden heranzukommen, und ich beendete die Geschäftsverbindung sofort wieder. Da die Aufträge und Bestellungen bei mir immer mehr wurden, beschlossen meine Frau und ich, daß sie aufhören sollte zu arbeiten und ein Geschäft auf ihren Namen anmelden solle. Und dafür eignete sich unser gemieteter Resthof sehr gut. Ich selbst behielt weiter meine Arbeit im Kernkraftwerk. In den ersten Wochen lief im Geschäft meiner Frau alles noch ruhig, wenn man davon absieht, daß sehr viele Kunden kamen, von denen ich ein paar hier erwähnen möchte, da sie im späte-ren Verlauf noch interessant sind. Einer davon war zum Beispiel der Sohn eines Firmenbesitzers aus einer deutschen Großstadt. Er war zu Anfang von Beruf "Sohn", und ich nenne ihn hier einmal Gerd. Dieser Gerd hatte einen sehr großen Freundeskreis und war, wie wir später erfuhren, durch ein paar dubiose Geschäfte in diversen Kreisen sehr bekannt. Zusammen mit diesem Gerd kam noch ein Rainer, ein Hans und ein Michael. Sie waren sehr oft da und gute Kunden.

Mit dem Geschäft gab es in den ersten Wochen wie schon erwähnt keinerlei Probleme, aber dann fing es an. Da unser Geschäft etwas abseits lag, wollten wir ein Hinweisschild aufstellen. Es hatte die übliche Größe eines ganz normalen Straßenwegweisers. Wir hätten das Schild, wie es so viele andere Firmen auch machen, ganz einfach anbringen können, ohne jemanden zu fragen, aber wir wollten ganz sicher gehen und fragten beim Ordnungsamt nach. Es wurde uns, obwohl es sich bei dem Sachbearbeiter um einen guten Bekannten meines Schwiegervaters handelte, abgelehnt. Er begründete es damit, daß es sich hier um Schilderwildwuchs handeln würde und so etwas könne von Seiten der Stadt unmöglich geduldet werden. Wären wir jetzt die einzige Firma gewesen, die ein Hinweisschild angebracht hätte, hätte ich das ja verstanden, es waren aber eine ganze Menge Firmen, die in dieser Stadt ihre Hinweisschilder aufstellen durften und diese waren um ein Vielfaches größer als unseres. Sie hatten auch alle von der Stadt eine Genehmigung dafür erhalten, nur wir erhielten keine. Es handelte sich hierbei um reine Schikane der Stadt gegenüber uns, wie wir später erfahren konnten.

Meine Frau schloß auch noch ein paar Firmenversicherungen bei einem Bekannten eines Kunden von ihr ab. Der Versicherungsvertreter sagte zu meiner Frau, daß er ordentlich Werbung machen wolle und er ihr sehr viele Kunde schicken würde. Er selbst holte sich auch noch Angebote für verschiedene Dinge ein. Doch nachdem die Versicherungen unter Dach und Fach waren, kam von dem Versicherungsvertreter gar kein einziger Auftrag oder Kunde.

Nach ein paar Tagen rief bei meiner Frau der Chef der größten ortsansässigen Firma an und sagte zu ihr: "Ich habe vielleicht einen großen Auftrag für sie, kommen sie heute Nachmittag vorbei und wir können alles nähere Besprechen". Meine Frau fuhr dann nachmittags zu diesem Herrn ins Büro. Dort blieb aber der Auftrag von ihm unerwähnt, anstatt dessen teilte er ihr mit, daß sie die Firma nach bestimmten Regeln zu führen hätte. Er sagte noch dazu, um dieses zu bekräftigen: "Wenn Sie meinen anders zu handeln, wie wir das wollen, bekommen sie hier kein Bein auf die Erde, dafür werden wir schon sorgen." Weiter bestand er darauf, daß sie, wenn er es wolle, mit ihm auszugehen und sogar mit ihm ins Bett zu gehen hätte. Meine Frau lehnte empört ab und sagte daraufhin: "Na, wir werden's ja sehen und ob ich auch ohne Sie ein Bein auf die Erde bekomme" Anschließend fuhr sie nach Hause, und erzählte mir die Geschichte. Meine Frau führte das Geschäft weiter, so wie sie begonnen hatte. Bei ihr im Geschäft war es nämlich so, daß jeder Kunde gleich behandelt wurde, ob er nun Großkunde war oder sich nur umsehen oder etwas wissen wollte. Er bekam alles ganz genau erklärt, bei Software konnte er sie sogar im Geschäft testen, konnte etwas trinken oder Kekse zu essen erhalten. Durch diesen Service war das Geschäft meiner Frau sehr beliebt. Sie konnte die Firma anfangs ohne irgendwelche Kredite aufbauen, folglich war sie auch von keiner Bank abhängig. Es war ihr, beziehungsweise uns auch egal, ob die ortsansässigen Firmen bei ihr einkauften oder dieses unterließen, denn durch die Art, wie sie sich um die Kunden bemühte, hatte sie sehr viele Kunden aus dem Umland. Die großen Firmen des Ortes beobachteten trotzdem die Umsatzmenge, die Kunden und die Art, wie das Geschäft geführt wurde. Eines Tages besuchte uns eine Frau Jessen, die behauptete, daß sie eine Werbeagentur führe und fragte uns, ob wir an Anzeigen in Zeitungen und Telefonbüchern interessiert wären. Meine Frau war Frau Jessen sofort unsympathisch, aber da uns eine gute Bekannte, die mit Frau Jessen früher bei einer Zeitung zusammengearbeitet hatte, nur gutes von ihr berichtete, ließ meine Frau die Zeitungswerbung von ihr gestalten.

Es kauften bei meiner Frau mittlerweile auch kleinere Wiederverkäufer ein, die sich als Zusatzerwerb mit Computervertrieb beschäftigten. Einer von ihnen war ein Mann mit dem Namen Herbert. Er kam regelmäßig, um sich Software zu besorgen. Meine Frau war nun bestrebt, das Angebot immer mehr zu erweitern. So wurde ihr es zusätzlich möglich, den Vertrieb und die Mitentwicklung an einem Informationssytem zu sichern, wobei es sich um Spezial - Schilder und Leuchtkästen beziehungsweise Reklame aus Frankreich handelte, so daß es ihr möglich war, von Software bis Fahrzeugbeschriftung und Reklameschilder aller Art, eine ganz interessante Produktpalette anzubieten. Um das ganze erledigen zu können, stellte meine Frau noch jemand auf fünfhundertsechzig Mark-Basis ein. Sie hieß Frau Grabe. Sie war zuständig für den Schriftverkehr und Eingabe der Preislisten.

Nach zirka drei Monaten hatten wir, um die Produkte und Entwicklungen vorzustellen, eine Hausmesse veranstaltet. Diese Messe war ein sehr großer Erfolg, selbst die ortsansässigen Zeitung berichteten darüber. Wir hatten auf dieser Messe auch anderen die Möglichkeit gegeben, sich vorzustellen, wie zum Beispiel Frau Jessen, einem Programmierer von kaufmännischer Software, Herrn Grandt, den Vertreiber der französischen Schilder Herrn Rain oder Herbert. Herbert brachte an diesem Tag einen Partner mit, der ebenfalls Computer - Hardware verkauft. Er stellte ihn uns als einen guten Bekannten mit Namen Werner und als ehemaligen Geschäftspartner vor. Meine Frau wollte ihn erst wieder fortschicken, da er auf sie einen sehr schlechten Eindruck machte. Sie ließ ihn dann aber doch herein, da Herbert meinte, es sei alles in Ordnung und er bräuchte einen zweiten Mann, da dies alles zu viel für ihn allein wäre. Am letzten Tag der dreitägigen Messe suchte Werner das Gespräch mit meiner Frau und mir. Er fragte, ob er als Subunternehmer für sie arbeiten könne, denn sein Bekannter Herbert habe ihm erzählt, daß sie die ganze Zeit schon jemanden suchen würde, der sich um die Hardware kümmere. Damit hätte meine Frau das Tätigkeitsgebiet und das Angebot des Geschäftes völlig abgerundet. So wäre es ihr nämlich möglich gewesen, den Firmen eine komplette Betreuung von der Werbung bis hin zur Computerausstattung zu bieten. Meine Frau, die ja Inhaberin der Firma war, war am Anfang dagegen. Sie hatte irgendwie kein gutes Gefühl, beziehungsweise ihre innere Stimme warnte sie davor. Sie selbst wußte nur keinesfalls, wieso und was sie an ihm störte. Am Abend redete ich mit ihr noch einmal darüber und wir kamen zu dem Entschluß, daß sie es doch einmal probeweise mit ihm als Subunternehmer versuchen könnte. So rief meine Frau also bei Werner an und teilte ihm den Entschluß mit, womit er auch einverstanden war. Am Anfang erwies er sich als Genie und als sehr zuverlässig. Er brauchte nur irgend ein Problem zu sehen und schon konnte er es, egal was es war, lösen. Es wunderte uns zwar, warum er nur bei Dunkelheit arbeitete, aber er begründete das damit, daß er tagsüber keine Zeit habe, da er noch etwas anderes arbeiten würde. Dieses störte uns nie und sonst gab es zuerst auch keine Besonderheiten oder Beschwerden über ihn.

Kurz nach der Messe kam Frau Jessen auf uns zu und fragte, ob sie sich bei dem Informationssystem, das wir mitentwickelt hatten, beteiligen dürfe. Wir sagten ihr zu, und so organisierte sie für uns die Werbung in der Zeitung. Sie traf sich auch öfters mit Werner, mit dem sie sich sehr gut verstand.

Mit der Aushilfskraft gab es anfänglich keine Probleme, bis Frau Jessen zu uns meinte, die Frau Grabe würde interne Firmendaten nach außen erzählen und uns schädigen. Wir sollten uns darum aber keine Gedanken machen, sie kümmere sich schon darum. Eine Woche später kündigte unsere Aushilfskraft. Da meine Frau so schnell keine neue Aushilfskraft finden konnte, bot Frau Jessen an, das noch zu übernehmen. Sie wollte sogar später Teilhaberin an der Firma werden, aber zum endgültigen Vertrag beim Notar kam es nie. Meiner Frau fiel auf, daß Frau Jessen, da sie Bank - Einzugsermächtigung hatte, auf einmal einfach irgendwelche Beträge abbuchte. Wir erfuhren erst sehr viel später, daß Frau Jessen die Vorwürfe gegen Frau Grabe nur erfunden hatte, denn so hatte sie besseren Einblick in die Firma meiner Frau erhalten. Es gab da noch eine weitere merkwürdige Sache mit Frau Jessen. Herr Grandt fragte meine Frau, ob sie ihm ein Logo entwerfen könne und sein Auto für Werbezwecke beschriften wolle. Er bot dafür eine Beteiligung an dem Erlös aus dem Verkauf seines Programms an. Meine Frau willigte ein. Sie setzte sich hin und begann gerade das Logo zu entwerfen, als Frau Jessen klingelte. Meine Frau machte ihr die Tür auf und nahm sie mit nach oben in ihr Büro. Während des Gesprächs kamen sie auch auf das Logo zu sprechen, welches meine Frau gerade entwarf. Frau Jessen schaute es sich an und meinte, man könne da noch eine Kleinigkeit verändern, aber sonst sei das Logo sehr gut gelungen. Nach ein paar Minuten verließ Frau Jessen das Gebäude wieder und meine Frau machte die Beschriftung fertig. Am Abend kam Herr Grandt vorbei und war ganz begeistert vom Logo und seiner Fahrzeugbeschriftung.

Es lief geschäftlich alles gut, bis sich Herr Grandt nach ein paar Wochen mit einem für uns unverständlichen Schreiben meldete, in dem er behauptet, daß wir ihn betrogen hätten, und seitdem hörten wir nie mehr etwas von ihm. Erst einige Zeit später erfuhren wir durch einen Bekannten, daß ihm Frau Jessen eine sehr hohe Rechnung für den Entwurf des Logos übersandt hatte, und im Falle, daß er die Rechnung unbezahlt ließe und das Logo trotzdem ohne Rechte nutzen würde, er eine hohe Geldstrafe an sie bezahlen müsse.

In der Zwischenzeit hatte uns Werner ein Ersatzprogramm der Firma Tragix besorgt, um den Verlust des Programmes von Herrn Grandt auszugleichen. Es gab da nur ein Problem. Das Programm kostete uns an Kopierlizenz jedoch fünfzehntausend Mark, die wir mit eintausend Mark monatlich abzahlten. Herrn Grandts Programm wäre für uns kostenlos gewesen, bis auf die Beschriftung seines Pkws, und wir wären ebenfalls noch prozentual am Verkauf beteiligt gewesen. So wurden die monatlichen Fixkosten der Firma immer höher geschraubt!

- 4 -

Eines Tages fragte Werner uns: "Kennt ihr die Freimaurer?" Wir sagten: "Nein, wir haben den Namen zwar schon gehört, aber es ist uns unbekannt, um was es sich dabei handelt". Er meinte daraufhin nur, wir wären ihnen schon mehrmals auf die Füße getreten und wir sollten aufpassen was wir täten".

Wenn Werner da war, redete er sehr viel über alle mögliche Themen. Zum Beispiel, daß er von einem Poltergeister verfolgt würde oder in ihm noch eine zweite Person wäre und keine Frau bei ihm bleiben würde, da er immer nächtlichen Besuch von irgendwelchen bösen Geistern habe. Einmal sei eine Freundin bei ihm Zuhause gewesen und habe sich einen Film im Fernsehen angesehen, als sie aus dem Raum nebenan Geräusche gehört habe. Sie sei dann in den Raum gegangen, da sie dachte, daß Werner von der Arbeit heimgekommen sei und wollte nach ihm sehen. Sie sah aber keinen Werner, sondern eine häßliche Gestalt von Nebelschwaden umgeben in einem Sessel im Zimmer sitzen. Sie sei fast zu Tode erschrocken. Sie sei Werner, der in diesem Moment gerade von der Arbeit nach Hause kam, entgegengerannt und habe nur noch geschrien. Nachdem er sie dann beruhigen konnte und er ihr erzählte, daß er von einem Poltergeist verfolgt würde, habe sie sich sofort von ihm getrennt. Er sei wegen dieser Erscheinung, die ihn ständig begleiten würde, schon oft umgezogen, aber kurze Zeit später erscheine sie dann wieder bei ihm. So ginge es schon eine ganze Weile. Er erzählte dann weiter, daß er deshalb auch auf der Suche nach dem siebten Buch Moses sei. Er glaube, daß er damit die Wesenheit loswerden könne. Wir maßen den Dingen am Anfang wenig Bedeutung zu und dachten, da wir uns mit solchen Themen schon länger beschäftigten, daß er sich nur wichtig und interessant machen wolle. Ein anderes mal erzählte er uns, daß er beim Einkaufen vor ein paar Jahren eine ältere Frau getroffen habe, die ihn gefragt hätte, ob das sein Motorrad sei, daß da neben ihm stehen würde. Er sagte: "Ja, aber wieso interessiert Sie das?" Sie antwortete ihm daraufhin, daß er es so schnell wie möglich verkaufen solle, da er sonst damit tödlich verunglücken würde. Danach war die Frau spurlos verschwunden. Er sagte weiter zu uns, daß er sich kurz vorher schon überlegt hatte, das Motorrad zu verkaufen. Er bemaß der Äußerung der Frau zwar keine so große Bedeutung bei, aber er setzte das Motorrad dann doch am nächsten Tag zum Verkauf in die Zeitung. Ein Käufer hatte sich schnell bei ihm gemeldet und so wurde er das Motorrad auch schnell los. Ein paar Wochen später erfuhr er dann von einem Bekannten, daß nur ein paar Tage später der Käufer mit seinem Motorrad tödlich verunglückt war. Solche Dinge und andere Geschichten erzählte er uns oft, wenn er bei uns war.

Er brachte uns immer mehr Kunden, es wurden sogar so viele, daß wir die Firma vergrößern mußten und nun auf einen Kredit von der Bank angewiesen waren. Das stellte Anfangs kein Problem dar. Bis plötzlich viele Kunden, die von ihm kamen, aufhörten ihre Rechnungen zu bezahlen. Die Bank forderte daraufhin die sofortige Rückzahlung des Kredites, was für uns durch die ausstehenden Rechnungen zu diesem Zeitpunkt unmöglich war. Wir wurden also sofort zur Bank bestellt, zu einem Gespräch mit dem Sachbearbeiter aus der Kreditabteilung. Nach diesem Gespräch nahm der Filialleiter der Bank meine Frau zur Seite und sagte zu ihr: "Wenn Sie irgendeine Hilfe brauchen, auch finanzieller Art, dann ist das überhaupt kein Problem. Ich kann das seitens meiner Organisation schon regeln." Er ließ dabei Durchblicken, daß es sich hierbei um Freimaurer handeln würde. Meine Frau lehnte aber ab. Plötzlich kam am nächsten Tag auch mein Schwiegervater und meinte, daß die Freimaurer doch sehr nette Menschen seien und es ihm unverständlich sei, was wir gegen sie hätten und warum wir deren Hilfe ablehnen würden.

Auch diesmal konnten wir es vermeiden uns der Bank zu beugen, denn wir bekamen einen neuen Großauftrag von weiter her und konnten so die geforderte Summe bezahlen. Meine Frau hatte sich trotzdem so über den Vorfall geärgert, daß Sie kurze Zeit später, als wir zu Werner in die Wohnung eingeladen waren, die Energien von ihm und mir ohne unser Wissen zu sich heranzog, um dem Sachbearbeiter mit aller Macht die schlimmsten Krankheiten zu wünschen. Ich war an diesem Abend auf der Heimfahrt wie ausgelaugt, ich konnte unmöglich selbst fahren und hatte keinen blassen Schimmer, wovon das kam. Kurze Zeit später hörten wir, daß es dem Bankbeschäftigten sehr schlecht gehen würde und daß er im Krankenhaus läge. Später sagte meine Frau zu mir, was sie gemacht hatte, und sei nun selbst erschrocken. Deshalb wünschte sie sich nun, daß er wieder gesunden würde. Nach zirka drei Monaten begann er auch wieder zu arbeiten.

Noch eine kurze Beschreibung zu der Wohnung des Subunternehmers Werner, weil es sehr bemerkenswert für mich war, wie es dort aussah. Ich habe bis zum heutigen Tag keine vergleichbare Wohnung mehr gesehen. Sie war völlig mit schwarzen Decken und Tüchern abgehängt, so daß fast kein Tageslicht in die Wohnung kommen konnte. Es war alles sehr unordentlich, soweit bei der schummerigen Beleuchtung etwas zu sehen war, und er spielte eine Musik, die einem das Blut in den Ader stocken ließ. Er meinte zum Beispiel bei einem

Lied, das es verboten wäre, weil dabei schon sehr viele Leute Selbstmord begangen hätten.

- 5 -

Zwischenzeitlich hatte sich auch ein Bekannter von uns selbständig gemacht. Am Anfang lief bei ihm ebenfalls alles wunderbar. Wir tauschten unsere Erfahrungen gegenseitig aus und gaben uns ein paar Tips und Ratschläge. So empfahl er uns seinen Steuerberater, der wesentlich günstiger war als unsere Steuerberaterin. Oder er sagte, daß er für seine Versicherungen einen Makler habe, der sich für ihn um alles kümmert. Wir verließen daraufhin unsere Steuerberaterin und beauftragten diesen Makler, sich um unsere Versicherungen zu kümmern. Dieses sollte sich später als großer Fehler herausstellen.

Unserem Bekannten erging es später mit seinen Aufträgen genauso wie uns. Er bekam zwar ebenfalls genügend Aufträge, aber auch bei ihm bezahlte kaum einer seiner Kunden.

Und auch bei ihm organisierte Frau Jessen nach kurzer Zeit die Werbung, welches am Anfang auch noch sehr gut klappte. Doch auf einmal begann sie, wie wir erst später erfuhren, bei ihm Anzeigen abzurechnen, die überhaupt nie in der Zeitung erschienen waren. Dadurch, daß seine Kunden nie bezahlten und immer mehr Kosten auf ihn zu kamen, lief es auch in seiner Ehe ziemlich schlecht. Seine Frau wollte sich sogar von ihm trennen und da er drei kleine Kinder hatte, traf ihn das sichtlich schwer. So begann er zu trinken und wir verloren ihn für kurze Zeit aus den Augen.

Frau Jessen wurde in der Zwischenzeit zur Vorsitzenden des Gewerbevereins in einem benachbarten Ort gewählt. Sie organisierte aus diesem Grund die Messe des Gewerbevereins, auf der wir auch zusammen mit Werner einen Stand hatten. Auf der Messe gab es sehr große Probleme mit dem Informationssytem, das von dem Subunternehmer für uns dort aufgestellt wurde. Wir besorgten uns auf anraten von ihm neue Teile, um den Betrieb des Informationsterminals einigermaßen aufrechtzuerhalten, denn es hatten sich bei uns extra dafür Interessenten angemeldet, um es zu begutachten. Weil das Terminal aber selten einwandfrei funktionierte, war die Messe wenig erfolgreich für uns verlaufen.

Es häuften sich nun immer mehr die Fälle, daß die Computer der Kunden Mängel aufwiesen, selbst unsere eigenen Systeme fielen plötzlich immer wieder aus. Es meldete sich ein Geschäftsmann und guter Kunde aus einer benachbarten Stadt, und behauptete, daß ein Kabel an seinem Monitor defekt sei. Wir schickten den Subunternehmer hin, um dieses auszutauschen. Doch Werner teilte dem Geschäftsmann mit, nachdem er daran gearbeitet hatte, daß er sich einen neuen Monitor kaufen müsse. Den alten Monitor nahm der Subunternehmer mit, und der Geschäftsmann gab bei uns einen neuen Monitor in Auftrag. Anschließend kam der Subunternehmer zu uns und lötete erneut an dem angeblich defekten Monitor. Plötzlich sagte er, fertig, und der Monitor lief wieder. Wir fragten ihn, warum der Monitor jetzt wieder liefe, und er sagte uns, daß wir noch sehr viel lernen müßten, wenn wir weiter in dem Computergeschäft bestehen wollten. Er teilte uns mit, daß er zwei Kabel verkehrt zusammengelötet habe, um dem Geschäftsmann so einen defekten Monitor vorzutäuschen. Wir schauten ihn ganz verwundert an, und er sagte uns nur, daß so etwas ein ganz alltäglicher Trick in der Computerbranche sei. Nun hat man einen neuen Monitor verkauft und einen gebrauchten gratis dazu erhalten. Uns war bei dieser Sache unwohl, denn wir wollten auf ehrliche Art unser Geld verdienen. Wir glichen es einigermaßen damit wieder aus, indem wir dem Geschäftsmann den neuen Monitor günstiger verkauften. Ein anderes mal sollte Werner direkt beim Hersteller Computerteile abholen. Als er wieder zurückkam, fehlten drei Teile. Er sagte, daß der Großhändler vergessen hätte, ihm diese mitzugeben. Da meine Frau den Geschäftsführer dieser Firma kannte, rief sie bei ihm an, um das zu bemängeln. Er teilte ihr mit, daß dies unmöglich sein könne, da er und unser Subunternehmer selbst beim Einpacken der Teile anwesend waren und alles nochmals überprüft hätten. Daraufhin stellte meine Frau den Subunternehmer zur Rede, der dazu nur meinte, daß er sie unterwegs wahrscheinlich verloren hätte. Später erfuhren wir von einem Kunden, daß er sie verkauft hat. Ein anderes Beispiel ist auch noch erwähnenswert. Werner sollte bei einem Kunden den Computer umrüsten. Das tat er auch. Nur dauerte das zwei Wochen und der Kunde war dringend auf den Computer angewiesen, da er selbst ein Geschäft besaß. Später stellte sich heraus, daß Werner ihm gebrauchte Teile eingebaut hatte, die er in unserem Namen als Neuteile berechnete. "Das ist ebenfalls ein ganz normaler Trick in der Computerbranche", war sein Kommentar. Er sagte zu Gerd, der, wie ich ja vorher schon erwähnt hatte, ein guter Kunde bei uns war, daß er sich mit einem Autozubehörgeschäft selbständig machen sollte, was dieser dann auch tat. Gerd beauftragte uns, für ihn die Leuchtreklame, Werbung und die Computerausstattung des Büros zu übernehmen. Als wir ihm die Rechnungen schickten, bat er uns um einen Zahlungsaufschub, wofür wir Verständnis hatten, da wir wußten, wie es ist, wenn man sich gerade selbständig gemacht hat. Wir boten ihm an, er könne die Summe auch in Raten zurückzahlen. Das wollte er sich überlegen und uns anschließend Bescheid geben.

Was ereignete sich sonst noch so in der Zwischenzeit? Da waren die mystischen Dinge, die sich im Haus abspielten, wenn der Subunternehmer da war. So kam es auf einmal, auch wenn Kunden anwesend waren, daß ein Windzug aus der Wand kam oder sich Dinge vor unseren Augen in der Wohnung durch die Luft bewegten, wie von Geisterhand geführt.

Als mein Schwiegervater und ich eine Rohrleitung für einen Wasseranschluß verlegen und dafür ein Loch in den Fußboden bohren wollten, merkten wir auf einmal, nachdem wir durch die Bodenplatte waren, daß sich ein Hohlraum darunter befinden mußte. Unser Meißel verschwand plötzlich mit einem planschenden Geräusch, als wenn etwas ins Wasser fällt. Wir vergrößerten das Loch und bemerkten, daß sich ein bis an die Decke mit Wasser voll gelaufenes Kellergewölbe unter dem Haus befand. Wir verschlossen eiligst wieder das Loch, da uns die ganze Sache unheimlich wurde und das Wasser total vermodert roch. Wir beschäftigten uns mit dem Haus und dessen Vorgeschichte und erfuhren hierbei, daß dieses Haus auf den Grundmauern eines alten Hauses aufgebaut worden war, welches Ende der sechziger Anfang der siebziger Jahre eingestürzt war. Es hat auch kein Mieter vor uns länger als zwei Jahre in diesem neueren Haus gewohnt. In dem alten Haus sollen sich die Besitzer nur mit allen Mitbewohnern zusammen, in einem Raum aufgehalten haben, auch nachts. Seit Beginn unseres Einzugs hatten wir nur folgendes erlebt: Wir schliefen oben und gingen nachts, wenn wir zur Toilette mußten niemals hinunter ins Erdgeschoß. Denn wenn man die Treppe nachts hinunter ging, meinte man ständig, es sei jemand hinter einem, beziehungsweise konnte man sogar einen Atem im Genick spüren. Interessant war auch noch die Tatsache, daß der Windzug, den wir auf einmal immer öfter bemerkten, genau an der Stelle aus der Wand kam, an der sich, wie auf den alten Plänen ersichtlich war, der Eingang des alten Hauses befunden hatte. Es sollte noch eine alte unterirdische Verbindung vom Nachbarhof in dieses Kellergewölbe führen, was sich später noch als sehr wichtig erweisen sollte.

Da wir uns aber beide schon seit unserer Kindheit unabhängig voneinander mit solchen Dingen befaßt hatten, konnten uns diese Tatsachen kaum stark erschrecken, sondern weckten sogar noch unsere Neugier.

Auf einer Geburtstagsparty trafen wir unseren Bekannten wieder, der sich, wie ich ja schon berichtet hatte, ebenfalls vor kurzem selbständig gemacht hatte und mit denselben Problemen kämpfte wie wir. Er sagte uns, daß er nach Kanada gehen möchte, um dort zu arbeiten. Er hatte schon einmal vor Jahren dort gearbeitet. Mit seiner Frau verstand er sich nun wieder besser, er trank auch keinen Alkohol mehr, das andere würde sich schon klären und ergeben. Nach diesem Gespräch waren wir wieder sehr zuversichtlich, denn er war weder depressiv noch sonst irgendwie lebensmüde. Eher im Gegenteil. Er sprühte nur so von Lebenslust, Lebensfreude und hatte jede Menge Pläne für die Zukunft. Um so mehr erschreckte uns die Nachricht, die wir drei Tage später von Werner morgens um halb sieben erhielten. Die Uhrzeit ist im weiteren Verlauf noch wichtig. Er sagte folgendes zu uns: "Wißt ihr, was ich eben gerade erfahren habe, der alte Trottel (er meinte unseren Bekannten) hat sich doch glatt heute morgen aufgehängt. Das ist ja auch kein Wunder, so depressiv und lebensmüde wie er war." Da wir diesen Tag zu einem Messebesuch nach Süddeutschland fahren mußten, war es uns leider unmöglich den Tag seine Frau anzurufen, um ihr unser Beileid auszusprechen. Doch der Messebesuch war zur Nebensache geworden, denn wir mußten ständig an den Selbstmord von unserem Bekannten denken. Drei Tage vorher sprühte er noch voller Lebensfreude und Selbstbewußtsein, hatte so viele Pläne, und plötzlich soll er Selbstmord begangen haben? Eine Sache, die uns schier unmöglich erschien. Am nächsten Tag, als wir wieder zu Hause waren, riefen wir seine Frau an. Sie bat uns, daß wir sie besuchen sollten, da sie selbst sehr verzweifelt sei und sie sich frage, wie es denn nun weitergehen solle. Wir besuchten sie deshalb ein paar Tage später und sie schilderte uns, was sich zugetragen hatte. Ihr Mann wolle an diesem Abend wieder zu ihr zurückkommen, wollte aber vorher noch etwas erledigen und meinte, es könne sehr spät werden. Das waren seine letzten Worte, bevor er losging. Was an seinem Verhalten sehr ungewöhnlich war, daß er schon sehr früh morgens einem Bekannten, der LKW fährt, Bescheid gesagt hatte, daß dieser zu seiner Firmenhalle kommen und dort einen Anhänger abholen solle. Als seine Frau am nächsten Morgen feststellte, daß ihr Mann um halb sieben noch fort war machte sie sich Sorgen und ging um sieben Uhr zur Firmenhalle, um nach ihm zu suchen. Beim öffnen des Hallentors sah sie dann ihren Mann in der Mitte der Halle hängen. Sein Firmenauto stand seitlich versetzt dazu. Sie besorgte sich schnell eine Leiter und schnitt ihren Mann ab. Anschließend löste sie die Schlinge um seinen Hals, wobei sie bemerkte, wie ihr eine Menge Luft und ein starker Alkoholgeruch entgegenschlug. Sie versuchte auch noch Wiederbelebungsmaßnahmen, aber ohne Erfolg. Der sofort benachrichtigte Notarzt konnte nur noch seinen Tod feststellen. Die ebenfalls herbeigerufene Polizei schrieb in dem Polizeibericht, ohne eine Obduktion zu veranlassen, daß es sich um einen Selbstmord händeln würde. Selbst auf Drängen seiner Frau wurde keine Obduktion eingeleitet. Bei diesem Gespräch war uns aufgefallen, daß, wie vorher bereits erwähnt, Werner uns schon um halb sieben mitgeteilt hat, daß sich unser Bekannter aufgehängt habe, obwohl ihn seine Frau erst um sieben Uhr gefunden hat. Der früh morgens bestellte LKW Fahrer hat auch nur seinen Anhänger abgeholt und ist, weil er es eilig hatte, keineswegs wie abgesprochen, in die Firmenhalle gekommen. Ein weiterer Widerspruch lag in der Selbstmordgeschichte. Wieso hat er beim Öffnen der Schlinge noch ausgeatmet, und warum hat er niemals in die Hose gemacht, wie das sonst üblich ist.

Wir wurden nun immer neugieriger, welche Ereignisse sich denn noch ereignen würden. Unser Geschäftsbetrieb lief aber trotzdem ganz normal weiter. Wir erhielten sogar eine Anfrage von einem angehenden Techniker, der bei uns ein Praktikum machen wollte. Er sagte, daß er schon mehrmals für eine Computerfirma gearbeitet habe und bei einer Messe auf die Firma meiner Frau aufmerksam geworden sei. Meine Frau gab ihm die Erlaubnis, das Praktikum bei ihr in der Firma anzutreten. Eines Freitags kam der Bankchef einer namhaften deutschen Kreditbank zu uns. Er sagte, daß an seinem Rechner das Netzteil defekt sei und er dringend den Rechner brauche. An diesem Tag war unser Subunternehmer unterwegs, aber unser Praktikant war in der Firma. Er sah sich den defekten Computer an und baute das Netzteil aus. Meine Frau rief den Bekannten unseres Subunternehmers Herbert an und teilte ihm mit, daß sie ein ganz bestimmtes Netzteil brauche. Herbert hatte immer eine ganze Menge Ersatzteile da, und wenn ihm mal eines fehlte, wußte er, wo man welche bekommen konnte. Diesmal hatte Herbert das benötigte Teil da. Er brachte es auch gleich vorbei. Er baute es anschließend zusammen mit unserem Praktikanten in den Rechner des Bankchefs ein. Sie versuchten danach den Computer in Betrieb zu nehmen, doch der Monitor blieb dunkel, nur das Netzteil funktionierte jetzt. Beide sahen sich den Computer nun genauer an und stellten fest, daß jemand schon einmal versucht hatte die CPU auszubauen. Offenbar war es kein Profi gewesen, denn sie war oben leicht beschädigt. Sie überprüften nun die CPU in Anwesenheit des Bankchefs und stellten fest, daß diese defekt war. Der Praktikant fragte den Bankchef, ob die CPU ausgetauscht werden solle. Er sagte: "Wenn dann der Computer wieder läuft, selbst verständlich, ich habe es sehr eilig." Wir beschlossen, da wir keine passende CPU mehr hatten, diese aus einem Firmenrechner auszubauen, womit der Bankchef einverstanden war. Unser Praktikant nahm anschließend den Austausch vor. Beim erneuten Versuch den Rechner zu starten lief er tadellos. Der Bankchef nahm nun den Rechner unter den Arm, gab meiner Frau einen Scheck und ging. Zu Feierabend ging unser Praktikant dann wie üblich nach Hause. Samstag morgen rief uns der Bankchef ganz ärgerlich an und sagte, daß wir Betrüger seien. Meine Frau fragte ihn warum er sich so aufregen würde. Er antwortete, daß er gestern mit einem absichtlich manipulierten Computer bei uns gewesen wäre, bei dem niemals die CPU defekt gewesen sei. Er verlange die sofortige Herausgabe seiner alten CPU bis spätestens Montagmorgen, sonst würde er uns anzeigen. Wir suchten nun bei uns im Schrott, beziehungsweise im Abfall nach der CPU, doch auch nach mehrmaligem Suchen blieb sie verschollen. Meine Frau versuchte telefonisch unseren Praktikanten zu erreichen, doch sie erreichte nur den Anrufbeantworter, auf den meine Frau dann gesprochen hat. Nachmittags rief unser Praktikant zurück und fragte, was denn los sei. Meine Frau fragten ihn, ob er wüßte, wo unsere CPU sei. Er antwortete, er habe sie am Abend zuvor im Kino in seiner Tasche gefunden und sie dort in den Müll geworfen. Er fragte uns wieso das denn eigentlich so wichtig sei. Meine Frau erzählte ihm von dem Anruf und dem Vorwurf an uns. Er bot uns an, daß er zum Kino fahre und dort den Müll durchsuchen wolle. Nach zirka vier Stunden rief er uns an, er habe die CPU gefunden. Wir sagten ihm, daß er sie Montagmorgen mitbringen solle. Am Montagmorgen brachte er uns die CPU. Wenig später kam der Bankchef immer noch sehr ärgerlich und fragte nach seiner CPU. Wir gaben ihm sofort die CPU und dachten nun, daß sich nun alles erledigt habe. Doch es sollte wieder einmal anders kommen. Er meinte, daß dies niemals seine CPU sei, obwohl man sie eindeutig durch die Beschädigung an der Oberfläche erkennen konnte. Er verließ ziemlich wütend das Geschäft und sagte, wir würden noch von ihm hören. Als meine Frau zur Bank fuhr, um dort die Einnahmen aufs Konto einzuzahlen, teilte man ihr mit, daß der Scheck, den sie von dem Bankdirektor erhalten hatte, ungedeckt sei.

Bis zum nächsten Ereignis vergingen ein paar Wochen.

- 6 -

Ich fuhr diesmal zur Bank, um unsere Kontoauszüge abzuholen. Als ich sie bekam, schaute ich auf einen Kontoauszug der Firma (normalerweise war meine Frau für ihre Buchführung zuständig) wobei mir auffiel, daß eine größere Summe an unseren Subunternehmer gegangen war. Ich fragte daraufhin meine Frau, ob Sie wisse wie diese Summe zustande gekommen sei. Sie erzählte mir, daß sie von unserem Subunternehmer erpreßt würde, und eine monatliche, von ihm festgelegte Summe an ihn zahle. Wenn sie das unterlassen würde, ließe er mich umbringen. Er habe ihr sogar schon einmal eine Pistole an den Kopf gehalten, um das zu bekräftigen. Wir beratschlagten nun, wie wir ihn loswerden könnten, ohne daß er Verdacht schöpfen würde. Wir mußten vorsichtig sein, weil er sich in letzten Tagen immer mehr veränderte. Man konnte deutlich merken, wie er zwischen zwei Personen hin und her wechselte. Er bekam in diesem Moment auch andere Gesichtszüge und wurde sehr aggressiv. Angeblich wußte er nie, wenn er sich wieder in die uns bekannte Person verwandelte, was er alles getan hatte. Er hatte anfangs, als wir ihn kennengelernt hatten, schon einmal berichtet, daß er regelrechte Panik habe, sich in diese andere Person zu verwandeln. Man konnte richtig sehen, wie sich sein Gesicht verzerrte, die Augen hervortraten und starr wurden. Er sah dann fast aus wie "Hulk" aus der gleichnamigen Fernsehserie, meinte einmal meine Frau. Er bat uns mehrmals um Hilfe und sagte, er könne es auch keinesfalls selbst steuern, beziehungsweise die andere Person dränge ihn immer mehr aus seinem eigenen Körper heraus. Er machte dafür Kindheitserlebnisse verantwortlich. Dort sei eine andere Person mit in seinen Körper gekommen und damals habe alles angefangen.

Da wir Werner loswerden wollten, auch weil wir Angst vor der anderen Person in ihm bekamen, gaben wir ihm jetzt nur noch wenige Aufträge von uns. Er arbeitete nach wie vor nur nachts, schlief dann ein paar Stunden in einem extra für ihn bereitgestellten Zimmer und ging dann morgens schon ziemlich früh. Eines nachts, als er wieder dort schlief, schrie meine Frau auf einmal im Schlaf einen mir bis dahin unbekannten Namen. Sie rief den Namen "Hartmut" mehrmals laut, wovon ich wach wurde, und sie berichtete mir, daß ein Mann halb schwebend in der Tür gestanden habe und daß sie seinen Namen wüßte. Sie sagte auch, daß sie ihn als Kind schon einmal gesehen habe. Ich beruhigte sie, und meinte zu ihr, daß sie weiter schlafen solle, und möglicherweise nur schlecht geträumt habe. Dann passierte mir aber etwas völlig verrücktes und für Sie wahrscheinlich völlig unglaubliches. Aber ich kann mich noch daran erinnern, als wäre es gerade eben passiert. Ich schlief nach dem Gespräch mit meiner Frau wieder ein und merkte auf einmal, wie ich meinen physischen Körper verließ. Ich konnte meine Frau und mich im Bett liegen sehen. Schwebend bewegte ich mich langsam zur Schlafzimmertür und dann in den Flur. Ich ging weiter bis in das Zimmer, in dem der Subunternehmer schlief, ohne daß ich die Tür öffnen mußte. Das ist noch alles keineswegs etwas besonderes für mich gewesen, da ich solche Astralreisen von der Kindheit her schon kannte, doch dann geschah das Unglaubliche: Ich sah Werner dort liegen und merkte auf einmal, wie ich in das Innere seines Körpers eintauchte. In seinem Körper kam eine schrecklich aussehende dunkle Gestalt auf mich zu. Wir befanden uns in einem von Nebel umhüllten sumpfigen Gelände. Es wäre der optimale Schauplatz für einen Horrorfilm gewesen und die Gestalt sagte zu mir, daß sie aus der Zukunft gekommen sei und die einzige Aufgabe darin bestehen würde, meine Frau und mich zu vernichten. Der Grund hierfür wäre, daß wir in der kommenden Zeit mit dafür verantwortlich seien, daß sie ihren "Kampf" verlieren würden. Ich merkte auf einmal, wie er versuchte, mich zu töten, konnte aber durch ein Licht, daß ich gesehen hatte, diese düstere Landschaft verlassen. Als ich die Gestalt zurückließ, merkte ich, wie ich durch das rechte Auge des Subunternehmers aus seinem Körper kam und wieder zurück in meinen kehrte. Als meine Frau mich aufweckte, weil ich so laut gerufen hatte, merkten wir, daß der Subunternehmer in seinem Zimmer herumtobte. Die Tür seines Zimmers flog auf, er verließ fluchtartig das Haus und er war für zirka zwei Wochen vollkommen verschwunden. Wir beratschlagten nun, wie wir ihn, falls er wieder auftauchen würde, aus der Firma herausbekämen. Wir faßten den Entschluß, ihm einfach zu erzählen, daß meine Frau die Firma verkaufen würde und zwar an ein großes Unternehmen.

Nachdem etwas mehr als zwei Wochen vorüber waren, kam er eines Abends in die Firma und meine Frau teilte ihm mit, daß sie die Firma verkaufen würde. Sie sagte ihm noch, daß sich eine große Softwarefirma bei ihr gemeldet hätte, die alle von uns entwickelte Software kaufen möchte. Darauf wurde er auf einmal ziemlich wütend und sagte zu ihr, daß die Zahlungen weiterhin fällig seien, sonst würden wir schon sehen, wie einfach es sei, jemanden umzubringen, ohne daß es jemand bemerke. Wir ließen uns diesmal aber in gar keinem Fall einschüchtern und sagten ihm, daß er keinen Pfennig mehr von uns bekommen würde, worauf er noch wesentlich ärgerlicher wurde und das Gebäude verließ. Zwei Tage später bekam ich Samstagnachmittags einen Anruf von der Polizei, und wurde gefragt, ob ich eine Frau Jakobi kennen würde. Ich bejahte und sagte, daß sie eine Großtante meiner Frau sei. Ich fragte ihn, wieso er das wissen wolle, woraufhin der Polizist meinte, daß ich nun ganz gefaßt sein solle, denn man habe sie tot im Aufzug gefunden, mit einer Visitenkarte von unserer Firma in der Tasche. Die anschließende Obduktion hatte ergeben, daß sie an einem Schock gestorben war.

Was uns dabei sehr überraschte, war, daß sie erstes nie eine Visitenkarte von uns besessen hatte und zweitens in ihrem Leben schon soviel erlebt hatte, daß sie so leicht keinen Schock bekommen konnte. Sie fuhr den Aufzug mehrmals am Tag und wollte nur den Müll nach unten bringen.

Sollte das etwa das sein, was der Subunternehmer meinte, als er sagte: "Ihr werdet schon sehen, wie einfach es ist, jemanden umzubringen ohne das es wie ein Mord aussieht." Es konnte ja vielleicht ein Zufall sein, sofern es Zufälle gibt, aber dazu später mehr.

- 7 -

Zirka eine Woche später waren wir wieder bei der Frau unseres Bekannten eingeladen. Wir saßen bis nachts zwei Uhr zusammen und unterhielten uns nochmals über das bis dahin Vorgefallene. Sie erwähnte, daß sie mittlerweile bedroht würde und Angst habe abends das Haus zu verlassen. Sie hatte mittlerweile in Erfahrung gebracht, daß sich ihr Mann mit jemanden in der Nacht, in der er angeblich Selbstmord verübte, treffen wollte, um irgend etwas Dringendes zu erledigen

Auf dem Heimweg bemerkten wir kurz vor unserem Firmen- und Wohngebäude, daß das Auto unseres Subunternehmers davor stand und zwar mit der Fahrtrichtung zu uns. In dieser Position stand das Auto vorher nie, und nach dem bisher erlebten begann meine Frau unser Auto zu wenden. Dieses geschah im richtigen Augenblick, denn als meine Frau das Wendemanöver einleitete, gingen plötzlich bei dem Auto des Subunternehmers die Scheinwerfer an, und er kam mit großer Geschwindigkeit auf uns zu. Es begann anschließend eine Film reife Verfolgungsjagd durch die Stadt. Wir konnten ihn schließlich mit dem ältesten Trick der Welt abschütteln. Wir machten einfach die Scheinwerfer aus und fuhren in eine Garageneinfahrt, wo wir warteten, bis er vorbeigefahren war. Wir fuhren anschließend zu meinen Schwiegereltern, die im Nachbarort wohnten. Dort angekommen stellten wir schnell das Auto in die Garage, machten alle Lichter im Haus aus, und warteten ab, was nun noch passieren würde. Nach vielleicht fünfzehn Minuten kam auch unser Subunternehmer vorbei, um nachzusehen, ob wir hierher gefahren waren. Er beobachtete dann das Haus noch mindestens eine Stunde, bis er wieder davonfuhr. Wir riefen in der Zwischenzeit Bekannte an, die beim LKA als V-Leute arbeiten und erzählten ihnen unser Erlebnis. Sie meinten, daß wir am nächsten morgen gleich zur Polizei gehen sollten, um dort alles zu erzählen. Dieses taten wir dann auch. Doch als wir unsere Geschichte erzählten, fragte man uns nur, ob wir zu viele Krimis anschauen würden und daß sie für so etwas keine Zeit hätten. Sie schickten uns also, ohne großartig Notiz von uns zu nehmen, wieder nach Hause. Wir fuhren direkt zu unserem Wohn- und Geschäftsgebäude, und erlebten dort die nächste Überraschung. Ich ging als erster zum Gebäude, um die Tür aufzuschließen, aber meine innere Stimme sagte: Hier war irgendetwas faul. Ich sagte zu mir selbst: "Es ist wahrscheinlich nur Einbildung nach der ungewöhnlichen Nacht." Doch als ich die Haustür aufschloß, kam mir ein modrig, schweflig, verwesend riechender Gestank entgegen, und ich mußte gleich niesen. Meine Frau, die kurze Zeit nach mir die Wohnung betrat, erging es genauso und selbst unser Hund bekam einen Niesanfall. Das stimmte mich sehr mißtrauisch und ich ging gleich die Treppe nach oben zu unseren Geschäftsräumen hinauf. Oben angekommen stellte ich fest, daß alle unsere Computer, Monitoren und Scanner fehlten. Das einzige, was noch da war, war unser Faxgerät und das Schneidegerät für die Folie. Das Schneidegerät war wahrscheinlich zu groß gewesen und im Faxgerät lag ein Fax, auf dem stand, daß wir unsere Sachen wieder bekommen würden, sobald wir die geforderte Summe bezahlen würden. Meine Frau wollte sich unten in der Küche auf diesen Schreck hin einen Cappuccino kochen. Dazu benutzte sie immer einen schwarzen Wasserkocher, um das Wasser zu erhitzen. Da sie immer alles sehr sauber hält, vielleicht könnte man auch sagen, einen kleinen Putzfimmel hat, der in diesem Fall wahrscheinlich Lebens rettend war, fielen ihr sofort weiße Pulverreste auf dem Deckel des Wasserkochers auf. Sie rief gleich nach mir, und meinte, daß ich mir das angucken sollte. Ich machte meine Fingerkuppe naß, um ein bißchen davon zu probieren. Es hat sehr stark im Hals gebrannt und eklig geschmeckt. Wir riefen daraufhin gleich bei der Polizei an, von der wir ja gerade kurz vorher gekommen waren. Der Kriminalpolizeibeamte teilte uns mit, daß, wenn wir eine Anzeige aufgeben wollten, wir zu ihnen auf die Dienststelle kommen müßten, da sie gerade keine Zeit hätten, herauszukommen. Wir fuhren also nun zum zweitenmal zur Kriminalpolizei, um den Einbruch zu melden und eine Anzeige zu erstatten, denn auf dem Fax war eine Telefonnummer angegeben, an die wir uns wenden sollten, wenn wir die geforderte Summe bezahlen würden. Es war die Nummer von Werner. Wir zeigten das Fax dem Kriminalbeamtem, der daraufhin meinte, da hier eine Geldforderung vorläge, sie für den Fall niemals zuständig seien. Es würde sich um eine zivilrechtliche und niemals um eine strafrechtliche Sache handeln. Er begründete das mit den Worten "Hier hat ihr Subunternehmer wahrscheinlich nur von seinem Firmenpfandrecht Gebrauch gemacht." Man bemühte sich seitens der Kriminalpolizei nie, eventuelle Einbruchspuren festzustellen. Das einzige, was wir noch erreichen konnten, war, daß die Kriminalpolizei nachmittags kam, um den Deckel vom Wasserkocher mitzunehmen, auf dem sich die Reste des dubiosen Pulvers befanden. Da es sich laut Aussage der Kriminalpolizei um eine zivilrechtliche Sache handelte, suchten wir unseren ortsansässigen Anwalt auf. Er sagte uns, daß dieses nie ein Fall von Firmenpfandrecht sein könne, da keine Rechnungen existieren würden und er uns keine zum aufrechterhalten der Firma benötigten Sachen ohne unsere Genehmigung mitnehmen dürfe. Er wollte weiterhin eine einstweilige Verfügung über die Herausgabe der Sachen erwirken. Danach fuhren wir zu unserem Wohn- und Geschäftsgebäude zurück, um erst einmal eine genaue

Schadenanalyse zu betreiben. Da die Polizei sich nie um eine Spurensicherung und um eine Rekonstruktion des Einbruchs bemühte, taten wir dies. Denn es war für uns wichtig zu erfahren, was sich in der Nacht wirklich abgespielt hatte. Ich ging um das Haus herum, um nach irgendwelchen Spuren zu suchen. Der Resthof lag zirka vierhundert Meter vom nächsten Hof entfernt und ringsherum waren Felder. Es gab eine offizielle lange Einfahrt vor dem Haus und einen Feldweg hinter dem Haus, der mit Toren abgesperrt war. Vor dem Haus konnte ich bei meiner Suche keineswegs etwas feststellen. Erst als ich eines der Tore am Feldweg hinter dem Haus erreicht hatte, konnte ich sehen, daß es offen war, denn normalerweise war es immer abgeschlossen. Auch im Gras waren frische LKW - Reifenspuren zu sehen waren. Es war daraus zu schließen, daß sie mit einem LKW hinter das Haus gefahren waren, um unser Firmeninventar fortzufahren. Ich folgte der Reifenspur, bis sie zwischen Scheune und Haus an einem Verbindungsgang endete. Der Verbindungsgang zwischen Scheune und Haus hatte eine Tür, die hinter das Haus führte, aber von uns so gut wie nie benutzt wurde. Sie war normalerweise verschlossen und der Schlüssel hing im Haus am Schlüsselbrett. Bevor ich nachsah, ob die Tür offen war, untersuchte ich sie erst nach Fingerabdrücken. Der Bekannte von Gerd, Rainer, half mir dabei, wobei wir vorsichtig Mehl auf den Türgriff streuten und es anschließend wegpusteten, beziehungsweise einen Pinsel dazu nahmen und Tesafilmstreifen darauf klebten. Anschließend zogen wir sie dann wieder ab und sahen, daß man darauf deutlich Fingerabdrücke sehen konnte. Nachdem wir die Fingerabdrücke sicherten, versuchten wir, ob die Tür sich öffnen ließ und tatsächlich, die Tür ließ sich öffnen. Es waren aber keinerlei Einbruchspuren an der Tür zu finden. Wir untersuchten nun den Schlüssel zur Tür und stellten dort die gleichen Fingerabdrücke fest, die zu keinem von uns gehörten. Wir rekonstruierten daraus, daß der Subunternehmer an dem Tag, als er das letzte mal bei uns war, die Tür aufgeschlossen hat, dies war für ihn kein Problem, da der Schlüssel immer im Schloß steckte. Er wußte auch, daß wir sie nie benutzten und deshalb auch niemals kontrollierten, ob sie verschlossen war. Durch diese Tür konnten sie dann nachts, ohne Einbruchspuren zu hinterlassen, in das Gebäude gelangen. Es gibt noch eine andere einfachere Möglichkeit, um ins Haus ohne Schlüssel zu gelangen. Diese Möglichkeit zeigte uns später ein Privatdetektiv. Es gibt ein Gerät mit vielen kleinen Stäben und Spitzen in der Größe eines Schlüssels, welches durch eine Batterie am Ende zum Vibrieren gebracht wird. Nach kurzer Zeit wird daraus ein passender Schlüssel, mit dem dann die Tür, ohne irgendwelche Spuren zu hinterlassen, aufgeschlossen werden kann.

Meine Frau rief unsere Kunden an, die auf ihre bestellte Ware warteten, um ihnen von dem Einbruch zu berichten und bekam dort ein so großes Verständnis entgegengebracht, das uns fast überwältigte. Die Kunden boten uns sogar an, uns ihre Computer zu leihen, so daß wir unseren Firmenbetrieb aufrechterhalten konnten. Wir nahmen ein Angebot dankend an, weil wir so unser Schneidegerät für die Folien zum Beschriften der Fahrzeuge wieder in Betrieb nehmen wollten. Nachdem wir das Gerät angeschlossen hatten, mußten wir jedoch feststellen, daß es die wildesten Dinge machte, aber nie das, was wir wollten. Wir riefen bei der Firma an und teilten mit, was los gewesen sei. Doch sie wußten auf Anhieb auch kaum, was mit ihrem Schneidegerät los war. Sie baten uns, daß Gerät einzuladen und die achtzig Kilometer zu ihnen zu fahren. Wir luden also das Gerät ein und fuhren zum Hersteller. Nachdem das Schneidegerät dort auch solche Defekte zeigte, begannen sie das Motherboard und die einzelnen Steckkarten genauer zu untersuchen und stellten fest, daß das Gerät manipuliert war. Sie meinten ergänzend dazu, daß das nur jemand machen könne, der sich mit diesem Gerät auskennen würde. Sie gaben uns ein Austauschgerät mit, damit wir wenigsten weiterarbeiten konnten. Daheim angekommen starteten wir erneut den Firmenbetrieb so gut es ging.

Auf dem Anrufbeantworter war am nächsten morgen zu hören, daß wir, beziehungsweise jeder, der uns helfen würde, mit dran sei. Es riefen nun auch immer mehr Kunden an, die ihre Bestellungen, beziehungsweise die zugesicherten Aufträge wieder stornierten. Am Abend rief uns der Subunternehmer wieder an und fragte ganz freundlich, was denn mit uns los sei, warum wir nie mehr bei ihm melden würden. Er erzählte uns, daß er einen Teil unserer Firmensachen gesehen hätte und sich gewundert hätte, warum wir sie weggegeben hätten. Er fragte: "Benötigt ihr denn keine mehr?" Er machte am Telefon einen total verwirrten Eindruck, denn er wußte kaum etwas von dem, was geschehen war. Da er dann immer verwirrter wurde, beendete ich das Gespräch. Ich wußte auch keinesfalls, ob er alles nur spielte oder ob er sich wirklich an keine Geschehnisse mehr erinnern konnte. Am nächsten Tag hatte dann unser Anwalt eine einstweilige Verfügung auf Herausgabe unserer Firmensachen erwirkt. Wir fuhren zu einem Gerichtsvollzieher, der für diesen Bereich zuständig war, und teilten ihm unseren Fall mit. Er sagte, daß er zur Sicherheit zwei Polizisten mitnähme, man könne ja nie wissen. Als wir alle zusammen bei Werner angekommen waren, fiel meiner Frau gleich auf, daß sein Auto fort war. Der Gerichtsvollzieher versuchte trotzdem bei ihm zu klingeln, da aber niemand aufmachte, beschloß er, die Besitzerin der Wohnung anzurufen. Sollte dies ebenfalls keinen Erfolg haben, müßte er die Tür aufbrechen lassen. Doch die Besitzerin war zu Hause und kam auch gleich, um uns mit dem Zweitschlüssel die Tür aufzuschließen. Als sie den ersten Schritt in die Wohnung tat, erschrak sie. Es war, wie schon bei unserem ersten Besuch, alles dunkel verhängt. Sie machte erst einmal Licht an, damit wir etwas sehen konnten. Wir betraten nun die Wohnung. Der Flur lag voller Computerschrott. Der Gerichtsvollzieher fragte, ob unsere Sachen dabei seien. Meine Frau antwortete: "Nein, das sind niemals unsere Sachen". Die Besitzerin war durch eine Tür, die sich auf der linken Seite befand, in die Küche gegangen. In ihr lag alles voller Müll und das schmutzige Geschirr stapelte sich in der Spüle. Wir gingen den Flur weiter, bis wir zum Schlafzimmer kamen, welches genauso unordentlich war. Auf dem Boden waren CD-Roms verteilt. Ich ging zu dem Schlafzimmerschrank, der offen stand, schaute hinein und sah neben der Wäsche eine Pistole mit Schalldämpfer liegen. Ich holte einen Polizisten, der sich noch im Flur befand, herbei und zeigte ihm die Waffe. Als er diese sah, meinte er nur, daß sie doch unsere Firmensachen suchen würden und nur zum Schutz da seien, ob da eine Waffe liege interessiere ihn sehr wenig. Meine Frau war in der Zwischenzeit auch zum Schrank gekommen und sagte, daß dieses die Waffe sei, mit der sie bedroht worden war. Aber auch das interessierte die Polizisten zu keinem Zeitpunkt. Nachdem wir uns in allen Räumen umgesehen hatten und unsere Sachen unauffindbar waren, verließen wir die Wohnung wieder. Es war uns aber immer noch absolut unverständlich, wieso die Polizei keinerlei Interesse für die Waffe gezeigt hatte.

Ein paar Tage später klingelte bei uns abends das Telefon. Am Apparat war unser Hausarzt, für den wir die Software pflegten. Er sagte, er habe von diesen Ereignissen gehört und ob ich, da er ein Problem mit der Software habe, noch zu ihm kommen könnte. Ich sagte ihm zu und fuhr gleich hin. Er öffnete die Tür und sagte, daß ich zu ihm nach oben in die Wohnung kommen solle. Ich wunderte mich darüber, da die Computeranlage unten in seiner Praxis stand. Er sagte mir beim Hinaufgehen, daß mit seiner Computeranlage alles in Ordnung sei, er mir aber dringend etwas erzählen müsse, um sein Gewissen zu beruhigen. Ich war nun sehr neugierig geworden und gespannt, um was es sich dabei handeln würde und wieso er so geheimnisvoll tat. Als wir in seinem Wohnzimmer ankamen, bat er mich, dort Platz zu nehmen und als wir saßen, begann er zu erzählen. Er fragte mich, ob ich mich noch nie über die hohe Todesrate, beziehungsweise Selbstmordrate in dieser Gegend gewundert hätte. Er fuhr dann fort, und erzählte, daß man ihm gedroht habe seine Kinder zu entführen, wenn er sich weigert die Totenscheine auf Selbstmord auszustellen. Weiterhin sagte er, daß er keineswegs der einzige Arzt sei, der dieses tun müsse. Sein eigener Bruder würde selbst mit der "Organisation" verwickelt sein, wie fast alle hier. Er nannte dann auch mehre Beispiele: So habe sich der Sohn vom Eigentümer des Wohn- und Geschäftsgebäudes, in dem wir wohnten, bei sich in der Wohnung erschossen - so wurde es zumindest dargestellt. In Wirklichkeit habe er sich in unserem Wohn- und Geschäftsgebäude erschossen, und die Tatwaffe, das Gewehr, sei fünf Meter entfernt vom ihm gefunden worden. Damit erklärte sich für mich auch der immer wieder durch die Tapete kommende rote Fleck im Schlafzimmer. Der Eigentümer hatte uns erzählt, daß es sich dabei um Farbe handeln würde. Nun fuhr der Arzt weiter fort: "Der Mann, der vor einem Jahr an der Brücke hing, hat sich auch niemals selbst getötet, wie es in der Zeitung gestanden hatte. Denn er hing kopfüber mit gekreuzten Beinen und Armen herunter, wobei seine Fingerspitzen in den Fluß hingen und er dadurch an Unterkühlung starb." Er erzählte noch mehrere Beispiele, die hier für die eigentlich Aussage des Buches und der Geschichte unwichtig sind. Er nannte mir auch noch Namen von Leuten, die mir vielleicht noch mehr sagen könnten und wünschte uns viel Glück für die weitere Zukunft, welches wir auch brauchten. Ich verabschiedete mich und fuhr anschließend nach Hause, wo ich meiner Frau dann alles erzählte. So beschloß ich am nächsten Tag, die Leute, deren Adressen er mir gegeben hatte, aufzusuchen. Zuerst ging ich zu einem ehemaligen Geschäftsmann, der erst ein halbes Jahr vorher überraschend sein Geschäft im Nachbarort geschlossen hatte. Er war sehr nett, als er mir die Tür auf machte und mich ins Wohnzimmer bat. Dort erzählte ich ihm nur vage, warum ich bei ihm sei, denn ich mußte nun erst einmal vorsichtig sein, nachdem was ich von dem Arzt alles gehört hatte. Mir war es bis zu diesem Zeitpunkt ja auch noch völlig unbekannt, mit was, beziehungsweise mit wem wir es zu tun hatten, und der Arzt hatte uns ja gewarnt und zur Vorsicht ermahnt. Ich brauchte ihm keine näheren Angaben zu machen, er wußte sofort, um was es sich handelte und so begann er zu erzählen. Er sprach sehr viel, doch genügt im Moment nur der folgende Satz: "Ich habe mein Geschäft geschlossen, da sie mir androhten, wenn ich weigere das zu machen, was sie wollten, würden sie meiner Familie etwas antun." Ich wollte jetzt von ihm wissen, wen er mit "sie" meinte. Er antwortete darauf nur, daß er zuviel Angst habe, um mir noch mehr darüber zu sagen. Ich wußte zwar jetzt etwas mehr, doch fehlte mir immer noch das "wer" und "warum". Das "wer" sollte ich noch an diesem Tag erfahren, das "warum" erfuhr ich erst über zwei Jahre später. Ich hatte mir vorgenommen, an diesem Abend noch eine Adresse, die ich von meinem Arzt bekommen hatte, aufzusuchen. Meine Frau und ich fuhren also zu der Besitzerin einer Gaststätte ganz in der Nähe. Wir waren relativ früh da, darum war es in der Gaststätte noch ziemlich leer. Wir gingen zur Theke, hinter der die Besitzerin stand und gerade ein Bier zapfte. Wir stellten uns ihr vor und sie antwortete, daß sie schon damit gerechnet hatte, daß wir bei ihr vorbei kommen würden. Sie nahm uns mit zu einem Tisch, an dem wir uns in Ruhe unterhalten konnten. Es war ein sehr interessantes Gespräch in dem uns das "wer" begegnete. Es war ein Wort, daß wir schon einmal gehört hatten, denn sie sagte, sie würde von den Freimaurern erpreßt und es wäre Zeit, daß man denen mal endlich das Handwerk legen müsse. Wer waren also nun diese Freimaurer, denen wir schon mehrmals auf die Füße getreten waren?

- 8 -

Nun fingen wir an, uns über die Freimaurer zu informieren. Wir erfuhren von einem Bekannten, dessen Name ich ebenfalls von diesem Arzt bekommen hatte, daß es mehrere Logen gibt. Bei der, mit der wir es zu tun hatten, verhält es sich so: Es wird einem von der Loge dreimal geholfen. Sollte man dann ein viertes mal in Schwierigkeiten geraten (z.B.: Bankrott der Firma), so ist man nach deren Meinung völlig wertlos und hat kein Recht mehr weiter zu leben.

Man muß sich dann spätestens innerhalb eines halben Jahres umbringen oder man wird umgebracht, was auch wie ein Unfall aussehen kann. Es ist natürlich für solche Leute kein Problem bei dem Bankrott und Schwierigkeiten nachzuhelfen. Wir sollten später noch sehr viel mehr über diese Freimaurer und ihre Logen erfahren. Nun wußten wir auch, daß wir in ziemlich großer Gefahr waren. Je mehr wir über sie wußten, um so größer wurde die Gefahr. Wir bekamen auch schon wieder Drohungen, doch die Polizei tat nie etwas dagegen.

Meine Frau rief jetzt unsere Bekannten vom LKA an, die uns anboten, bei ihnen zu übernachten. Wir packten unsere Sachen und fuhren zu ihnen. Dort erzählten wir ihnen unsere Geschichte noch einmal ausführlicher, und daß die Polizei in unserer Stadt nie etwas unternahm, weil von dem Subunternehmer keine Straftaten vorliegen würden. Sie teilten uns mit, daß sie das niemals recht verstehen könnten, da bei ihnen doch einiges gegen seine Person vorliegen würde. Wir blieben die Nacht bei ihnen und fuhren den nächsten Morgen zurück, um uns so gut wie es ging, um die Firma zu kümmern. Wir vereinbarten aber, am Abend wieder bei ihnen zu übernachten. Sie riefen uns gegen Mittag an und teilten uns mit, daß jemand bei ihnen im Laden den sie zur Tarnung benutzten, gewesen war und nach uns gefragt hatte. Sie hätten ihm natürlich gesagt, das wir ihnen völlig unbekannt wären, trotzdem blieb die Frage offen, warum und woher jemand wissen konnte, daß wir bei ihnen gewesen waren. Wir vereinbarten, daß wir uns am Abend erst einmal in einem Restaurant treffen sollten, um dann näheres zu besprechen. Wir fuhren am Abend, da es sonst tagsüber keine weiteren Vorfälle gab, in das vereinbarte Restaurant. Dort sagten sie uns, daß es für diese Nacht besser wäre, in einer sehr abgelegenen Landgaststätte zu übernachten. Es sei ein Polizeiversteck für Kronzeugen. Wir fuhren zu dieser sehr abseits und einsam gelegenen Landgaststätte. Sie war relativ klein und machte von außen einen ziemlich unscheinbaren Eindruck. Wir gingen nun hinein und man sagte uns, daß sie bereits Bescheid wüßten. Man teilte uns auch seitens der Besitzer mit, daß wir hier in Sicherheit wären und uns erst einmal richtig ausschlafen sollten. Wir verabschiedeten uns und gingen hinauf zu unserem Zimmer. Da wir beide ziemlich müde und erschöpft waren, sind wir dann auch gleich eingeschlafen. Am nächsten Morgen sind wir nach dem Frühstück zu unserem Wohn- und Geschäftsgebäude zurückgefahren. Nachmittags riefen unsere Bekannte an und sagten, daß in diesem Landgasthof ebenfalls jemand aufgetaucht sei, der nach uns gefragt hätte. Wir beschlossen daher, die nächste Nacht bei einem anderen Bekannten zu übernachten. Wir trafen uns mit ihm auf einem Autobahnparkplatz. Mir fiel auf der Fahrt dorthin schon auf, daß die Elektronik des Fahrzeuges anfing verrückt zu spielen. Da sich unser Bekannter mit elektronischen Dingen gut auskannte, überprüfte er das Auto und stellte fest, daß jemand an der Elektronik herum manipuliert hatte und wir Glück gehabt hatten, daß es noch keinen Kabelbrand gegeben hatte. Er reparierte provisorisch die Elektronik am Fahrzeug, damit das Auto einigermaßen normal fuhr. Zuhause bei sich wollte er am nächsten Tag alles in

Ordnung bringen. Er sagte, so etwas habe er nur während seiner Bundeswehrzeit gesehen. Er war dort bei einer Sabotageeinheit, und dort seien solche Dinge gemacht worden. Am nächsten Tag reparierte er das Auto und wir fuhren anschließend nach Hause. Das viele hin und her reisen bedeutete einen zusätzlichen Streß für uns, und so entschlossen wir uns, in der nächsten Nacht bei den Eltern meiner Frau, die im Nachbarort wohnten, zu übernachten. Tagsüber führten wir weiter notdürftig in die Firma meiner Frau, was sich als immer schwieriger erwies. Unsere Aushilfskräfte blieben fort, da sie ebenfalls bedroht wurden und sehr große Angst hatten. Nachts schliefen wir bei meinen Schwiegereltern.

Es gab ein paar sehr gute Stammkunden, die uns immer wieder unterstützten und einer teilte uns sogar mit, daß ihm ein Teil der gestohlenen Geräte zum Kauf angeboten wurde. Wir fragten ihn, ob er sich weiter umhören könne, doch irgendwie hatte wieder jemand etwas davon mitbekommen. Es gab für ihn keine Möglichkeit mehr an den Kontakt, von dem er das Gerät angeboten bekommen hatte, heran zu kommen.

Unser Telefon spielte jetzt immer häufiger verrückt, es wurde so schlimm, daß wir einen Monteur der Telekom kommen ließen. Nachdem er sämtliche Verbindungen und Kabel überprüft hatte, teilte er uns mit, daß unser Telefon abgehört würde. Er sagte, es hätte jemand einen Sender an den Telefonverteilerkasten angeschlossen und so per Funksignal die Daten weitergeleitet. Ich bin heute der Meinung, daß diese veraltete Technik, nur verwendet wurde, um ums im Glauben zu lassen, daß dahinter der Subunternehmer alleine stehen würde. Aus sicherer Quelle und persönliche Erlebnisse zur jetzigen Zeit, die mir zum damaligen Zeitpunkt noch unbekannt waren, weiß ich, daß alle Telefone überwacht werden. Es gibt Aufzeichnungsgeräte, die sich bei bestimmten Wörtern, die am Telefon gesprochen werden, automatisch einschalten und das geführte Telefonat aufzeichnen. Es geht sogar noch einen Schritt weiter, man kann heutzutage sogar, ohne daß telefoniert wird, ein Zimmer durch das in dem Raum befindliche Telefon überwachen. Ich habe selbst mittlerweile solche Aufzeichnungen gesehen und mit Leuten gesprochen, die daran beteiligt waren. Ich kann dazu nur sagen: "George Orwell's ,1984' läßt grüßen." Es wird sogar der Briefverkehr überwacht und zum Teil Briefe durchleuchtet und der Inhalt aufgezeichnet.

Liebe Leserin, lieber Leser, Sie können das jetzt glauben oder denken was sie wollen, aber gerade jetzt, als ich diesen Satz zu ende geschrieben habe, bekomme ich einen Anruf von einer Bekannten. Sie hat mir gerade erzählt, daß ihr Lebenspartner heute eine Strafanzeige von der Staatsanwaltschaft wegen Verbreitung pornographischer Schriften bekommen habe. Jetzt werden sie vielleicht sagen: "Zu Recht". Auf das Thema Sex und Pornographie werden ich später noch einmal zurückkommen. Jetzt kommt aber das Interessante bei der Sache: Es lag eine Liste, mit allen Angaben der Leute anbei, an die er private Fotos geschickt hatte und eine Liste von denen, die nur bei ihm anfragten. Der Bekannte selbst hat niemals eine Aufzeichnung darüber gemacht und es existierten auch sonst keinerlei für ihn bekannte Listen. Die Leute konnten die Bilder nur gegen Einsendung einer Kopie ihres Personalausweises erhalten. Die Liste, die er zugesandt bekam, wurde von Anfang an mit genauen Daten geführt. Sie werden jetzt vielleicht sagen, die Staatsanwaltschaft habe einen Tip erhalten und dann die Post kontrolliert. Nur das Verblüffende daran ist, daß die Daten von Anfang an aufgezeichnet wurden und da es sich um künstlerische Akt - Darstellungen handelt, die man auf alten Gemälden und Fotoausstellungen in jedem Museum oder Galerie sehen kann, ist das nach öffentlicher Meinung so oder so harmlos. Jetzt können Sie sich selbst überlegen, wie die Staatsanwaltschaft an solche Daten von Personen, mit denen niemals telefoniert oder persönlich gesprochen worden ist, gekommen ist. Doch nur, weil die Postsendungen, wie damals in der ehemaligen DDR jedem bekannt war, kontrolliert wird. Ich frage Sie: "Wo besteht da unser Postgeheimnis oder das Recht auf eine Privatsphäre und den sogenannten Datenschutz?" Die Bekannte erzählte auch noch, daß sie zwei Tage vorher einen Drohbrief ihres ehemaligen Chefs bekommen habe, der zur Zeit aufgrund ihrer Aussage wegen Wirtschaftskriminalität und Mord im Gefängnis sitzt. In diesem Brief waren Daten und Dinge enthalten, die er niemals wissen konnte. Sie geschahen zu einer Zeit, als er schon im Gefängnis war. Wie konnte auch er an diese Daten kommen?

Ich mußte das, an dieser Stelle loswerden, da ich in diesem Moment davon erfahren habe und es genau zu dem Thema paßte.

So, nun aber weiter mit der eigentlichen Geschichte: Uns wurde also mitgeteilt, das unser Telefon abgehört wurde. Und da es immer wieder neue Drohungen gab, wurde es auch unmöglich zu arbeiten. Die Leute erzählten herum, daß wir Pleite wären und bezahlten deshalb ihre Rechnungen nie mehr. Meine Frau war nervlich so fertig, daß sie auf der einen Gesichtshälfte eine regelrechte Lähmung der Gesichtsnerven bekam. Ich rief den bekannten Fotograf der großen deutschen Tageszeitung an und fragte, ob er über unsere Geschichte inklusive der Sache mit den Freimaurern etwas bringen wolle. Er war sehr interessiert. Doch einen Tag später rief er uns an und sagte, daß die Zeitung seinen Bericht abgelehnt habe und er es auch keiner anderen Zeitung anbieten dürfe. Die Zeitung bot aber an, für uns einen schönen Erlebnisabend in einer deutschen Großstadt zu organisieren, damit wir uns etwas erholen könnten. Wir erlebten einen tollen Abend, an dem wir zum ersten mal richtig abschalten konnten. Man entschuldigte sich nochmals bei uns, daß man den Artikel nie gebracht habe und teilte uns mit, daß Freimaurer für sie, in der heutigen Zeit, unbekannt wären. Wir gaben uns mit dieser Anwort erst einmal zufrieden und fuhren am nächsten Tag etwas erholter zurück. Wir hatten nun wieder Mut gefaßt und wollten die nächste Nacht wieder daheim übernachten. Mein Schwiegervater bot uns an, die erste Nacht mit uns zu verbringen. Wir richteten ihm alles her und gingen schlafen. Frühmorgens, es wurde bald schon wieder hell, wurden wir durch Geräusche aus dem Bereich der Scheune geweckt. Unser

Hund schlug ebenfalls an. Mein Schwiegervater meinte: "Da draußen ist jemand, wir rufen am besten gleich die Polizei." Die Polizei kam dann nach zirka dreißig Minuten. Sie hielten mit dem Auto vor dem Haus und leuchteten mit einer Taschenlampe, im Auto sitzend, das Haus kurz an. Mein Schwiegervater und ich gingen zu den Polizisten, die uns, sichtlich erschrocken, im ersten Moment für Einbrecher hielten. Wir gaben uns zu erkennen und beruhigten so die Situation. Wir fragten sie, ob sie einmal hinter dem Haus oder bei den Scheunen nachsehen könnten, doch sie sagten daraufhin nur, daß das unnötig sei, denn wenn wirklich jemand dagewesen sein sollte, jetzt ganz bestimmt fort wäre. Die Polizei fuhr anschließend wieder fort und wir gingen ins Haus zurück. Es waren kurz darauf noch einmal Geräusche zu hören, die aber verstummten. Da es in der Zwischenzeit hell geworden war, gingen wir mit dem Hund nach draußen und sahen, das jemand versucht hatte, das Schloß hinten an der Scheunentür aufzubrechen. Aber auch in dieser Nacht hielt es die Polizei nie für nötig, sich einmal um diesen Fall zu bemühen. An diesem Tag kam Rainer zu uns, um sich zu erkundigen, wie es uns gehe. Wir erzählten ihm selbstverständlich sofort von unserem nächtlichen Besuch. Er sagte zu uns, daß er vielleicht eine Möglichkeit sehe, uns zu helfen und begann zu erzählen: Einer seiner Verwandten sei Bodyguard und er könne uns sehr wahrscheinlich helfen. Wir fragten ihn, ob er uns einen Kontakt zu ihm ermöglichen könne. Er antwortete daraufhin, daß er versuchen würde, uns noch am selben Tag Bescheid zu geben, und fuhr dann weg. Am Nachmittag rief er an und teilte uns mit, daß wir mit seinem Bekannten am Abend in einem Club, der dessen Lebensgefährtin gehört, einen Termin hätten. Wir fuhren daher am Abend mit Rainer zu diesem Club. Als wir diesen betraten, erwartete uns der Bodyguard schon, der sich mit Thorsten vorstellte. Wir erzählten ihm unsere Geschichte und er meinte, daß sich da schon etwas machen ließe. Wir fragten ihn, wieviel uns das denn kosten würde? Denn durch das ganze hin und her und dadurch, daß wir kaum arbeiten konnten, wurde uns mittlerweile das Geld knapp. Er sagte daraufhin, daß das kein Problem sei und man sich schon irgendwie einig werden würde. Es entstand gleich auf beiden Seiten eine richtige Sympathie und Vertrautheit, die ich vorher noch niemals gekannt hatte und bis zum heutigen Zeitpunkt nur einmal wieder erlebt habe. Ich bin ein Einzelkind und könnte mir vorstellen, daß er mein Bruder sein könnte. Meiner Frau ging es genauso, als sie später seine Lebenspartnerin kennenlernte. Nun aber erst mal wieder zurück zu diesem Abend. Wir unterhielten uns über verschiedene Dinge, als würden wir uns schon eine Ewigkeit kennen. Zum Schluß vereinbarten wir, daß er uns einen Mann zum Schutz für uns abstellen würde. Wir sollten ihm am nächsten Morgen am vereinbarten Treffpunkt abholen. Danach fuhren wir zum Schlafen zurück zu den Schwiegereltern. Am nächsten Morgen fuhren wir zu dem vereinbarten Treffpunkt und holten die Person ab. Wir erzählten ihm auf der Heimfahrt kurz die Geschichte. Als wir an unserem Wohn- und Geschäftsgebäude angekommen waren, sahen wir zirka vierhundert Meter entfernt im Feld ein Auto stehen, dem wir aber anfangs keinerlei Bedeutung schenkten. Wir gingen in das Gebäude hinein und da es noch recht früh war, frühstückten wir erst einmal. Meine Frau und ich versuchten anschließend wieder Ordnung in unsere Buchführung zu bringen. Die uns als Schutz mitgegebene Person schaute uns dabei zu. In bestimmten Abständen beobachtete er die umliegende Gegend und das im Feld stehende Auto mit einem Fernglas. Er sah im Auto eine Person sitzen, die mit einem Fernglas unser Gebäude beobachtete. Wir wollten uns nun das Auto einmal von der Nähe betrachten und beschlossen, daß wir mit dem Hund einen Spaziergang dorthin machen würden. Wir gingen so also nach draußen in Richtung des Autos. Als der Fahrer bemerkte, das wir seine Richtung einschlugen, fuhr er davon. Wir gingen mit dem Hund noch etwas weiter, drehten dann um und gingen anschließend zum Haus zurück. Als wir im Haus waren, bemerkten wir, daß das Auto wieder an der gleichen Stelle stand wie zuvor. Wir ließen uns jetzt kaum mehr davon stören und machten mit unserem normalen Tagesablauf weiter. Das Auto fuhr irgendwann gegen Abend weg. Bis zum Abend verlief der Tag ohne irgendwelche Zwischenfälle. Am Abend kam Thorsten mit zwei weiteren Personen zu uns und wollte mal hören, ob sich irgend etwas Neues ergeben hätte. Wir sagten ihm, daß es bis auf das Auto ruhig geblieben war. So unterhielten wir uns noch eine ganze Weile, bis Thorsten mit seinen Männern, außer der uns zum Schutz abgestellten Person, nach Hause fuhr. Mit ihm vereinbarten wir, wenn sich etwas ereignete, wir ihn über sein Handy erreichen würden und er sofort zu uns käme. Die uns zum Schutz abgestellte Person hielt am Dachfenster Wache, während wir uns schlafen legten. Gegen drei Uhr wurden wir dann von der Schutzperson geweckt. Er sagte, wir sollten nach oben kommen und uns das ansehen. Wir konnten erkennen, daß sich durch eine quer zum Haus gelegene Hecke getarnt, ein paar Leute dem Haus näherten. Wir riefen sofort Thorsten an, der zirka fünfzehn Minuten später mit drei Männern bei uns war. Er konnte nur noch sehen, wie diese Leute in einer Scheune des Nachbarhofes, der zirka vierhundert Meter entfernt lag, verschwanden. Nach zirka fünf Minuten ging auf dem Nachbarhof die Beleuchtung an und es fuhr ein Geländewagen mit Pferdeanhänger davon. Thorsten blieb mit seinen Leuten noch bei uns, bis es draußen hell war. Er sagte zu uns, daß er gegen Mittag wiederkäme und wir dann weitere Maßnahmen besprechen würden. Am Mittag kam Thorsten mit seiner Lebenspartnerin, und es fand nun die erste Begegnung zwischen ihr und meiner Frau statt. Sie erzählte uns, daß es für sie das erste mal sei, daß sie mit zu einem Kunden von Thorsten fahren würde. Aber irgend etwas in ihr habe zu ihr gesagt, daß sie dieses Mal mitkommen müsse. Während sich die beiden Frauen ausgiebig unterhielten, besprachen Thorsten und ich die weitere Vorgehensweise. Thorsten war der Meinung, daß als erstes um den Hof herum Bewegungsmelder mit Strahlern angebracht werden müßten, um das Gelände besser zu beleuchten. Dann müsse er noch ein Nachtsichtgerät und Funkgeräte mit Kopfmikrofonen besorgen. Sollte es diese Nacht wieder losgehen, würde er auch noch mehr Leute besorgen müssen. Wir bauten das Gebäude an diesem Tag zu einer regelrechten Festung aus. Es wurden überall die schnell besorgten Bewegungsmelder angebracht und auch die von Thorsten ausgesuchten Beobachtungsmöglichkeiten so gut als möglich hergerichtet. Was hier vielleicht noch bemerkt werden muß, ist, daß wir die ganze Zeit wieder von dem Fahrer eines im Feld stehenden Autos beobachtet wurden. Es wurde vereinbart, daß meine Frau in der nächsten Nacht bei Thorstens Lebensgefährtin bleiben solle und ich mit unserem Wagen als Lockvogel, mit Thorsten zusammen, ein bißchen durch die Stadt fahren solle, um dann anschließend direkt deutlich sichtbar im Hof zu parken. Die Männer von Thorsten wurden herangebracht und die Autos fortgefahren. Es lief am Anfang auch alles glatt, nur dann ging es auf einmal los.

Es standen in der Zwischenzeit immer mehr Autos im Feld. Sie waren um den ganzen Hof herum verteilt, was man mit dem Nachtsichtgerät erkennen konnte. Von den Personen bei den Autos wurden wir genauso mit Nachtsichtgeräten beobachtet. Es war am Anfang ein gegenseitiges Abtasten und Belauern. Auf einmal kamen die anderen Personen näher in Richtung des Gebäudes. Thorsten beschloß, daß sich ein paar von seinen Leuten in die Autos setzen sollten, um ihnen entgegen zufahren. Es entwickelte sich daraus eine wahre Autoschlacht. Es war ungefähr mit zwei Reiterarmeen vergleichbar - die Pferde waren in diesem Fall die Autos, die aufeinander trafen. Es wurde von der anderen Seite sogar geschossen, was unsere Seite durch Warnschüsse erwiderte. Auf den Feldern wurde wild herumgefahren und kurze Zeit herrschte das totale Chaos. Nach zirka einer Stunde zog sich jede Seite wieder zurück, um die weitere Strategie zu planen, da es nun langsam wieder hell wurde. Bei Tageslicht konnte man die vollen Ausmaße der nächtlichen Aktion erkennen. Da lag zum Beispiel auf dem einen Feld eine abgerissene Ölwanne, da waren Ölspuren, u.s.w.. Selbst diesmal störte sich die Polizei keineswegs an den Aktivitäten, sondern im Gegenteil, sie stand noch bei der Gegenseite und schaute seelenruhig dem Treiben zu. Thorsten beschloß, am nächsten Abend noch mehr Leute zu besorgen. Er sagte: "Dieses Gebäude wird auf jeden Fall gehalten und sie sollen auch sehen, daß es keinen Zweck hat, uns zu terrorisieren." Meine Frau sollte die nächste Nacht wieder bei seiner Lebensgefährtin bleiben, damit sie ungefährdet war. Der Grund für diese Vorsichtsmaßnahme war folgender: Als ich zur Tankstelle fuhr, hielt ein dunkles Auto neben meinem. Zu diesem Zeitpunkt war ich schon in dem Tankstellenshop und schaute mich bei den Zeitschriften um. Aus dem dunklen Auto stiegen zwei Leute ausländischen Aussehens und gingen ebenfalls in den Shop. Sie stellten sich neben mich, der eine hielt mir plötzlich eine Pistole in die Seite. Mein Bekannter, der mit dabei war und im Kampfsport ausgebildet ist, merkte dies und beseitigte auf seine Weise die Gefahr. Die zwei Leute verließen nach dieser Aktion fluchtartig die Tankstelle, sprangen in ihr Auto und rasten davon. Der Tankwart, der niemals so schnell reagieren konnte und nie begriff, was dort ablief, schaute nur total verwirrt zu. Wir verließen dann ebenfalls die Tankstelle, weil es sehr wahrscheinlich viel zu lange gedauert hätte, ihm alles zu erzählen. Nach diesem Schrecken beschlossen wir erst einmal wieder zurück zum Gebäude zu fahren, um zu sehen, was sich dort in der Zwischenzeit ereignet hatte. Auf der Fahrt dorthin wurde dann auch noch auf unser Auto geschossen. Es waren die gleichen Leute, die mich in der Tankstelle bedroht hatten. Nun waren wir gespannt, was sich beim Haus getan hatte. Dort war alles ruhig geblieben, wenn man von den Autos, von denen das Gebäude beobachtet wurde, einmal absieht. Da es jetzt früher Abend war, traf die Verstärkung, die von Thorsten bestellt wurde, bei uns ein. Es waren diesmal sogar Leute mit Hunden dabei. Es blieb zirka bis Mitternacht, bis auf ein gegenseitiges Belauern, ziemlich ruhig. Als Thorsten den Vorschlag machte, auf den Dachboden zu gehen und zu schauen, ob man von da etwas besser sehen könne. Da ich, wie vorhin beschrieben, so eine panische Angst vor Spinnen hatte, habe ich vorher diesen Boden sehr selten betreten. Als wir dort waren, fiel mir eine Kiste auf, die in gar keinem Fall von uns war. Ich zeigte die Kiste Thorsten und fragte, ob einer seiner Leute diese Kiste auf den Boden gestellt hätte. Er sagte, daß ihm die Kiste ebenfalls absolut unbekannt sei. Wir beschlossen, uns diese Kiste einmal näher zu betrachten und sie dann aufzubrechen, da sie abgeschlossen war. Thorsten rief vorher noch bei meiner Frau an und fragte sie, ob sie die Kiste vielleicht kennen würde. Das Telefonat war noch am laufen und so konnte sie zusammen mit seiner Lebenspartnerin alles mithören, was sich dann ereignete. Als seine Leute die Kiste öffneten geschah folgendes Phänomen: Es kam urplötzlich ein starker Sturm auf, die Thermopen-Fenster, die vorher verschlossen waren, gingen auf und zu, die Hunde begannen zu jaulen und die Leute, die im Haus schon einiges gewohnt waren, rannten Panik artig aus dem Gebäude. Thorsten sagte zu meiner Frau: "Ich muß jetzt dringend jemanden anrufen", und beendete das Gespräch. Ich stand daneben und konnte daher alles ganz genau hören. Es wurde in der Zwischenzeit im Haus immer unheimlicher. Als ich dann noch den Namen der Person hörte, die Thorsten anrief, erschrak ich. Die Person hieß Hartmut, es war genau der gleiche Name, den meine Frau in der Nacht, als ich das Astralerlebnis hatte, gerufen hatte. Dieser Hartmut sagte zu Thorsten, daß wir sofort das Gebäude verlassen und versuchen sollten, die Kiste zu ihm zu bringen. Ach ja, ich habe ja noch unerwähnt gelassen, was sich in der Kiste befand. Es waren alles alte Freimaurerdokumente, Bücher und Unterlagen. Thorsten sagte dann, was Hartmut am Telefon erzählt hatte und daß wir das Haus räumen sollten. Zu zwei von seinen Leuten sagte er, daß sie die Kiste zu Hartmut fahren sollten. Auf dieser Fahrt zu Hartmut sind die beiden zweimal nur knapp einem Unfall entgangen. Wir ließen bis auf die Leasing-Geräte alles im Haus zurück und fuhren zu seiner Lebenspartnerin und meiner Frau. Unterwegs fragte ich ihn, wer eigentlich dieser Hartmut sei. Da erzählte er, daß dieser ein sehr spiritueller Mann sei und ein Meister in einer bei uns leider verbotenen asiatischen Kampfkunst. Diese Kampfkunst wird niemals allgemein gelehrt, sondern nur an ausgewählte Personen weitervererbt. Thorsten sagte, daß er ein Schüler von ihm sei und schon Dinge von ihm gezeigt bekommen habe, die sonst kein Mensch verstehen würde, wenn er sich mit solchen Dingen nie befaßt. Dort bekam er von ihm Heilmethoden und Lebensweisheiten beigebracht, die schon verblüffend waren. Inzwischen waren wir bei ihm zu Hause angekommen, wo wir schon sehnsüchtig erwartet wurden. Hier erzählte er noch mehr Geschichten über Hartmut. So zum Beispiel, daß er ihn wegen seinem Lungenkrebs behandeln würde, denn Thorsten hatte schon seit mehreren Jahren Lungenkrebs. Die Ärzte hatten ihn schon lange aufgegeben, und nach deren Meinung müßte er schon längst tot sein. Durch Hartmuts "natürliche Behandlungen" ginge es ihm relativ gut und er sei guter Hoffnung, sogar wieder geheilt zu werden. Dieser Hartmut schläft niemals, er fällt nur in einen meditativen Zustand, in dem er sogar leicht über dem Boden schwebt. Seine Ernährung ist rein pflanzlich (Rohkost). Es gäbe noch viel mehr Dinge über ihn zu schreiben, aber er hat es nie gern, wenn er als etwas besonderes dargestellt wird. Ich habe ihn selbst zweimal gesehen. Er ist ein kleiner Mann mit Bart und langen dunklen Haaren. Ich schätzte ihn so auf Mitte vierzig, aber später erfuhr ich, das er schon über sechzig Jahre alt war. Sein ganzes Aussehen ist wenig europäisch oder asiatisch, so daß man ihn, nach meiner Meinung, in keiner Kategorie richtig einordnen kann. Er ist auch überall auf der Welt zu Hause und hat in der ganzen Welt verteilt Häuser. Er sagt, daß jeder Mensch solche spirituellen Fähigkeiten habe, der eine findet sie nur früher als der andere, weil er zuerst nie weiß wo er sie suchen muß, nämlich in sich selbst. Die meisten Menschen würden sie im Außen suchen und deshalb fänden sie auch nie etwas. Zu diesem Zeitpunkt war mir noch ziemlich unverständlich, was er genau damit meinte und wie Recht er damit hatte. Heute verstehe ich seine Aussage nur zu gut.

Nach diesem anstrengenden Erlebnis gingen wir zu Bett. Am nächsten Tag wurden wir durch einen Anruf von Hartmut geweckt. Er erzählte uns, daß er Verbindung mit der Freimaurerloge aufgenommen habe, um mit ihnen über uns zu verhandeln, aber sie seien ergebnislos gescheitert. Er erwähnte noch, daß das Städtchen, in dem wir wohnten, für ihn nur die Stadt der lebende Toten sei. Die Leute hätten dort keinen eigenen Willen mehr und würden nur noch Zombies, beziehungsweise Robotern gleich das machen, was sie gesagt bekämen. Er schlug vor, daß wir erst einmal bei Thorsten wohnen sollten, bevor ihm etwas eingefallen sei. Thorsten nahm uns sehr gastfreundlich auf und wir hatten in den nächsten vierzehn Tagen alles was wir uns wünschten. Alles erschien uns als sehr vertraut. Über diese Zeit möchte ich hier nur sehr wenig schreiben, um keinen von denen, die uns geholfen haben und zu echten Freunden wurden, zu gefährden. Ich kann nur darüber sagen, daß diejenigen, die in der Öffentlichkeit als böse hingestellt werden, zum Beispiel das "richtige" Milieu, sich als sehr hilfsbereit und spirituell gezeigt haben. Es gibt natürlich auch unter den Leuten im Milieu "schlechte" Menschen. Aber diejenigen, die wir dort kennengelernt hatten, hatten niemals mit Drogen oder ähnlichen Dingen zu tun. Es war gerade das Gegenteil der Fall. Wenn sie einen Bettler an der Straße gesehen haben, gaben sie ihm Geld usw. Man wurde manchmal an Robin Hood erinnert.

Vielleicht darf ich an dieser Stelle, den Film "Schattenmann", der bis auf den Schluß sehr realistisch war, erwähnen. Zum Teil haben wir solche Dinge auch erlebt.

- 9 -

In unserem Fall hatte es sich herausgestellt, daß die Polizei in unserer Stadt voll auf Seiten der Freimauer arbeitete und sogar in Einbrüche, Betrügereien, Autoverschiebungen und andere Delikte verwickelt war.

Nach zirka vierzehn Tagen geschah dann folgendes: Es wurde versucht, den Sohn von Thorsten zu entführen und es wurde Thorsten erzählt, daß meine Frau mit den Freimaurern zu tun hätte und sie ihm nur als Kuckucks Ei ins Nest gelegt worden sei. Daraufhin reagierte er ziemlich ärgerlich und um eine Gefährdung seines Sohnes zu vermeiden, beziehungsweise die Unschuld meiner Frau zu beweisen, verließen wir fluchtartig sein Haus. Wir fuhren zuerst ziellos durch die Gegend, bis meine Frau sagte: "Laß uns zu Deinen Eltern fahren." Meine innere Stimme sagte: "Nein" und ich äußerte das auch. Doch da mir sonst auch kaum etwas besseres einfiel, machten wir uns auf den Weg zu meinen Eltern. So verließen wir, nur mit dem, was wir am Körper trugen, dem Hund und unserem Auto, die Stadt in Richtung meiner zirka sechshundert Kilometer entfernt wohnenden Eltern. Von unterwegs riefen wir bei meinen Eltern an und sagten, daß wir zu ihnen kommen würden. Da wir kaum wußten, ob uns jemand seitens der Freimaurer folgte, beziehungsweise zu ihrer Sicherheit, sagten wir, daß wir uns in einem in der Nähe liegenden Autobahnrasthof treffen sollten. Es war gegen zehn Uhr in der Nacht, als wir in der Raststätte ankamen. Zu diesem Zeitpunkt war sie, was uns sehr ungewöhnlich vorkam, fast bis auf den letzten Platz gefüllt. Es gab nur einen Tisch, der noch frei war. Meine Frau sagte zu mir: "Hier ist wieder einmal irgend etwas faul, die sehen alle aus wie Polizisten." Mir kam es genauso vor. Nach zirka zwanzig Minuten erschien dann mein Vater mit einem mir unbekannten Mann in der Raststätte. Er stellte ihn uns als seinen neuen Nachbarn vor, den er zur Sicherheit mitgenommen habe, da er sich frage, was mit uns los wäre. Als wir alle zusammen an dem letzten frei gebliebenen Tisch saßen, sagte mein Vater: "Nun erzählt mal, was genau los war." Da mir der Mann, den mein Vater mitgebracht hatte, keinesfalls geheuer war, erwähnte ich alles, bis auf die Geschichte mit Thorsten. Davon erwähnte ich nur ganz kurz etwas unwichtiges. Darauf wollte der sogenannte Nachbar meines Vaters mehr von mir über Thorsten wissen. Doch ich sagte einfach: "Ich kann Ihnen schlecht etwas sagen, da ich selbst kaum was weiß. Was geht Sie das auch an?" Daraufhin sagte er ganz ärgerlich, daß er von der Kriminalpolizei sei und er uns jetzt mitnehmen würde. Ich stand wütend auf und schrie meinen Vater an, daß er ein Verräter sei. Darauf gaben sich die übrigen Leute, die sonst noch in der Raststätte waren, alle als Kripoleute zu erkennen. Ich gab ihm zu verstehen, daß ich niemals mit zur Polizeiwache gehen würde, woraufhin man meine Frau und mich festnahm und zur Kriminalpolizeistation brachte. Man nahm unser Auto ebenfalls mit. Dort wurde es gründlich durchsucht. Wir erhielten es erst einen Tag später wieder zurück. Wir selbst wurden unabhängig voneinander verhört, und es sollte uns eine Blutprobe entnommen werden, die ich aber verweigerte. Man interessierte sich wiederum nie für unsere Geschichte mit dem Einbruch, Freimaurern usw. Man fragte uns immer wieder nur nach Thorsten und seinen Leuten. Ich antwortete daraufhin, daß ich von bzw. über Freunde niemals was erzählen würde und schon auf gar keinem Fall der Kriminalpolizei, nachdem, was wir bis jetzt erlebt hätten. Der Kripo lag sogar der Mietvertrag von dem InterRent-Wagen vor, den wir in der Nacht benötigten, um die Kiste mit den Freimaurerunterlagen und die Leasing-Geräte in Sicherheit zu bringen. Nachdem der Kripomann gemerkt hatte, daß er von uns keine Aussage, beziehungsweise Antwort auf seine Fragen bekommen würde, versuchte er uns zu kaufen. Er sagte, wenn wir über Thorsten aussagen würden, würden sie uns bescheinigen, daß es sich damals um einen Einbruch gehandelt habe und daß wir unseren entstandenen Schaden, der etwas über Fünfhunderttausend Mark gelegen hat, bezahlt bekämen. Er würde uns das sogar schriftlich geben. Aber wahre Freunde, die einem auch in einer Notsituation helfen, können mit keinem Geld der Welt aufgerechnet werden. Wir sagten unabhängig voneinander, daß wir uns niemals kaufen ließen. Da sonst gegen uns keineswegs etwas vorlag, mußten sie uns nach zirka vier Stunden wieder gehen lassen. Sie machten uns allerdings zur Auflage, daß wir, da unser Auto dort bleiben mußte, mit meinem Vater zu meinen Eltern fahren müßten. Ich weigerte mich zunächst mit meinem Vater zu reden, da er uns mit seinem mangelndem Vertrauen die ganze Sache eingebrockt hatte. Auf der Heimfahrt, die etwa acht Kilometer betrug, erzählte uns mein Vater, daß wir schon seit dem ersten Anruf von der Polizei auf der Autobahn verfolgt wurden, da er bei sich eine Fangschaltung hätte installieren lassen und so die Polizei alles überwachen konnte. Als wir zu Hause bei meinen Eltern ankamen, war ich immer noch ziemlich sauer, und meine Frau und ich begaben uns in mein altes Zimmer, was oben im ausgebauten Teil des Dachbodens lag. Am nächsten Morgen weckte uns meine Mutter und sagte, daß die Polizei angerufen habe und wir unser Auto wieder abholen könnten. Meine Mutter hat uns dann zur Polizei in die Stadt gefahren. Dort angekommen, wurden wir nochmals zu einem Kriminalpolizisten geschickt. Er sagte noch einmal zu uns, wenn wir über Thorsten und seine Leute etwas sagen würden, sie uns helfen könnten. Doch auch diesmal verweigerten wir die Aussage, beziehungsweise sagte ich, daß ich mich nie von der Polizei erpressen lassen würde. Wir holten dann anschließend nur unser Auto und fuhren wieder zu meinen Eltern zurück. Hier versuchten wir erst einmal einigermaßen zur Ruhe zu kommen. Meine Frau machte eine Aufstellung der Leute, die uns noch Geld schuldeten, beziehungsweise bei denen wir noch offene Rechnungen hatten. Sie setzte sich mit den Firmen, von denen sie die Adressen herausbekam, in Verbindung und bat sie, ihr neue Rechnungen zu schicken. Um die Kunden, von denen wir noch Geld bekamen, sollte sich unser Anwalt kümmern. Den Leasingfirmen teilte sie mit, wo sie ihre Geräte abholen könnten. Wir versuchten uns ebenfalls mit den Banken in Verbindung zu setzen, was aber nur wenig einbrachte. Nur von einer Bank hörte man die Aussage, daß es endlich einmal an der Zeit sei, daß jemand den Sumpf trocken lege. Sonst bekamen wir kein Verständnis entgegengebracht. Wir wendeten uns auch an den Weißen Ring, von dem wir überhaupt keine Antwort bekamen. Wir schrieben unseren Versicherungsmakler an, um ihn zu bitten, sich um die Versicherungen zu kümmern und suchten in der Nähe meiner Eltern einen Steuerberater auf, der die Steuerangelegenheiten klären sollte. Doch auch hier klappte kaum alles, wie es sollte. Wir erfuhren später, daß der Anwalt sich nie um die ausstehenden Rechnungen gekümmert hatte. Aber er stellte uns seine angeblich geleisteten Tätigkeiten in Rechnung. Ebenfalls erfuhren wir, daß der Versicherungsmakler alle unsere Versicherungen eigenhändig gekündigt hatte. Er berechnete uns aber noch die Beiträge und meiner Frau warf man noch eine Unterschlagung der gestohlenen Dinge vor. Nach langem hin und her konnte die Sache mit der Staatsanwaltschaft geklärt werden. Meine Frau war nach so viel Unverständnis so verärgert und wütend auf die Menschen in der Stadt in Norddeutschland, daß sie beinah dorthin gefahren wäre und dort einen Amoklauf zu starten. Selbst ich hatte keine Möglichkeit sie zurück zu halten, und so setzte sie sich ins Auto und fuhr los. Im letzten Moment überlegte sie es sich doch anders und kehrte nach zirka zehn Kilometern wieder um. Ich fragte nun meinen Vater, der eine höhere Position im Gesundheitswesen innehat, ob es möglich sei, einen Termin bei einem Psychologen zu bekommen, da wir langsam kaum mehr wüßten, ob wir alles nur träumten. Litten wir an Verfolgungswahn, waren wir verrückt oder was war los? Mein Vater sagte, daß das keinesfalls nötig sei und wir uns erst einmal ein paar Tage ausruhen sollten, dann sehe man schon weiter. Er empfahl uns einen Rechtsanwalt, den wir aufsuchen sollten. Ich hielt es aber für wichtiger, zuerst zu einem Psychologen zu gehen und so besorgte ich uns einen Termin bei einem Psychiater, der uns dann einen Termin bei einem Psychologen vermittelte. Dem Psychologen erzählten wir unsere komplette Geschichte und er meinte: "Ihr seid niemals verrückt. Es gibt nur folgendes Problem: Ihr habt die Wahrheit gesehen und das können manche Menschen nur sehr schwer verstehen. Sie gehen danach davon aus, daß sie verrückt seien und akzeptieren nie, was um sie herum wirklich geschieht." Bevor wir wieder zu meinem Elternhaus fuhren, bot er uns an noch ein paar Mal zu ihm zu kommen, damit er nochmals mit uns alles aufarbeiten könnte. Doch am nächsten Tag rief er bei meinen Eltern an und sagte, daß er uns in keinem Fall mehr weiterhelfen könne, da er Morddrohungen bekommen habe, wenn er uns unterstützt. Das Gespräch mit ihm hatte uns trotzdem weitergeholfen, da wir nun wußten, daß wir zu keinem Zeitpunkt verrückt waren und dadurch neue Kraft schöpfen konnten. Es stellte sich zwar für uns immer noch die Frage: "Was ist der Grund, beziehungsweise der Schlüssel zu alledem? Wenn meine

Frau mit ihren Eltern telefonierte, sagte man ihr, daß das Haus immer noch beobachtet würde und das mittlerweile fast alle unsere Sachen verschwunden seien, bis auf ein paar Kleinigkeiten, die sie selbst herausgebracht hätten. Als sie das letzte Mal dort waren, sah es so aus, als hätte jemand etwas gesucht. Sie sind dann dem Haus ferngeblieben, da ihnen nun alles merkwürdig vorgekommen sei.

Das zeigte uns, daß die Sache noch weitergehen sollte. Wir merkten dies bald auch noch deutlicher. Mein Vater meinte zu uns, daß es wichtig sei, uns dort oben polizeilich abzumelden. Man müßte das aber so gestalten, daß dort unser neuer Aufenthaltsort nie bekannt wird. Wir beschlossen, einen Brief an die Stadtverwaltung zu schreiben und ihnen mitzuteilen, daß wir nur eine Kontaktadresse, die meines Vaters, hätten und uns eigentlich im Ausland aufhalten würden. Die Stadt weigerte sich, obwohl sie unsere Gefährdung mitgeteilt bekam, uns abzumelden. Es gab viele Schreiben hin und her, bis wir eine Abmeldung bekamen.

Einen Teil des hin und her möchte ich Ihnen kurz schildern. Um eine neue Adresse angeben zu können, die von der Stadtverwaltung dort oben verlangt wurde, damit sie uns die Abmeldung schicken konnten, hatten wir in der Verwandtschaft gefragt, ob sich jemand dazu bereit erklären würde, seine Adresse anzugeben. Es hatte sich zuerst auch die Cousine meines Vaters, ich nenne sie hier Lisa, dazu bereit erklärt. Doch als ihr die Abmeldung von der Stadt per Einschreiben zugestellt wurde und der Postbote schon wieder fort war, bekam sie es doch mit der Angst zu tun. Sie bat dann ihren Mann Dieter, da sie an diesem Samstag in den Urlaub fuhren, zu versuchen, den Postboten zu erreichen und ihn zu bitten, das Einschreiben wieder mit zurückzunehmen. Dieter fuhr kreuz und quer durch die Stadt, bis er der Postboten erreichen konnte. Als er ihn erreichte, benutzte er alle möglichen Überredungskünste, bis der Postbote den Brief zurücknahm. Nun waren wir mit unserer Abmeldung erst einmal genauso weit wie vorher, doch dann erklärte sich mein Opa dazu bereit, daß wir seine Anschrift verwenden könnten. Wir gaben der Stadt einfach als unsere Adresse, die meines Opas an. Nachdem die Abmeldung angekommen war, sagten wir zu meinem Opa, er solle, wenn er Post bekommen würde, einfach sagen, wir seien unbekannt verzogen. Es kam außer der Abmeldung nur noch ein merkwürdiger Anruf bei ihm an. Es meldet sich jemand bei ihm, der ihm sagte, er sei von der Kripo und es würde nach uns gefahndet, deshalb bräuchte er unsere richtige Adresse. Mein Opa war daraufhin sehr verwirrt und gab ihm die Adresse, in dem Glauben, daß dieser Anrufer wirklich von der Kripo sei. Wir riefen, sobald wir dies hörten, bei der Kripo an und dort sagte man uns, daß weder nach uns gefahndet würde, noch daß irgend jemand von ihnen bei meinem Opa angerufen hätte. Eines nachts, meine Eltern waren zu der Zeit im Urlaub, wurden wir durch nächtliche Geräusche in der Nähe des Hauses geweckt. Meine Frau machte überall sofort Licht an und merkte, wie kurze Zeit später ein Auto wegfuhr. Der Nachbar meiner Eltern, der die Geräusche ebenfalls gehört hatte, konnte noch einen Teil des Nummernschilds von dem davonfahrenden Auto erkennen. Als er uns dieses sagte, erkannten wir, daß es sich um ein Nummernschild eines Kreises in der Nähe unseres Wohn- und Geschäftsgebäudes handelte. Wir fragten uns: Sollte der nächtliche Besuch uns gegolten haben, hat er etwas mit dem Anruf bei meinem Opa zu tun oder war es nur Zufall, daß dieses Auto gerate von dort kam? Um vielleicht einen Rat zu bekommen, beziehungsweise Hilfe, rief ich beim BKA (Bundeskriminalamt) an und fragte, ob es möglich sei, einen Termin zu bekommen. Man sagte, daß es kein Problem sei und wir gleich am nächsten Tag kommen könnten. Dort angekommen wurden wir ganz freundlich von zwei Beamten empfangen, die sich unsere Erlebnisse sehr interessiert anhörten. Einer der Beamten sagte zu uns, es gäbe zwar ein Zeugenschutzprogramm in das man uns mit herein nehmen könne, aber in unserem Fall bringe das sehr wahrscheinlich sehr wenig, da er niemals eine Unterwanderung ihrerseits ausschließen könne, wenn es wirklich so sein sollte, daß die Freimaurer oder eine ähnliche Gruppe dahinter stecken würden. So fuhren wir also genau so schlau wie vorher wieder zu meinen Eltern. Dort faßten wir den Entschluß, einfach pro Forma eine Wohnung etwas entfernt von meinen Eltern anzumieten, um uns dort anzumelden. Bis jetzt waren wir nirgendwo polizeilich gemeldet, als Kontaktadresse gab es nur die meiner Eltern. Wir fanden eine Einzimmerwohnung die zirka achtzig Kilometer entfernt lag und erzählten der Vermieterin, daß wir die Wohnung nur zwei Monate anmieten würden und ihr auch die Miete gleich im voraus bezahlen. Wir würden sie vielleicht ab und zu nur benötigen, da ich an einem Weiterbildungsseminar teilnehmen würde. Sie war damit einverstanden und gab uns den Wohnungsschlüssel. Wir fuhren anschließend zum Einwohnermeldeamt der Gemeinde und meldeten uns dort an. Auf die Frage, von wo wir zuziehen würden, sagten wir, daß wir aus dem Ausland wieder zurück nach Deutschland gezogen seien. Die Beamtin war damit zufrieden und machte unsere Ausweise fertig. Ein paar Wochen später meldeten wir uns dort ab und bei meinen Eltern an. Als wir die Schlüssel von der anderen Wohnung abgegeben hatten, erzählte die Eigentümerin, daß man versucht habe, in die Wohnung einzubrechen. Sollte dieses schon wieder ein "Zufall" gewesen sein?

- 10 -

Wir hatten noch in der Nähe der Stadt, wo wir in Norddeutschland gewohnt hatten, ein sehr gutes Sport-, beziehungsweise Reitpferd unterstehen. Meine Frau sagte: "Laß uns doch versuchen, daß wir dieses Pferd irgendwie zu meinen Eltern bekommen, wo es in der Nähe auf einem Bauernhof stehen kann." Wir erkundigten uns nach einer Transportmöglichkeit für das Pferd, die wir dann von Lisa, der Cousine meines Vaters, angekommen bekamen. Sie sagte uns noch etwas, was ich zu diesem Zeitpunkt kaum verstanden hatte. Es war der

Satz: "Verschenkt es, dann bekommt ihr wieder etwas geschenkt." Das war für uns undenkbar. Ich hatte unsere Situation immer so erklärt, daß es uns nun genauso ergehe, als wäre unser Haus mit allen Sachen, die darin waren, abgebrannt. Wir hatten keine Bilder mehr, keine Andenken, keines mehr von den materiellen Dingen aus der Zeit vor den Ereignissen in Norddeutschland war uns geblieben. Zu dieser Zeit, in der uns so gut wie alles genommen wurde, sollten wir auch noch etwas verschenken. Ich sagte: "Die muß ja verrückt sein." Später jedoch haben wir erkannt und erfahren, was sie damit gemeint hat.

Weil ich Geld vom Arbeitsamt bekam, ich hatte mich inzwischen arbeitslos gemeldet, bekamen wir das Geld für den Transport des Pferdes zusammen. Das Tier kam in einem sehr verwahrlosten Zustand an, es hatte sogar eine ziemlich große Brandwunde am Hals und war sehr ängstlich. Es mußte von irgend jemanden gequält und mißhandelt worden sein, obwohl es bei einer Bekannten meiner Frau gestanden hatte. Als sie dem Transportdienst noch eine Rechnung für die Pflege des Pferdes mitgegeben hatte, weigerten wir uns diese Rechnung zu bezahlen. Wir haben bis zum heutigen Tag keine Antwort mehr auf unser Schreiben erhalten. Wir fuhren jeden Tag zu dem Bauernhof hin, wo das Pferd heute noch steht. Es stand dort noch ein Pferd und zwei Ponys und außerdem waren noch Kühe Schweine und andere Tiere auf dem Hof. Der Besitzer war ein ehemaliger Bereiter, der nun den Hof von seinem Vater übernommen hatte. Das andere Pferd, das dort stand, wurde abwechselnd von einem Jungen und einem Mädchen geritten, denen der Besitzer des Hofes das Reiten beibrachte. Der Besitzer kümmerte sich auch sehr liebevoll um das Pferd meiner Frau, so daß es wieder mehr Vertrauen im Umgang mit Menschen entwickelte. Zu meiner Frau hatte das Pferd nie richtiges Vertrauen, die Erklärung hierfür hat mit dem Schlüssel zu allem zu tun. Eines Abends, als wir wieder zum Pferd fuhren und sich der Bereiter darauf setzte, stieg das Pferd ganz plötzlich hoch, und weil beide Sattelgurte gleichzeitig rissen, stürzte der Bereiter mitsamt Pferd nach hinten über. Das ist ungefähr das Schlimmste, was für beide passieren kann, denn wenn das Pferd auf einen stürzt, kann es jemanden zerquetschen oder das Pferd selbst kann sich das Genick brechen. Zum Glück ging es in diesem Fall relativ glimpflich ab, das Pferd kam mit einem Schrecken davon und der Bereiter brach sich die Schulter. Das zog nun folgendes Problem mit sich: Da seine Frau hochschwanger war, bedeutete das, daß er, beziehungsweise sie jetzt unmöglich den landwirtschaftlichen Betrieb bewirtschaften konnten, solange er krank, beziehungsweise sie schwanger war. Wir erklärten uns spontan bereit, das für ihn zu übernehmen, wenn er uns alles zeigen würde. Wir standen nun also in den nächsten Wochen früh auf, um zum Hof zu fahren, Kühe zu melken, die Schweine zu versorgen und uns um die Ländereien, mit seiner Hilfe, zu kümmern. Ich muß sagen, daß das eine sehr schöne Zeit war und man hier sehr viel im Umgang mit einem landwirtschaftlichen Betrieb und den Tieren lernen konnte. Um unser Pferd kümmerten sich der Junge und das Mädchen. Der Junge kam immer besser mit dem Pferd zurecht und so beschlossen wir, als wir wegzogen, das Pferd dem Jungen zu überlassen. Nun verstand ich zum ersten Mal, als ich die Freude des Jungen sah, was die Cousine meines Vaters meinte, als sie sagte, daß wir das Pferd verschenken sollten. Wir hatten nie etwas verloren sondern nur immer dazu gewonnen. Alleine schon jemanden glücklich zu machen oder eine Freude zu bereiten, kann schon etwas ganz tolles sein, und kurze Zeit später bekamen wir ebenfalls etwas geschenkt. Es ist normalerweise ein Geben und Bekommen. Ich gebe jemandem etwas und bekomme von jemand anderen wieder etwas zurück, wobei es sogar mehr sein kann. Hierbei ist es nur wichtig, es auf gar keinen Fall mit einer gewissen Erwartungshaltung zu tun, sondern es ganz frei fließen zu lassen. Man darf auch niemals eine Seite abschotten, sondern muß beide Seiten gleichmäßig fließen lassen, dann funktioniert es wie von selbst. Ein Beispiel dazu: Wenn mir jemand sagt, daß er mir jemand etwas schenken möchte und ich ihm entgegne: "Komm, laß mal, es ist schon gut", sende ich aus, daß ich alles habe und so werde ich auch irgendwann nie mehr etwas bekommen. Dieses ist umgekehrt natürlich genauso. Daher geht es darum ein gesundes und natürliches Mittelmaß an Geben und Nehmen zu finden, dann fließt das Leben in harmonischen Bahnen. Aber das fällt selbst mir heute manchmal noch sehr schwer, obwohl alles so einfach sein könnte. Das ist für mich zum Beispiel auch ein Grund, warum wir hier zum Lernen auf diesem Lernplaneten sind.

- 11 -

So, nun aber wieder zurück zur Geschichte und was in der Zwischenzeit und danach noch geschah. Der Herr mit seinen französischen Schildern nahm in der Zwischenzeit ebenfalls wieder Kontakt mit uns auf und bot uns ein alleiniges Vertriebsrecht für das Bundesland, in dem wir jetzt wohnten, an. Er organisierte ein Treffen mit allen Vertriebspartnern an der dänischen Grenze und stellte dort noch ein weiteres Konzept vor. Da wir nun endlich einmal wieder Geld verdienen mußten, sagten wir zu. Es stellte sich aber bald heraus, daß dies keineswegs unsere eigentliche Lebensaufgabe sein sollte. Trotz größter Energieleistungen verkauften wir gerade mal ein einziges Schild und so beschlossen wir, uns etwas anderes zu überlegen, um Geld zu verdienen, damit wir endlich wieder einen eigenen Haushalt führen konnten. Aber darauf werde ich später noch einmal zurückkommen.

Zu dieser Zeit wohnten wir noch immer bei meinen Eltern. Inzwischen suchten wir den Rechtsanwalt auf, den mein Vater für uns ausgesucht hatte. Er sagte, daß wir alle restlichen Papiere, die wir noch von den Ereignissen dort oben besaßen, zu ihm bringen sollten und er sich dann darum kümmern würde. So gaben wir alle Beweise über die Verstrickungen und dubiosen Angelegenheiten diesem Rechtsanwalt. Zu Anfang lief auch alles sehr gut und zufriedenstellend. Doch als wir zirka ein Jahr später unsere Papiere anforderten, da er sich um die verbleibenden Dinge kaum mehr kümmerte, waren alle Unterlagen spurlos verschwunden. Er teilte uns als Entschuldigung mit, daß ein Lehrmädchen, die Papiere wahrscheinlich versehentlich weggeworfen habe und daß es ihm leid tun würde. Für uns wären gerade diese Papiere sehr wichtig gewesen, denn wie wir später erfuhren, hätte man an Hand dieser Unterlagen noch viele Beweise oder Rückschlüsse ziehen können. In der Zwischenzeit geschahen noch viele weitere Dinge. Da wir nur sehr wenig Geld hatten, und dies war der bezug des Arbeitslosengeldes, beschlossen wir, unser Auto zu verkaufen und uns ein kleineres zuzulegen. Wir klebten einen Zettel an die Scheibe und hofften, daß jemand diesen lesen und unser Auto kaufen würde. Nach drei Wochen entfernten wir den Zettel wieder, da sich darauf keine Resonanz gezeigt hatte. Meine Oma war zu diesem Zeitpunkt zur Kur, und da wir ziemlich viel Zeit hatten, besuchten wir sie dort. Wir wollten mit meiner Oma gerade zum Essen zurück in die Kurklinik fahren, als uns ein Kunde an der Tankstelle ansprach und fragte, ob wir unser Auto verkaufen wollten. Er suche noch eines, das mit nach Spanien käme, denn ein Auto fehle ihm noch, um den Transporter voll zu bekommen. Wir sagten, daß wir schon Interesse daran hätten, aber meine Oma sei hier zur Kur und wir müßten sie erst schnell zum Essen dorthin zurückfahren. Wir fragten ihn, ob er uns seine Adresse geben würde, damit wir uns dann später mit ihm treffen könnten. Er gab uns daraufhin seine Visitenkarte und da es ganz in der Nähe war, machten wir noch für den gleichen Abend einen Termin aus. Nachdem wir meine Oma zurückgebracht hatten, fuhren wir zu ihm hin. Er schaute sich das Auto dort noch einmal sehr genau an und machte uns darauf hin einen Preisvorschlag, mit dem wir sofort einverstanden waren. Er lag sogar etwas über dem Preis, den wir uns erhofft hatten. Wir sagten ihm, daß wir das Auto aber schlecht da lassen könnten, da wir sonst kaum wüßten, wie wir heimkommen sollten, da dieser Verkauf jetzt etwas plötzlich gekommen sei. Er meinte, daß das kein Problem sei, da der Transport erst in einer Woche losgehe und er das Auto dann bei uns abholen könne. Er zahlte uns die Hälfte des Preises schon an, damit er sicher gehen konnte, daß er das Auto auch bekam. Wir fuhren anschließend nach Hause und beschlossen, gleich am nächsten Tag, es war ein Freitag, in den entsprechenden Zeitungen nach einem kleineren Gebrauchtwagen zu schauen. Die Auswahl war so groß, daß wir schnell das passende Auto fanden. Wir vereinbarten mit dem Besitzer, daß wir das Auto in einer Woche abholen würden, da erst dann unser Auto übernommen würde. Wir dachten nun, daß jetzt alles ohne Probleme ablaufen würde, doch hierin sollten wir uns täuschen. Es trat nun folgendes unerwartete Problem auf. Wir hatten damals, als wir das Auto kauften, den Fahrzeugbrief bei unserer Bank zur Aufbewahrung hinterlegt. Ich möchte hierbei ausdrücklich erwähnen, daß dieser niemals in irgendeinem Vertrag oder ähnlichem bei der Bank aufgeführt wurde oder als Sicherheit diente. Im Gegenteil, da das Auto nie Vollkasko versichert war, lehnte es die Bank, als wir es einmal als Sicherheit anbieten wollten, mit der Begründung ab, daß dieses zu unsicher sei. Wir dachten, bevor der Brief bei uns gestohlen wird, er sicherer bei einer Bank liegt. Da wir dort oben ja alles zurücklassen mußten, waren wir der Meinung, daß sich das nun als Vorteil herausstellen würde. Doch als wir bei der Bank anriefen und sie baten, uns den Fahrzeugbrief zu schicken, teilte man uns mit, daß sie ihn als zusätzliche Sicherheit für einen bei ihnen laufenden Kredit einbehalten würden. Das, obwohl wir die Raten des Kredits wie vereinbart zurückbezahlten und der Kredit zu einhundert Prozent durch Sparverträge, Lebensversicherung und ähnlichem abgedeckt war. Die Bank begründete ihr Vorgehen damit, weil wir verzogen wären und nur eine Kontaktadresse hätten, bräuchte man eine zusätzliche Absicherung. Als wir das hörten, waren wir erst einmal sprachlos und verwirrt, denn wie sollte es nun weitergehen? Unser Auto war verkauft, die Hälfte schon bezahlt und das andere Auto war gekauft und ebenfalls angezahlt. Ich überlegte nun zusammen mit meinem Vater, wie wir jetzt innerhalb von vier Tagen doch noch an den Fahrzeugbrief kommen könnten. Da kamen wir zu folgendem Entschluß: Ich rief erneut bei der Bank an und sagte, das uns unser Auto zu teuer in der Unterhaltung sei und wir, um ihren Kredit noch zurückzahlen zu können, uns das günstigere Auto kaufen wollten. Nach einem längerem Gespräch sagte der Herr von der Bank, daß er unter folgender Bedingung mit einverstanden sei und die lautete: Er würde den Fahrzeugbrief zur Zulassungsstelle schicken und im Austausch gegen den neuen würden wir den alten bekommen. Da die Zeit jetzt drängte willigte ich notgedrungen ein, obwohl ich diese Methode als eine Nötigung und Erpressung ansah. Am Freitag fuhr ich zu der Zulassungsstelle, tauschte die Fahrzeugbriefe aus und konnte so endlich unseren alten Wagen verkaufen. Die Bank besitzt nun als weitere Absicherung die Papiere unseres jetzigen Fahrzeugs, obwohl sie vorher nie Bestandteil des Kredites waren, und auch nur durch unlautere Mittel in deren Besitz gekommen sind. So ist es uns bis zum heutigen Tage unmöglich, unser Auto, das mittlerweile in einem ziemlich schlechten Zustand ist, zu verkaufen. Da wir das Geld des Verkaufs an die Bank geben müßten und uns deshalb das Geld für ein anderes fehlen würde.

An diesem Wochenende rief bei uns die Cousine meines Vaters (Lisa), die das mit dem Verschenken des Pferdes erzählt hatte und deren Familie sich mit den sogenannten esoterischen Dingen beschäftigt, an. Sie sagte, daß sie einen Anruf meiner Schwiegereltern bekommen habe und sie ihr eine ganz verworrene Geschichte erzählt hätten. Ich sagte daraufhin zu meiner Frau: "Laß uns doch dort hinfahren und die Erlebnisse richtig erzählen." Wir machten dann einen Termin aus und fuhren zu Lisa. Nachdem wir unsere Geschichte in allen Einzelheiten erzählt hatten, boten sie und ihre Familie uns ihre Hilfe an. Sie sagte, sie kenne verschiedene Personen, die uns weiterhelfen könnten und daß sie für uns Termine machen würde, wenn wir das wollten. Wir sagten ihr daraufhin, daß wir gerne einmal diese Personen besuchen würden, aber es wohl am Geld scheitern würde, da wir zur Zeit so gut wie kein Geld hätten. Sie antwortete: "Wenn ihr dorthin wollt und es für euch wichtig ist, werdet ihr schon Geld haben." Sie meinte weiterhin, daß die eine Frau sowieso kein Geld nähme, woraufhin wir beschlossen, diese Person zuerst aufzusuchen. Lisa rief dort an und vereinbarte für den nächsten Tag einen Termin. Wir fuhren in das Neubaugebiet, einer nahegelegenen Kleinstadt. Die Frau, die uns die Tür aufmachte, war Heilpraktikerin und heute würde ich sagen, sie ist eine weiße Hexe. Das heißt, sie arbeitet mit weißer Magie. Zu der Zeit war es für mich nur eine esoterische Heilpraktikerin. Wir betraten also das Haus und wurden in einen Raum gebeten, der einer Art Tempel glich. Es standen dort kleine Pyramiden in allen möglichen Farben, hingen esoterische Bilder an den Wänden und fanden sich allerlei sonstige esoterische Artikel. Wir setzten uns in einen Kreis und sie selbst saß an einer Stelle etwas erhöht uns gegenüber. Nachdem wir nun unseren Platz gefunden hatten, bat sie meine Frau und mich, unsere Geschichte zu erzählen. Anschließend erzählte sie uns, daß sie sich vorher schon mit Engeln unterhalten habe und sie von ihnen verschiedene Dinge mitgeteilt bekommen habe. So zum Beispiel, daß meine Frau noch auf der ,schwarzen Seite' stehen würde und noch entscheiden müsse, auf welche Seite sie möchte. Bei mir sagte sie, daß ich mehr auf der ,weißen Seite' sei, aber noch brauche bis das "weiße Ziel" erreicht ist. Sie sagte weiter, daß sie bei meiner Frau noch keinesfalls was tun könne, aber mir würde sie eine Mischung von Bachblüten anrühren, die mir weiterhelfen würde. Dann sagte sie noch am Schluß, daß sie gerne unseren Schmuck zum Reinigen behalten möchte. Wir gaben ihr unseren Schmuck, den sie von der negativen Energie reinigen wollte und fuhren anschließend wieder zu Lisa zurück. Dort redeten wir alle im Kreis ihrer Familie über das Erlebte. Die Cousine meines Vaters sagte, daß die ,weiße Seite' das Ziel aller Dinge sei, man jedem verzeihen solle, egal, was er getan habe, daß man sein Ego aufgeben müsse usw. Die böse ,schwarze Seite' würde uns aber mit allerlei Versuchungen locken. Sie erzählte uns noch, daß es verschiedene Schutzmöglichkeiten davor geben würde. So könne man zum Beispiel mit einer blauvioletten Flamme, die man um sich herum visuell bilde, alles in sich von negativen Energien reinigen oder man könne sich in verschiedenen Situationen an seine Schutzengel, beziehungsweise den Erzengel Michael wenden. Meine Frau hörte diesen Dinge zu, machte aber einen Eindruck, als sollte ihr irgend etwas weggenommen werden. Sie war vergleichbar mit einem trotzigen Kind, das sein Lieblingsspielzeug nie mit einem anderem Kind beim Spielen teilen möchte. Für mich waren manche Dinge sehr interessant und ich dachte, daß man verschiedene Sachen ja einmal ausprobieren könne. Am nächsten Tag fuhren wir erst einmal wieder zu meinen Eltern zurück. Die Bachblütentropfen, die ich mitbekommen hatte, nahm ich auch in den ersten Tagen regelmäßig ein. Dann vergaß ich sie immer öfter, bis ich keine mehr eingenommen habe. Meine Frau machte immer noch einen verwirrten Eindruck, da sie mit dem ganzen sehr schlecht etwas rechtes anfangen konnte. Für meinen Vater war das alles nur Spinnerei, meine Mutter begann etwas neugierig zu werden, mein Onkel interessierte sich ebenfalls dafür und meine Oma sagte: "Das esoterische hat alles nur mit Sekten zu tun." Sie meinte zusätzlich noch: "Das ist alles schrecklich, geratet mir da in ja nie in eine Sekte hinein." Meine Frau und ich beschlossen hingegen, sobald wir das Geld hätten, auch noch die anderen von Lisa genannten Adressen aufsuchen.

Nun teilte uns mein Vater mit, daß es jetzt langsam soweit sei, uns um eine geeignete Arbeit zu kümmern. Wir hatten es am Anfang, wie vorhin schon erwähnt, mit unseren französischen Schildern versucht, mußten aber feststellen, daß das keinen Zweck hatte, obwohl wir uns die größte Mühe gaben. Das einzige, was wir damit erreichten, war, daß wir soviel Geld zusammenbekamen, um die beiden anderen Personen aufzusuchen. Aus der heutigen Sicht würde ich sagen, daß es die Bestimmung, beziehungsweise Aufgabe dieser Schilder war, daß wir das Geld zusammenbekamen für die beiden anderen Besuche. Damit war die Aufgabe der Schilder für uns erfüllt. Wir riefen nun also erneut bei Lisa an und baten sie, für uns die Termine zu machen. Die Termine lagen so günstig, daß wir sie innerhalb einer Woche erledigen konnten. Wir fuhren mit Lisa zusammen zu erst zu einer Reiki-Meisterin. Diese sagte, daß sie die Sitzung nur getrennt mache und da meine Frau erst einmal abwarten wollte, bin ich zuerst in das Behandlungszimmer gegangen. Es war ein hell eingerichtetes Zimmer und ähnelte dem der Heilpraktikerin sehr. Ich setzte mich auf einen Stuhl, der vor dem Tisch stand, an dem sie saß. Sie sagte nun zu mir, daß ich ihr einmal die Geschichte erzählen solle. Danach bat sie mich, daß ich mich auf eine Liege legen sollte, die ebenfalls in dem Raum stand. Ich sollte nun die Augen schließen, gleichmäßig atmen und sie fing mit der Reikibehandlung an. Während der Behandlung habe ich Bilder vor mir gesehen wie in einem Traum, vielleicht habe ich auch geträumt, ich kann es schlecht sagen. Ich sah, wie ich in einer spanischen Großstadt im Mittelalter, die Stadt lag direkt am Mittelmeer, an Bord eines Segelschiffes ging. Ich verabschiedete mich vorher noch von einer Frau, die meiner Frau sehr ähnelte. Danach fuhr das Schiff aufs Meer hinaus. Da mußte ich leider abbrechen, weil die Behandlung zu Ende war und die Reiki-Meisterin mich wieder angesprochen hatte. Dadurch verschwanden auch die Bilder. Ich vermute, mein Traum könnte damit zu tun haben, daß wir auf unserer Flucht immer nach Spanien wollten und meine Frau, sowie auch ich, Spanien als ein ganz tolles Land empfinden. Wir hatten uns dort ja auch kennengelernt. Als ich damals in Barcelona war, habe ich mich dort im Teil der Altstadt so ausgekannt, als wäre ich schon oft da gewesen. Ich bin aber kein Traumdeuter um sagen zu können, wie diese Geschichte mit den Dingen, die wir erlebten, zu tun hatte, oder ob ich vielleicht einen Teil aus einem früheren Leben von mir gesehen habe.

Die Reiki-Meisterin rief, nachdem sie mir noch einen Zettel mitgegeben hatte, auf dem sie verschiedene Dinge aufgeschrieben hatte, die Ihr während der Behandlung eingegeben wurden, meine Frau hinein. Draußen sprach ich dann, während meine Frau behandelt wurde, mit Lisa über die eben erlebten Dinge. Sie meinte, daß das schon einmal bei einer Reiki Behandlung passieren könne. Ich schaute mir nun an, was auf dem Zettel stand. Es waren irgendwelche

Botschaften und Ratschläge, die man beachten sollte. In der Zwischenzeit war meine Frau zusammen mit der Reiki-Meisterin aus dem Zimmer gekommen. Wir verabschiedeten uns von ihr und fuhren zurück zu Lisa. Im Auto erzählte meine Frau, das die Reiki-Meisterin ihr gesagt habe, daß meine Frau die ‚schwarze Seite‘ verkörpern würde und sie ‚schwarz-magisch‘ sei. Sie müßte lange mit ihr arbeiten, damit sie auf die ‚weiße Seite‘ kommen würde. Meine Frau und ich maßen der Sache aber keinerlei Bedeutung bei, da die Frau uns beiden sehr unsympathisch war. Nachdem wir bei Lisa angekommen waren, beschlossen wir, uns erst einmal auszuruhen. Nach dem Abendessen zeigte uns Lisa ein Buch, das ihr Mann vor kurzer Zeit zum Geburtstag geschenkt bekommen hatte. Sie waren aber noch nie dazu gekommen, es zu lesen. Ich glaube, daß sich dieses bis zum heutigen Tage keinesfalls geändert hat. In diesem Buch, meinte sie, nachdem sie es einmal kurz am Geburtstag durchgeblättert habe, würden ähnliche Aussagen, die wir von unseren Erlebnissen erzählt hatten, stehen. Es war uns bis zu diesem Zeitpunkt noch absolut unbekannt, daß dieses Buch einmal mit dazu beitragen kann den Schlüssel zu unseren Ereignissen zu finden. Dieses Buch hatte den Titel "Geheimgesellschaften und ihre Macht im 20. Jahrhundert" und war von einem Jan van Helsing geschrieben. An diesem Abend sahen meine Frau und ich nur das Inhaltsverzeichnis an und beschlossen, uns das Buch, sobald wir wieder etwas Geld haben würden, zu kaufen. Dieses sollte aber noch fast ein halbes Jahr dauern, was für uns im nachhinein sehr wichtig war.

An diesem Abend sprachen wir noch über verschiedene Dinge und legten uns dann zu Bett. Am nächsten Morgen sagte ich zu meiner Frau, daß sie zu dem letzten Termin alleine fahren solle. Es handelte sich dabei um eine Wahrsagerin, beziehungsweise Hellseherin und ich hatte irgendwie schon immer Angst vor solchen Personen. Ich war der Meinung, daß sie einem schlimme Dinge über die eigene Zukunft erzählen könnten, was wiederum mein Handeln stark beeinflussen könnte. Meine Frau war damit einverstanden und ich fuhr sie bis vor die Wohnung der Hellseherin und wartete zirka eine Stunde, bis sie wieder herauskam. Ich fragte nun doch neugierig meine Frau, was sie alles erfahren habe. Sie sagte mir, daß die Frau sehr nett war und zu ihrem Erstaunen, ohne daß sie vorher etwas erzählt hatte, unsere Geschichte, Dinge aus dem Leben meiner Frau und von den Personen, von denen sie Bilder mitgenommen hatte, erzählen konnte. Meine Frau bekam ein Runensymbol auf gemalt welches sie als Schutz bei sich tragen sollte und weitere interessante Ratschläge. So zum Beispiel, wie man gebrauchte Sachen wieder von den Energien desjenigen reinigen kann, der sie getragen hatte. Weiterhin sagte die Hellseherin, wenn sie möchte, sie noch einen Termin mit ihr vereinbaren könne. Hierbei sollte ich auch anwesend sein, damit sie mehr über uns beide sagen könne. Ich beschloß, nun neugierig geworden, daß ich das nächste Mal doch mitgehen würde. Daraufhin verabredete sich meine Frau mit ihr für zwei Wochen später.

Mein Vater drängte daheim immer mehr darauf, daß wir nun eine

Arbeitsstelle annehmen sollten. Wir taten dann, um unsere Ruhe zu haben, auch so, als suchten wir verstärkt Arbeit. In Wirklichkeit suchten wir aber weiter nach dem Schlüssel zu allem und wollten hinter die Kulissen des eigentlichen Weltgeschehens schauen.

So vergingen die vierzehn Tage ohne besondere Vorkommnisse. Wir stießen mit den "esoterischen Dingen" bei meinem Vater und seiner Freundin auf völliges Unverständnis. Es ist mir schon verständlich, wieso die Menschen zum größten Teil so reagieren, denn alles, was in diese Richtung geht, wurde von den Mächtigen so dargestellt, als handele es sich hier alles um Sekten. Ich selbst mag das Wort ‚Esoterik' mittlerweile selbst auch keineswegs, da mittlerweile ein sehr negativer Beigeschmack darauf liegt. Es wird meistens verbunden mit einer Modeerscheinung, Scharlatanerie und um irgend welche Leute abzuzocken. Die eigentliche Bedeutung, daß es sich dabei um die Lehre des Inneren handelt, wissen wahrscheinlich nur noch sehr wenige.

So, nun war der Tag da, an dem wir zum zweiten mal zu der Hellseherin fuhren. Diesmal überwand ich meine Angst und ging mit hinein. Ich hatte keine Angst davor, weil ich es für Schwachsinn hielt, sondern weil ich im Inneren wußte, daß es funktioniert. Die Frau, ich nenne sie hier einmal Christine, war Mitte dreißig, sehr nett und machte einen etwas mystischen Eindruck. Sie bat uns in ihr Wohnzimmer, das sehr angenehm eingerichtet war. Es gab auch einen kleinen Altar dort, aber es war alles ganz anders als bei den beiden anderen Frauen zuvor. Man empfand es mehr als einen Kraftort, der dem ganzen Raum die Energie verleiht. Wir setzten uns nun auf die Couch mit Rundecke. Sie sagte, daß sie sich freuen würde, weil ich diesmal auch mitgekommen sei. Sie gab mir einen Stapel ganz normaler Skatkarten, die ich mischen sollte. Nachdem ich die Karten gemischt hatte, sollte ich mich auf ein bestimmtes Thema konzentrieren, z.B. Beruf oder Beziehung und einen Teil vom Stapel abheben. Danach legte sie die abgehobenen Karten in einem bestimmten Legemuster auf den Tisch. Anschließend fing sie an, mir einige Dinge aus meiner Vergangenheit zu erzählen und teilweise, was in der Zukunft passieren könnte. Auch meine Frau mußte ein paarmal mit den Karten hantieren. Christine erzählte uns, daß es besser wäre, eine eigene Wohnung zu nehmen. Wir sollten erst einmal abschalten, und wieder das tun, was wir wollten. Es gäbe zwar noch ein paar Probleme, aber wir würden das schon schaffen. Um Geld bräuchten wir uns keine Sorgen zu machen, wir bekämen schon genug. Das waren nur ein paar der Dinge, die sie uns sagte. Was ich hierbei so gut fand und was uns sehr viel geholfen hat, war, daß sie immer das Positive heraushob, so daß wir neuen Mut bekamen. Sie sagte: "Es gibt noch einige Probleme aber sofort im Anschluß. Es wird halb so schlimm, ihr schafft das schon wieder." Man geht dadurch mit einem größeren Selbstvertrauen an ein Problem heran und löst es so schneller.

Nachdem die Sitzung beendet war, verabschiedeten wir uns und fuhren zurück zu meinen Eltern. Auf der Heimfahrt beschlossen wir, daß wir uns im Raum einer mitteldeutschen Großstadt eine Wohnung suchen würden. Es gab jetzt nur zwei Probleme: Das erste war, wie wir es meinen Eltern beibringen konnten. Mein Vater wollte ja, daß ich wieder einem ganz normalen Beruf nachgehen solle. Er hatte da schon etwas in Aussicht. Ich gebe ganz offen und ehrlich hier zu, daß ich durch das Erlebte keinen normalen Beruf mehr ausüben möchte. Ich möchte nur noch das machen, was mir Spaß macht und mir niemals von irgend jemandem den größten Teil meines Lebens bestimmen lassen, und dadurch manipuliert werden. Denn jemand der arbeitet, ohne daß er es freiwillig tut und weil es ihm Spaß macht oder es zu seiner Lebensaufgabe dazugehört, ist ein Sklave von der Oberen, welche die Macht über alles haben. Sklave deshalb, da früher der Sklave von seinen Herren etwas zu Essen und ein Dach über den Kopf bekommen hatte, und heute bekommt ein Arbeiter Geld, um sich etwas zu Essen zu kaufen und sich eine Wohnung zu leisten. Es ist doch gegenüber früher nur das Geld hinzugekommen, was dem Bürger nach Außen hin eine gewisse Freiheit, beziehungsweise Unabhängigkeit vorspielen soll. Aber im Grunde wird er dadurch nur noch stärker manipuliert und zu einem willenlosen Sklaven, beziehungsweise kritiklosen Roboter erzogen. Sollte er irgendwie einmal noch die Zeit haben, um zu erkennen, was mit ihm passiert und will sich dagegen auflehnen, wird er entweder durch Erzeugen von Ängsten, wie zum Beispiel Verlust der Arbeit usw. oder durch Sportveranstaltungen, Lohnerhöhungen oder sonstigem abgelenkt. Entschuldigen Sie bitte meine harten Worte, die ich hier verwende, aber so sieht nun einmal die Wahrheit aus, wie wir feststellen mußten. Es wäre hier aber grundverkehrt mit Gewalt und Haß denen entgegenzutreten, sondern das Gegenteil, Liebe und Dankbarkeit ist in diesem Fall angesagt. Denn manchmal brauchen wir auch unangenehme Lernfaktoren, solche, die uns aufrütteln, so in unserem Beispiel die negativen Logenbrüder, um für uns oder das Leben etwas zu lernen und früher oder später in die goldene und harmonische Mitte zu gelangen.

- 12 -

So, nun aber zu unserem zweiten Problem: Wie konnten wir eine eigene Wohnung und unseren Unterhalt finanzieren. Wir rechneten erst einmal zusammen, was wir durch das Arbeitslosengeld zusammenbekamen. Dann überlegten wir, wo wir etwas einsparen konnten. Danach kalkulierten wir, wie teuer die Wohnung sein durfte und zusätzlich kamen wir zu dem Entschluß, falls das Geld unmöglich reichen sollte, könnten wir einfach nebenbei etwas arbeiten, aber nur etwas, das auch Spaß macht. Als Einsparungsmöglichkeit beschlossen wir, unser Pferd zu verschenken und zwar an den Jungen, der es immer reitet. So konnten wir den Jungen glücklich machen und sparten außerdem die Unterstellungskosten. Meinen Eltern erzählten wir, daß ich im Raum der erwähnten mitteldeutschen Großstadt eine Arbeitsstelle in Aussicht hätte und ich dort zum Einstellungstest hinfahren müßte. In Wirklichkeit suchten wir aber in der Zeit nach einer Wohnung. Wir fanden dort in einem Wohnblock eine Einzimmer-wohnung, die für unsere Zwecke reichte. Um die Wohnung zu bekommen, erzählten wir dem Vermieter, daß wir eine Firma besäßen und in diesem Raum eine Zweigstelle aufbauen wollten. Dadurch bekamen wir keine Schwierig-keiten und mußten keinen Verdienstnachweis vorlegen. Denn als Arbeitslose wäre es unmöglich gewesen, eine Wohnung zu bekommen. Meinen Eltern und der Verwandtschaft erzählten wir, daß ich den Einstellungstest bestanden hätte und wir schon bald umziehen müßten. Sie freuten sich sehr darüber. Uns tat es ja leid, sie belügen zu müssen, aber sie hätten die Wahrheit zu diesem Zeitpunkt niemals verstanden und sich nur unnötige Sorgen gemacht. So waren sie glück-lich und zufrieden. Heute wissen sie die Wahrheit. Wir haben es ihnen eine ganze Zeit später erzählt. Mein Vater bezahlte uns sogar noch die Kaution für die Wohnung, so daß der ganzen Sache kein Hindernis mehr im Wege stand. Wir zogen ein paar Tage später in unsere Wohnung ein. Es war schön, wieder eige-ne vier Wände um sich zu haben und dadurch wieder ein kleines bißchen "unab-hängiger" geworden zu sein. Wir suchten am Anfang noch eine Schuldner-beratungsstelle auf, die uns half erst einmal einen genauen Überblick über das Finanzielle zu erhalten. So konnten wir einstufen, was wichtig war zu erledigen und was noch Zeit hatte. In der Schuldnerberatungsstelle war man über unsere Erlebnisse mit den Freimaurern kaum verwundert, sondern im Gegenteil, man bat uns sogar manchmal noch um einen Rat oder erzählte uns Dinge über ihre Erfahrungen im Bezug auf Freimaurer. So neue Hoffnung und Lebensmut getankt, fiel uns ziemlich bald auch ein, wie wir zusätzlich Geld verdienen und trotzdem unabhängig bleiben konnten. Liebe Leser sie werden jetzt vielleicht etwas überrascht oder geschockt sein, aber wir beschlossen eine Anzeige zur Telefonerotik aufzugeben. Es war hier keinerlei Risiko dabei, denn wir brauch-ten nur ein Telefon und das war es schon. Sollte sich keinerlei Resonanz darauf zeigen, war keineswegs was verloren bis auf die einhundert Mark für die Zeitungsanzeige. Die Zahl der Anrufe überstieg unsere Erwartungen bei wei-tem, darum waren wir der Überzeugung, daß es mit der "geistigen Welt" wohl in Ordnung sei, daß wir zumindest als Überbrückung auf diese Weise unser Geld verdienten.

Wir hätten uns die Jahre zuvor auch niemals vorstellen können, auf diese Weise einmal tätig zu werden, aber bekanntlich frißt der Teufel ja in der Not auch Fliegen. Und wir waren in Not und da kommt man manchmal auf die ver-rücktesten Ideen..

Inzwischen bekamen wir wieder Kontakt mit Thorsten, der uns zu sich einlud. Wir fuhren auch zu ihm nach Norddeutschland, um ihn, seine Lebensgefährtin und das Kind, welches uns sehr vermißt hatte, zu besuchen. Als wir dort ankamen, war auf beiden Seiten die Freude über das Wiedersehen sehr groß. Er teilte uns mit, daß wir bei ihnen bleiben könnten und er für uns schon ein Haus in Aussicht habe. Doch nach vier Tagen fuhren wir wieder zurück. Es kamen einfach wieder die Erinnerungen auf und wir fühlten uns ständig verfolgt. Denn Thorsten wohnte gerade mal vierzig Kilometer von dem Ort entfernt, an dem sich die Ereignisse damals abgespielt hatten. Thorsten, seine Lebensgefährtin und das Kind waren über unseren Entschluß, fort zu fahren, sehr enttäuscht. Er versuchte mit allen Mitteln und Angeboten, die er uns machen konnte, zu erreichen, daß wir bei ihnen bleiben sollten. Um ihnen unseren Abschied etwas leichter zu machen, sagten wir, daß wir uns das Angebot zu Hause nochmals überlegen wollten und vielleicht irgendwann darauf zurück kommen würden. Auch uns fiel der Abschied sehr schwer, da wir alle so empfanden, als seien wir Brüder und Schwestern. Doch bis zum heutigen Tag haben wir nie mehr etwas von ihnen gehört.

Nachdem wir wieder zu Hause angekommen waren, fiel uns das Buch wieder ein, das uns Lisa gezeigt hatte. Wir konnten uns aber nur noch an einen Teil des Titels erinnern. Wir beschlossen, in eine Buchhandlung zu gehen, in der Hoffnung, es dort vielleicht zu finden. Doch unter dem Begriff "Geheimgesellschaften" fand die Verkäuferin keinen Titel, was dem Buch hätte entsprechen können. Nachdem die Suche nach dem Buch erfolglos blieb, riefen wir bei Lisa an, um uns nach dem Titel zu erkundigen. Sie teilte uns den Titel, Autor und Verlag mit, so daß ich am nächsten Tag in die Buchhandlung gehen konnte, um das Buch zu bestellen. Es dauerte dann eine Woche, bis wir total neugierig das Buch in den Händen hielten. Wir hatten es in zwei Tagen durchgelesen und konnten nun einige Dinge, die wir erlebt hatten, besser verstehen. Das andere, was uns noch unbekannt war, versuchten wir, soweit wir die Möglichkeiten dazu hatten, herauszufinden. Wir sind dabei auch fast immer auf das gleiche Ergebnis, wie es in diesem Buch beschrieben war, gestoßen. Das "fast" steht für die ganz wenigen Dinge, für die wir bis jetzt noch keinerlei Möglichkeit gefunden hatten sie nachzuprüfen. Ein gut informierter Freimaurer, mit dem wir später einmal Kontakt bekamen, sagte sogar, daß das, was in diesem Buch stehe, nur die Spitze des Eisberges sei. In Wirklichkeit sei alles noch viel schlimmer.

Nun aber erst einmal der Reihe nach. Da uns die Sache mit der Telefonerotik viel Freiheit ließ, war es für uns absolut unproblematisch, sehr viel unterwegs zu sein. Ich muß vielleicht hier erst noch einmal etwas näher auf die Telefonerotik eingehen. Wenn ich alle Erlebnisse und Erfahrungen schildern wollte, könnte ich ein eigenes Buch darüber schreiben. Es handelte sich bei der

Telefonerotik mehr um eine Lebensberatung als um reinen Sex, was zwar auch vorkommt, aber meistens rufen die Leute an, weil sie irgendwelche Probleme haben. Durch diese Sache konnten wir schon ein paar Ehen retten, was die Anrufer durch Briefe, in denen sie sich bedankten, uns bestätigten. Einmal gab es sogar eine Person, die sich umbringen wollte, die aber durch das Gespräch wieder soviel Lebensmut bekam, daß sie heute wieder als ein fröhlicher und glücklicher Mensch ihr Leben genießt. Die Sache war uns auch nützlich, um Nachforschungen über verschiedene Dinge anzustellen, die Jan van Helsing in seinem Buch beschreibt oder die wir auch erlebt hatten. Der Grund hierfür war folgender: Am Telefon, wenn es um Sexualität geht, erzählen die Leute auch andere Dinge, die sie sonst niemals erzählen würden. Zu mal die Kunden meiner Frau aus Rechtsanwälten, Politikern, Firmenchefs usw. bestanden.

Durch das Buch von Jan kamen wir auch in Kontakt mit einem esoterischen Buchladen, der in Bayern liegt. In Jans Buch wurde auf ein anderes Buch verwiesen, das uns ebenfalls sehr interessierte. Es war das Buch "Zurück in unsere Zukunft" von Bob Frissell. Wir versuchten dieses Buch bei uns in der Buchhandlung zu bestellen, doch da bekamen wir gesagt, daß sie keine Möglichkeit haben dieses Buch zu bestellen, was meiner Meinung nach natürlich Blödsinn ist. Speziell dieses Buch ist bei allen Grossisten in Deutschland vorrätig und kann bei Bestellung am nächsten Morgen da sein. Aber aus irgendwelchen Gründen konnte oder wollte man uns das Buch dort niemals besorgen. Nun wurde ich auf die Werbung des Ladens in Bayern aufmerksam und rief bei der dort angegebenen Telefonnummer an. Dort fragte mich eine sehr sympathische männliche Stimme, was er für mich tun könne. Ich fragte ihn, ob er dieses Buch habe, beziehungsweise bestellen könne. Er teilte mir mit, daß er noch eine ganze Menge davon vorrätig habe. So kamen wir ins Gespräch, was sie sonst noch für Bücher führen würden. Das interessierte meine Frau und mich so sehr, daß wir beschlossen, am nächsten Tag in dieses Buchgeschäft nach Bayern zu fahren. Nachdem wir das Telefonat beendet hatten, freuten wir uns schon richtig auf den nächsten Tag. Das schöne war, daß wir durch die Telefonerotik total ungebunden waren. Wenn meine Frau keine Lust hatte legte sie einfach den Hörer neben das Telefon und wir fuhren weg, so sahen es für die Kunden aus, als sei der Anschluß besetzt.

Am nächsten Tag fuhren wir also los. Als wir in der Stadt ankamen, fanden wir sofort das Geschäft und gingen hinein. Es kam uns dort alles sehr vertraut vor, als wäre dieser Besuch ein Fixpunkt in unserem Leben, der dazu gehört und wichtig ist. Der Mann, mit dem ich am Vortag telefoniert hatte, war sehr nett. Auch die ganze Atmosphäre war sehr ruhig und entspannend, wie ich das in noch keinem anderen Geschäft vorher erlebt hatte. Wir fingen daraufhin sofort an in den vielen interessanten Büchern, die es dort gab, herumzustöbern und uns einige herauszusuchen, die wir mitnehmen wollten. Es wurde ein ziemlich großer Stapel, so daß sich die Fahrt auf alle Fälle gelohnt hatte. Nachdem wir die Bücher ausgesucht hatten, sprachen wir mit dem Mann und erzählten ihm unsere Geschichte und er hörte uns intensiv zu. Als wir zu Ende waren, sprach er sehr ruhig, beziehungsweise beruhigend zu uns und meinte, daß die Bücher, die wir ausgesucht hätten bestimmt in diesem Fall sehr interessant für uns wären. Während des Gesprächs und des Besuchs in dem Laden kam es uns so vor, als hätten wir unsere ganze Geschichte nur geträumt. Wir wurden auf einmal so zuversichtlich, ruhig und selbstbewußt. Es war noch stärker, als wir das bei der Hellseherin erlebt hatten. Wir hielten uns vier Stunden in dem Geschäft auf, bevor wir mit genug Lesematerial ausgestattet nach Hause fuhren. Zu Hause angekommen, suchten wir uns gleich ein Buch zum Lesen heraus. Obwohl wir beide vorher unabhängig von einander viel gelesen hatten, war es diesmal ein anderes Erlebnis. Wir sogen den Inhalt der Bücher förmlich wie ein Schwamm in uns auf. Der ganze Inhalt kam uns ziemlich bekannt vor. Es war nur, als wäre er das ganze Leben vorher verschüttet gewesen und in Vergessenheit geraten. Wir begannen nun, uns an Dinge, die sich zum Teil in der Kindheit zugetragen hatten, zurückzuerinnern und zu verstehen. Nun bekamen wir auch immer mehr Informationen über die Freimaurerei, magische Rituale, Pendeln, Naturheilverfahren usw. Ein ganz besonderes Interesse entwickelte meine Frau für die Kraft der Edelsteine. Wenn wir auf unseren Erkundungsfahrten irgendwelche schönen Edelsteine sahen, mußte meine Frau sie einfach mitnehmen. Zuhause reinigte sie die Steine dann nach einem bestimmten Ablauf und testete, was sie bewirkten. Sie gab sie verschiedenen Bekannten mit, die irgendeine Krankheit oder ein Problem hatten und wartete, was passieren würde. Die Wirkung war mit unter verblüffend, denn bei einem Großteil der Personen stellte sich eine Besserung ziemlich schnell ein. Ich fing in dieser Zeit an, über die Erfahrungen ein Tagebuch zu führen, um einen genauen Überblick über alles zu haben. Leider waren wir aber zu diesem Zeitpunkt noch so eingestellt, daß man gegen die ganze Ungerechtigkeit, wie es für uns zum damaligen Zeitpunkt aussah, mit allen Mitteln ankämpfen solle. Wir waren der Meinung, man müsse allen Leuten helfen. Wir beachteten dabei nie den freien Willen der einzelnen Person, sondern versuchten sie zum Teil sogar zu missionieren.

Nach drei Wochen war uns der Lesestoff ausgegangen, so daß wir wieder zu diesem Geschäft in Bayern fuhren, um uns neue Bücher, die uns interessierten, mitzunehmen. Wir unterhielten uns dort auch wieder über die Erfahrungen und Erkenntnisse, die wir in der letzten Zeit gemacht hatten. Zu diesem Zeitpunkt überlegten wir auch, ob es sinnvoll sei, unsere Erlebnisse als Buch zu schreiben. Nach einigen Überlegungen kamen wir zu dem Entschluß, daß unsere Geschichte keineswegs interessant genug sei, um sie zu veröffentlichen. Eigentlich wollten wir auch ersteinmal von den Geschehnissen Abstand nehmen. Aus der heutigen Sicht sind wir der Meinung, hätten wir das Buch damals geschrieben, wären zu viele Emotionen, wie Haß auf die Freimaurerei, Missionierungsgedanken usw. darin enthalten gewesen und vor allem fehlte uns noch der Schlüssel zu all dem, was uns passiert war. Denn es stand ja immer noch die unbeantwortete Frage im Raum, warum uns beiden jungen Menschen denn all dies geschah. So beschäftigten wir uns weiter damit, festzustellen, was eigentlich der Schlüssel zu allem war. Wenn wir etwas in einem Buch gelesen hatten, versuchten wir, soweit dies uns möglich war, die Autoren selbst aufzusuchen oder den Inhalt der Bücher durch eigene Nachforschungen auf seinen Wahrheitsgehalt zu prüfen. So war die Palette der Leute, die wir trafen, breit gefächert: Einer hatte beispielsweise einen Ölfilter erfunden, bei dem man beim Fahrzeug keinen Ölwechsel mehr zu machen braucht. Der Filter wurde damals schon in einigen staatlichen Fahrzeugen eingesetzt. Baute man ihn in Privatfahrzeuge ein, weigerten sich die Autohändler, die Inspektion durchzuführen. Ein anderer war an der Entwicklung von Flugscheiben, also fliegenden Untertassen auf deutscher Seite im Zweiten Weltkrieg beteiligt, und wollte uns das durch Bilder belegen. Kurz bevor wir ihn treffen konnten, starb er jedoch.

Wir wurden während unseren Nachforschungen auch mehrmals gewarnt, das zu unterlassen, ansonsten sei es kein Problem, uns irgend ein Strafverfahren anzuhängen. Das könnte zum Beispiel so sein, daß in den Medien eine Entführung mit Lösegelderpressung bekannt gegeben würde, und wir dann vielleicht sogar mit Bild als Täter gesucht würden. Wer würde uns dann noch glauben, auch wenn wir überall erzählen würden, daß wir es niemals waren? Noch schlimmer wäre es, wenn man jemanden öffentlich wegen Kindesmißbrauch beschuldigen würde. Derjenige hätte dadurch in unserer Gesellschaft kaum noch eine Chance. Sie sehen, daß man keinesfalls unbedingt jemanden töten muß, um ihn und sein Leben völlig zu zerstören. Es würden sich auf diese Weise alle Freunde von einem abwenden, da man den Medien in der heutigen Zeit immer mehr Glauben schenkt und alles glaubt, was in den Nachrichten gebracht wird. Man ist durch das Fernsehen ja "live" dabei, wenn irgend etwas geschieht. Doch wie Nachrichten manipuliert werden und damit bestimmte Stimmungen im Volk erzeugt werden, konnte man bei der Berichterstattung vom Golfkrieg sehen. Es wurde damals in den Nachrichten ein Interview von einer verzweifelten Krankenschwester gezeigt, die in einer kuwaitischen Säuglingsstation arbeitete. Sie sagte, daß die irakischen Soldaten das Krankenhaus überfallen, die Säuglinge aus den Brutkästen gerissen, die Brutkästen mitgenommen und die Babys auf dem kalten Fußboden gelassen hatten, bis sie tot waren. Dadurch entstand weltweit ein so starker Haß auf die Iraker, daß es für die USA kein Problem mehr war, ihre Truppen in den Krieg zu schicken, um gegen die Iraker zu kämpfen. Ein paar Jahre nach dem Golfkrieg wurde ein erneuter Bericht im Fernsehen gezeigt, der darüber handelte, wie man Nachrichten manipuliert. Er lief in der ARD und hieß "Hat Kohl Madonna geküßt oder wie man mit Bildern manipulieren kann". Für die Sendung war der Bayrische Rundfunk verantwortlich. Es war ein sehr interessanter Beitrag, in dem unter anderem auch der Bericht mit den Säuglingen und den Brutkästen gezeigt wurde. Dort sagte man, daß es sich bei dieser Nachrichtenmeldung um eine Fälschung der Mächtigen für eine Einmillionen-Dollar-Kampagne handeln würde, um die Leute für den

Krieg zu mobilisieren. Bei der angeblichen Krankenschwester handelte es sich nämlich um die Tochter des kuwaitischen Botschafters in den USA. So viel zu der Wahrheit in unseren Medien.

Da wir mittlerweile soviel erlebt und gesehen hatten, ließen wir uns durch die Drohungen, zu keinem Zeitpunkt, von der Suche nach dem Schlüssel und den Hintergründen zu unserer Geschichte abbringen.

- 14 -

Das folgende Ereignis werde ich ein bißchen ausführlicher schildern, um es leichter verständlich zu machen. Ich möchte damit aufzeigen, wie sich eine Streitsituation entwickeln kann, wenn beide Seiten auf ihrem Recht beharren und werde danach ganz kurz erklären, wie ich aus heutiger Sicht handeln würde.

Eines Tages rief bei meiner Frau ein Rechtsanwalt an, der ein erotisches Gespräch wollte. Im Laufe des Gespräches erzählte er meiner Frau, daß er seelische Probleme habe und total verzweifelt sei. Meine Frau versuchte ihm dann telefonisch, so gut es ging, zu helfen. Nach einem halbstündigem Telefonat schien er sich wieder einigermaßen gefangen zu haben. Zwei Tage später rief er wieder an, da er, wie er sagte, niemand habe, mit dem er sich unterhalten könne, und das letzte Telefonat habe ihm so gut getan. Er bat am Ende des Telefonats, daß meine Frau ihn besuche, da er diesmal nervlich ziemlich am Ende war und am Telefon weinte. Meine Frau hatte ihm nie erzählt, daß sie verheiratet ist. Auf seine Frage hin sagte meine Frau, daß sie ihn später noch einmal anrufen würde. Nachdem sie nun das Telefonat beendet hatte, sprachen wir darüber, ob es sinnvoll sei, ihn zu besuchen. Wir beschlossen, daß wir zusammen zu ihm fahren sollten, da er einen so verzweifelten Eindruck machte. Sie rief ihn also an und teilte ihm mit, daß sie kommen würde. Von meiner Existenz erwähnte sie immer noch keinen Ton. Wir fuhren, es war bestimmt schon gegen zehn Uhr Abends, zu ihm. Dort angekommen, gingen wir zusammen an die Tür und klingelten. Er war ganz überrascht, daß noch jemand außer meiner Frau da stand. Er bat uns anschließend in seine Wohnung. Dort nahmen wir Platz und meine Frau sagte ihm, daß ich ihr Mann sei. Er hätte aber so verzweifelt am Telefon geklungen, daß wir deshalb gleich zu ihm gefahren seien. Sonst war es nie unsere Art, sich mit Telefonkunden zu treffen. Er machte einen ziemlich betrunkenen Eindruck auf uns und entschuldigte sich mehrmals bei mir dafür, daß er mit meiner Frau telefoniert habe. Wenn er von meiner Existenz gewußt hätte, hätte er sie niemals angerufen, meinte er darauf. Er fragte mich, nachdem wir uns kurz unterhalten hatten, ob es mir etwas ausmachen würde, wenn er mit meiner Frau alleine sprechen würde. Ich antwortete darauf, daß es mich keinesfalls stören würde. Ich müßte sowieso noch einmal mit unserem Hund spazieren gehen, der saß nämlich im Auto. Er sagte daraufhin, daß er mir sein Ehrenwort geben würde, sich mit meiner Frau nur zu unterhalten und ich keinerlei Bedenken haben müßte, daß er sonst irgendetwas anderes tut. So verließ ich dann die Wohnung, um mit unserem Hund spazieren zu gehen. Nach einer Stunde kam ich wieder zurück, packte den Hund wieder ins Auto und klingelte an der Tür. Er machte mir die Tür auf und sagte, daß ich hereinkommen solle. Ich ging mit hinein und setzte mich ins Wohnzimmer. Meine Frau meinte, nachdem wir uns noch etwas unterhalten hatten, daß wir jetzt losfahren sollten. Der Rechtsanwalt ging in die Küche und kam dann wieder ins Wohnzimmer zurück, mit einem Scheck in der Hand, ausgefüllt auf eintausend Mark. Er meinte, daß wir diesen bekommen sollten, weil wir zu ihm gekommen wären, da er doch so verzweifelt gewesen sei und sich mit niemandem richtig unterhalten konnte. Doch ich sagte ihm, daß es doch selbstverständlich sei, daß man helfen würde, wenn jemand ein Problem habe. So lehnten wir beide den Scheck ab. Das war für ihn aber völlig unverständlich und anschließend verabschiedeten wir uns und fuhren nach Hause. Er sagte noch, daß er sich in der nächsten Woche melden wolle. Während der Fahrt nach Hause erzählte meine Frau, was noch alles passiert war. Sie meinte, er habe sie gefragt ob sie bereit sei, Aktbilder zu machen. Da meine Frau früher, bevor wir uns kannten, schon öfters als Fotomodel gearbeitet hatte, war es ihr vollkommen egal und so machte er, während ich weg war, Fotos von ihr. Mich störte das ebenfalls kein bisschen, nur was mich störte war, daß er mir sein Ehrenwort gegeben hatte, daß er nur reden möchte und dieses aber gebrochen hatte. Er hätte ja ehrlich sein können. Er dachte vielleicht, daß ich es niemals erfahren würde, doch er wußte ja unmöglich, daß meine Frau und ich uns über jedes Thema total offen unterhalten. Na ja, ich dachte mir, daß er vielleicht zu betrunken war, um noch zu wissen, was er mir sagte und beschloß zu verzichten, ihn darauf anzusprechen, falls wir uns das nächste mal sehen sollten. In der nun folgenden Woche rief eine Frau an, die meine Frau fragte, ob sie ihr erklären könnte, wie das mit der Telefonerotik funktionieren würde, da sie selbst gern Telefonerotik betreiben möchte. Meine Frau sagte, wenn sie möchte, sie sich mit ihr treffen und alles erklären würde. Die andere Frau am Telefon bedankte sich dafür, da sie sonst überall Absagen erhalten hatte. Wegen der Konkurrenz meinte sie. Doch für uns war es egal, denn wenn das klappen soll, was man macht, ist es egal wieviel Konkurrenz da ist. So verabredete sich meine Frau mit ihr für den nächsten Tag, um sich in einer Eisdiele, die bei uns in der Nähe war, zu treffen. Da wir durch die ganzen Erlebnisse vorsichtig geworden waren, ließen wir niemanden in unsere Wohnung, ohne daß wir ihn vorher erst einmal gesehen hatten und für vertrauenswürdig empfanden. Deshalb auch das Treffen in einer Eisdiele. Zur Sicherheit hielt ich mich während des Treffens in der Nähe der beiden auf, um alles zu beobachten. Die Frau erzählte meiner Frau, daß sie Karin heißen würde und es mit Telefonerotik versuchen wollte. Meine Frau erzählte ihr daraufhin, wie das Ablaufen würde und was sie beachten müßte. Als sie damit fertig war, erzählte sie ihr auch noch, daß sie einen Freund habe, der sie gleich abholen wolle. Ich ging, nachdem ich das vereinbarte Handzeichen gesehen hatte, zu dem Tisch an dem sie saßen und stellte mich als Freund meiner Frau vor. Sie brauchte ja keineswegs zu wissen, daß wir verheiratet waren. Wir redeten am Tisch noch über alle möglichen Dinge und so erzählte sie uns Karin, daß sie schon im Begleitservicebereich gearbeitet habe, aber von Telefonerotik keine Ahnung hätte. Sie fragte uns, ob es möglich sei, es sich bei uns einmal anzuschauen, worauf meine Frau, da wir in Karin keine Gefahr für uns sahen, sagte, wenn sie möchte und Zeit habe, solle sie kurz vorher anrufen. Anschließend verabschiedeten wir uns von ihr und gingen wieder nach Hause. An diesem Tag rief auch noch der Rechtsanwalt an, um uns für Freitagabend zum Essen einzuladen. Bis auf dieses Essen war die Woche sehr ruhig und ohne irgendwelche besonderen Geschehnisse vorübergegangen. So wurde es also Freitagabend und wir fuhren mit dem Rechtsanwalt in ein Nobelrestaurant zum Essen. Hierbei erzählte er uns einige Dinge aus seinem Privatleben. Er sagte uns unter anderem auch, daß die meisten Fälle vor Gericht abgesprochen wären und dort praktisch nur noch ein Scheinprozeß um die Kleinigkeiten stattfinden würde. Solche Besprechungen liefen manchmal einen Tag vor dem Prozeß ab. Man gehe dann abends gemütlich Essen und verhandele dabei über den Ausgang des Falles. Das konnte ich mir vorstellen, ist vielleicht auch ein Grund, warum man vor Gericht, außer beim Amtsgericht, immer einen Rechtsanwalt braucht und sich nie selbst verteidigen darf. Denn dürfte man sich selbst verteidigen, wäre eine Absprache vorher unmöglich und das ist natürlich keinesfalls gewollt. Der Rechtsanwalt fragte mich beim Essen auch noch, ob ich, da ich Programmierer gelernt habe und mich sehr gut mit Software auskennen würde, Lust hätte, mich um die Einarbeitung seiner Mitarbeiter zu kümmern. Er habe sich von seinem Kollegen getrennt und wolle neue Mitarbeiter einstellen. Ich sagte, wenn es soweit wäre, er es mir sagen solle und ich dann zu ihm in die Kanzlei käme. Er antwortete daraufhin, daß er mich selbstverständlich dafür bezahlen würde. Meine Frau fragte er, ob sie eine Freundin habe oder jemanden wisse, die ihn auf seine Ägyptenreise begleiten würde. Er fügte noch hinzu, es ginge rein darum, ihm Gesellschaft zu leisten und um Gotteswillen niemals um Sex. Meine Frau meinte, daß sie sich einmal umhören würde. Nachdem das Essen beendet war, fuhr ich ihn dann in seinem Auto nach Hause, da er schon wieder sehr betrunken war. Anschließend fuhren meine Frau und ich ebenfalls nach Hause.

Ein paar Tage später meldete sich Karin und fragte, ob sie vorbeikommen könne. Da wir keinen anderen Termin und deshalb Zeit hatten, stimmten wir zu. Etwa eine Stunde später war sie dann da. Wir öffneten die Tür und ließen sie in unsere Einzimmerwohnung. Wir boten ihr einen Platz auf dem Sofa an und setzten uns hin. Meine Frau fing gerade an, sie zu fragen, ob sie vielleicht den Rechtsanwalt mit nach Ägypten begleiten wolle, als das Telefon klingelte. Wir mußten nun ruhig sein, da der Anrufer ja der Meinung war, meine Frau sei alleine. Als meine Frau das Gespräch beendet hatte, meinte Karin, so hätte sie sich das niemals vorgestellt und sie müsse sich das, so glaubte sie, noch einmal überlegen. An der Urlaubsbegleitung des Rechtsanwaltes habe sie schon eher Interesse, da sie so etwas durch den Begleitservice schon kennen würde. Sie sagte, daß wir ja dem Anwalt einmal ihre Telefonnummer geben könnten. Danach verabschiedete sie sich von uns. Meine Frau rief gleich darauf den Rechtsanwalt an, um ihm von Karin zu erzählen. Er sagte in diesem Gespräch zu meiner Frau, daß er ein anständiges und vernünftiges Auto für uns habe. Er fügte noch hinzu, daß man sich mit unserem Auto (ein Golf) ja nirgendwo sehen lassen könne. Er meinte das darauf bezogen, weil wir zu diesem Zeitpunkt ein Haus gesucht hatten, da uns die Einzimmerwohnung auf Dauer zu klein geworden war. Wir mußten auch die Erfahrung machen, daß man, wenn man mit einem kleinen oder mittleren Auto zum Maklertermin erschienen ist, wie der letzte Dreck behandelt wurde. Er bot uns seinen alten 280 S-Klasse Mercedes Baujahr 1980 an. Der zwar schon über zweihunderttausend Kilometer gelaufen hatte, aber laut seiner Aussage noch Top in Ordnung sei. Meine Frau sagte, daß wir uns solch ein Auto doch niemals leisten könnten, woraufhin er antwortete, daß das kein Problem sei und er uns einen absoluten Freundschaftspreis machen würde. Normal sagte er, wolle er für das Auto noch neuntausend Mark haben, aber bei uns würde er einen Sonderpreis von sechstausend Mark machen. Daraufhin sagte meine Frau, daß wir uns auch das zur Zeit unmöglich leisten könnten, was er wiederum konterte, indem er uns erklärte, daß wir schon einen Weg finden würden, es zu verrechnen. Wenn wir etwas Geld hätten, könnten wir soviel bezahlen, wie wir gerade hätten. Wir sagten ihm, daß wir uns am nächsten Tag melden würden, denn wir müßten jetzt erst einmal darüber nachdenken. Er fragte mich noch, ob ich in der nächsten Woche Zeit hätte, um mich in sein Rechtsanwaltprogramm einzuarbeiten, damit ich anschließend ihn und seine Angestellten am Computer schulen könne. Falls wir uns für das Auto entscheiden würden, könnte man meinen Arbeitslohn schon auf den Kaufpreis des Autos anrechnen. Wir verblieben so, daß wir uns am nächsten Tag bei ihm melden würden und beendeten das Gespräch. Nach einem längeren Gespräch entschlossen wir uns, das Auto zu nehmen, was wir ihm am nächsten Tag dann in dem versprochenen Telefonat mitteilten. Wir verblieben so mit ihm, daß, wenn ich zur Schulung bei ihm mit dem Zug hinfahren würde und mit dem Wagen heim. Dann sollten wir die Ummeldung des Wagens vornehmen. Für die folgende Woche, so erzählte er uns, habe er sich mit Karin verabredet.

So fuhr ich also, wie mit ihm vereinbart, mit dem Zug zu ihm in die Kanzlei. Ich brachte ihm noch ein Geschenk mit, es war ein Edelstein, der ihm auf seiner Ägyptenreise Glück bringen sollte. An diesem Tag war auch eine Frau der Softwarehersteller - Firma anwesend, die mich in das Programm tiefgehend einwies und alles zeigte, was ich wissen mußte, um die Pflege der Software zu übernehmen. Am Abend, nachdem die Schulung beendet war, gab mir der Rechtsanwalt die Schlüssel für den Wagen und die kompletten Fahrzeugpapiere und sagte: "So, jetzt gehört der Wagen euch." Ich fuhr anschließend mit dem Wagen nach Hause, wo wir ihn uns zusammen eingehend begutachteten. Er gefiel uns an sich sehr gut. Das einzige, was uns bei einem so großen Wagen fehlte, war, daß er keine Klimaanlage und Lederausstattung hatte. Wir dachten, daß das bei solch einem Preis wohl auch ein bißchen zuviel verlangt gewesen wäre. Das soll keinesfalls den Eindruck erwecken, daß wir unverschämt waren oder sind. Wir waren nur der Meinung, da er uns sagte, daß der Wagen komplett mit allem ausgestattet sei, was es zu der Zeit gab, und diese Dinge enthalten sein sollten. Sie wissen ja vielleicht selbst, wie das ist, wenn man sich vorher, ohne etwas gesehen zu haben, ein Bild von einer Sache im Kopf macht und sie nachher ganz anders aussieht. Man muß schon erst einmal umdenken, damit man voll und ganz zufrieden ist. So ging es uns in diesem Fall eben auch. Später erfuhren wir auch, daß der Preis, den der Rechtsanwalt dafür noch haben wollte, ohne diese Ausstattung, viel zu hoch war.

Am nächsten Tag rief er wieder bei uns an und sagte, daß er in Bezug auf das Treffen mit Karin und seiner bevorstehenden Urlaubsreise schon ganz nervös sei. Dann hörten wir erst wieder einen Tag nach seinem Treffen mit Karin was von ihm. An diesem Tag klingelte schon sehr frühmorgens das Telefon und er war dran und schimpfte aufs Übelste über Karin. Sie wäre eine typische "Ossi Tante", er hätte ihr für ein Taxi Geld angeboten und zu ihr gesagt, daß sie den Rest behalten könne und sie sich das Geld doch tatsächlich eingesteckt habe, so raffgierig wie sie sei. Das sei ja wohl eine bodenlose Frechheit und mit ihr wolle er nie mehr was zu tun haben. Das sollte meine Frau, wenn es ginge, Karin noch an diesem Morgen ausrichten, da er jetzt noch weg müsse und keine Zeit hätte, ihr das zu sagen. Meine Frau meinte nur, daß sie sich da niemals einmischen möchte und falls Karin bei uns anrufen würde, sie ihr ausrichten könne, daß sie bei ihm anrufen solle. Es dauerte dann nur eine kurze Zeit und Karin rief bei uns an, um uns von diesem Treffen zu erzählen. Sie sagte, daß dieser Mann verrückt sei, sie uns die ganze Geschichte aber persönlich erzählen müsse und verabredete sich mit uns für das nächste Wochenende. Meine Frau erzählte ihr noch, daß sie sich mit dem Anwalt in Verbindung setzen solle. Sie antwortete daraufhin, daß sie das schon versucht habe, aber als er gemerkt habe, wer am Telefon sei, habe er einfach aufgelegt.

In der kommenden Woche verlief alles ruhig, bis sich der Rechtsanwalt einmal, ich glaube es war so gegen halb eins nachts, total betrunken bei uns meldete und sich darüber beschwerte, daß er gerade vor ein paar Minuten eine Bewerberin für einen Ausbildungsplatz zum Vorstellungsgespräch zu sich bestellt habe und diese die Unverschämtheit besessen hätte, sich von ihrem Vater bringen zu lassen. Er habe deshalb gleich das Vorstellungsgespräch abgebrochen und zu ihr gesagt, sie solle sich woanders bewerben, wenn sie solche Zicken machen würde. Meine Frau beendete ganz schnell das Gespräch mit ihm, da er so betrunken war, das ein vernünftiges Gespräch unmöglich war. So blieb für diese Woche nur noch als erwähnenswertes Ereignis der Besuch von Karin. Sie erzählte uns, was bei dem Treffen mit dem Rechtsanwalt vorgefallen war und daß er über uns hergezogen und übel über uns geredet hätte. Weiterhin sagte sie, daß er wieder einmal betrunken gewesen sei und versucht habe, sie sexuell zu belästigen. Sie meinte daraufhin zu uns, daß er ihrer Meinung nach reif für die Nervenklinik sei. Das für uns Interessante aber war, daß sie uns an diesem Tag erzählte, was sie damals in der DDR erlebt hatte. Sie sei in der ehemaligen DDR von der Stasi ausgebildet worden, um als Prostituierte zu arbeiten, um so die Leute auszuhorchen. Sie störte das damals keinesfalls, da sie sich dadurch alles leisten konnte, was die Menschen im Westen auch hatten. Doch durch diese Ausbildung wurde sie zu einem menschlichen "Roboter". Sie führte nur genau das aus, was sie gesagt bekam und das zu einhundert Prozent ohne jegliche Art von Kompromiß - ein Scheitern gab es für sie nie. In diesem Fall sei sie auch zu uns geschickt worden, könne aber niemals das ausführen, womit sie beauftragt worden ist, weil sie zum ersten Mal merken würde, was Freundschaft bedeutet und sie uns mehr als nur sehr sympathisch empfand. Sie verabschiedete sich und wir haben bis zum heutigen Zeitpunkt nie mehr etwas von ihr gehört. Unter der Telefonnummer, die wir von ihr bekommen haben und wo wir einmal versucht hatten, sie zu erreichen, meldete sich nur eine männliche Stimme, die zu uns sagte: "Karin geht es gut und versucht nie mehr mit ihr Kontakt aufzunehmen."

Der Rechtsanwalt war in der Zwischenzeit in den Urlaub gefahren, von wo er uns anrief und uns mitteilte, daß er das Auto wiederhaben möchte. Er war zu diesem Zeitpunkt schon wieder betrunken. Wir sagten, daß er sich bei uns melden solle, sobald er wieder in Deutschland sei, da ein vernünftiges Gespräch mit ihm in diesem Zustand unmöglich wäre.

Inzwischen machten wir schon wieder unseren, bald zur Tradition gewordenen, Besuch in dem esoterischen Buchgeschäft in Bayern, um uns wieder mit neuem Lesestoff auszustatten und zu unterhalten, beziehungsweise Neuigkeiten auszutauschen. Sonst verlief aber alles sehr ruhig. Es gibt erst wieder ab dem Zeitpunkt etwas zu berichten, als der Rechtsanwalt aus seinem Urlaub zurückkehrte und uns eine Woche später anrief. Er teilte uns mit, daß sein Kollege, der drei Monate vorher seine Kanzlei verlassen hatte, versuchen würde, ihm die Kundschaft abzuwerben, und er aus diesem Grund im Moment auch sehr wenig Geld habe. Daher müsse er das Geld für das Auto sofort bekommen oder das Auto wieder zurück haben. Meine Frau fragte ihn, wie er es sich denn vorstelle, die mit uns entstandenen Kosten zu regeln, die für die Ummeldung und so weiter entstanden wären. Er antwortete, daß das unser Problem sei und wir nun sehen sollten, wo wir das Geld herbekommen würden, um das Auto zu bezahlen. Daraufhin erwiderte ich ihm, daß er jetzt schon mehrmals sein Wort, welches er uns gegeben hatte, gebrochen hätte. Sollte er aber wirklich so wenig

Geld haben, wir ihm jederzeit helfen und ihn unterstützen würden. Ich sagte ihm auch noch, daß wir viele Leute kennen würden, die einen Anwalt suchten und wir sie zu ihm schicken könnten, damit er wieder mehr Klienten bekäme. Doch er wurde am Telefon immer verärgerter und begann herumzupöbeln. So beendeten wir das Gespräch. Um nun sicher zu gehen, ob es ihm wirklich so schlecht gehe, wie er sagte, schickten wir ihm einen Bekannten, der selbständig war und einen Rechtsanwalt für sich suchte, als Kunden zu ihm. Zu ihm sagte der Anwalt, daß er genug Stammkunden hätte und keine neuen Kunden mehr brauche und schickte ihn wieder fort. Als wir das von unserem Bekannten erfuhren, wußten wir, daß der Rechtsanwalt uns nur ausgenutzt hatte oder uns beobachten wollte. Zumindest ist meine Frau noch bis zum heutigen Tag dieser Meinung. Wir beschlossen nun, den PKW zu behalten und seine offenen Rechnungen, die er bei uns hatte, gegenzurechnen. Denn, nachdem wir uns bei einem Gutachter erkundigt hatten, was das Auto noch Wert sei, sagte man uns, daß man für den Mercedes nur noch zweitausend Mark bekommen könne. Das war auch genau die Summe, die der Anwalt durch die Telefonerotik und die Dienstleistungen meinerseits, bei uns noch offen hatte. Er hatte damals gesagt, wir könnten den Kaufpreis nach und nach verrechnen. Doch von dem Anwalt kam ein gerichtlicher Mahnbescheid über die Summe von sechstausend Mark. Natürlich legte ich sofort Widerspruch gegen den Mahnbescheid ein, worauf der Anwalt die Klage einreichte. In der Zwischenzeit hatte der Anwalt bei dem Auto gewaltsam die Scheibe der Fahrertür geöffnet und uns einen Zettel reingelegt, daß er, falls wir das Auto niemals bezahlten, es sich einfach holen und uns wegen Betrug anzeigen würde. Er ist auch zu meinen Eltern gefahren, um ihnen zu berichten, daß wir ihn betrogen hätten und sie einmal ein ernstes Wort mit uns reden sollten. Er sagte ihnen noch, daß ich so nett sei, und alles nur von meiner Frau kommen könne. Meine Eltern sagten, daß er sofort das Grundstück zu verlassen habe und sie nie mehr belästigen solle. Mit dieser ganzen Angelegenheit hätten sie niemals zu tun und er müsse sich schon selbst darum kümmern. Meine Frau und ich beschlossen daraufhin, das Auto zu verkaufen, da es uns im Unterhalt auch viel zu teuer wurde. Wir bekamen es auch relativ schnell für zweitausend Mark los. Um die Klage, die mittlerweile eingereicht war, kümmerte sich eine Rechtsanwältin, die wir beauftragt hatten. Die Anwältin schrieb nun als Antwort auf die Klage, daß wir keinesfalls bereit seien, die Summe zu bezahlen, da kein Kaufvertrag vorliegen würde und wir ihm freundschaftshalber anbieten, seine Forderung mit den offenen Rechnungen, die er noch bei uns hat, zu verrechnen. Der Schriftwechsel, der nun folgte, kürze ich jetzt etwas ab. Es ging schließlich so aus, daß wir uns auf einen Vergleich einigten. Er sah so aus: Wir zahlten dem Rechtsanwalt eine monatliche Rate von fünfhundert Mark, bis die Vergleichssumme von dreitausend Mark bezahlt war.

An dieser Geschichte kann man schön das Prinzip der Naturgesetze erkennen. Hätten wir zum Beispiel einfach das Auto zurückgegeben, uns war ja zu diesem Zeitpunkt noch kein großer Schaden entstanden, wäre die Sache für uns ganz einfach im Sande verlaufen. Doch wir waren der Meinung, daß wir uns bei dem Rechtsanwalt für seine Lügen ‚rächen‘ müßten, und dafür, daß er uns betrogen und ausgenutzt hat. So steckten wir all unsere Energie hinein, um gegen ihn zu kämpfen. Wir standen somit mit ihm in Resonanz. Der nächste Punkt, der hier zur Geltung kommt, ist das Gesetz von Ursache und Wirkung. Alles, was man aussendet, kommt wieder zu einem zurück. In diesem Fall hatten wir kein Verzeihen und keine Liebe an den Rechtsanwalt ausgesandt, sondern nur "Dem werde ich es aber geben"- Gefühle oder "Wie du mir, so ich dir". Also konnte auf uns keine Liebe oder verzeihende Energien zurückkommen, sondern ebenfalls wieder nur Rachegelüste. Denn, wie man in den Wald hereinruft, so schallt es auch heraus. Wir erkannten also, daß im Prinzip alles ganz einfach ist, wenn man sich an die Naturgesetze hält und diese bewußt befolgt. Es war in dieser Sache aber auch unser freier Wille, so zu entscheiden, wie wir damals handelten. Und wer hatte nun im Prinzip die "Schuld" an der ganzen Sache, der Rechtsanwalt oder wir? Natürlich wir, aber was machen die meisten in solchen Fällen? Sie handeln genauso, wie wir gehandelt haben und würden nun auch noch erzählen, was der böse Rechtsanwalt ihnen alles angetan hat. Dabei war er nur ein "Lehrer" für uns und dafür zuständig, uns diese Lektion zu lehren. Natürlich tat er es völlig unbewußt, doch für meine Frau und mich wurde uns dieser Mann mit seinem Verhalten wie ein Spiegel vorgehalten, um uns zu zeigen, wie wir selber sind. Nun ist ein Nachgeben nach meiner Meinung keinesfalls ein Zeichen von Feigheit oder Schwäche, sondern, zum richtigen Zeitpunkt, ein Zeichen von Weisheit und Erfahrung.

- 15 -

So, nun aber wieder zurück zu der eigentlichen Geschichte. Was geschah denn sonst eigentlich noch alles? Hier wäre zum Beispiel noch, daß eine große Weltfirma, ich nenne sie hier Blank-Blerox, uns schrieb, daß sie ihr Leasing-Gerät niemals bekommen hätte. Das erschien uns wenig glaubhaft, da alle anderen Firmen ihre Leasing-Geräte von Thorsten bekommen hatten. Es kam dann nach einer Woche die Forderung, die komplette Summe des Gerätes an diese Firma zu zahlen, ansonsten würde Klage eingereicht werden. Ich schrieb sofort an diese Firma, daß ich mir unmöglich vorstellen könne, warum sie das Leasing-Gerät nie erhalten hätten. Doch teilte ich ihnen nochmals die letzte mir bekannte Adresse von Thorsten mit. Darauf bekam ich zur Anwort, daß sie uns schon einmal über unseren damaligen Rechtsanwalt gleich nach unserer "Flucht" mitgeteilt hatten, daß es die Anschrift von Thorsten niemals geben würde. Das war schon etwas merkwürdig, da alle anderen Firmen ihre Sachen doch dort abholen konnten, sofern sie noch in unserem Besitz waren. Nun, als Antwort auf mein Schreiben, erhielt meine Frau von Blank-Blerox eine Ladung vor Gericht. Ich rief daraufhin bei dem zuständigen Landgericht an und fragte, ob es möglich sei, in diesem Fall selbst Widerspruch einzulegen. Doch der Richter sagte mir, daß das vor dem Landgericht unmöglich sei und ich mit meiner Verschwörungstheorie aufhören solle. Diese Äußerung verwunderte mich doch sehr, da ich nie etwas dergleichen erwähnt hatte. Da der Richter danach, ohne daß ich antworten konnte, auflegte, beschloß ich, mich an seinen Vorgesetzten zu wenden und der gab mir den Rat, mich schriftlich zu beschweren. Anschließend legte ich vor Gericht Beschwerde wegen Befangenheit des Richters ein, die später aber abgelehnt wurde. Jetzt mußten wir uns in diesem Fall doch einen Anwalt suchen. Da das Gericht achtzig Kilometer von unserem Wohnort entfernt war, habe ich mich an einen Anwaltsuchdienst gewandt und fand nach dem dritten Versuch einen, der mir zusagte und zu dem wir kommen konnten. Wir suchten ihn auch gleich auf. Gleich zu Beginn erzählten wir, daß wir nur eine Beratung von ihm wollten und handelten so vorab einen für uns annehmbaren Betrag mit ihm aus. Ich erzählte ihm anschließend die Geschichte mit Blank-Blerox und dem Vorfall mit dem Richter. Er war ebenfalls der Meinung, daß es unglaubwürdig sei, daß die Firma ihr Leasing-Gerät nie erhalten habe. Zu dem Vorfall mit dem Richter sagte er, daß es stimmen würde, daß die meisten Fälle vor Gericht abgesprochen seien. Er selbst habe große Probleme damit, wenn es um Fälle der Scientology gehe. Er bekäme dann schon vorher gesagt, wie der Prozeß ablaufen soll, daß diese den Fall gewinnen. Nur ab und zu soll mal ein Fall verloren werden, damit es niemals auffällt. So ein Fall wird dann publik gemacht. Es soll dann für die Öffentlichkeit so aussehen, als würde der Staat etwas gegen die Scientologen unternehmen. Hierzu paßt auch, was einmal ein Kommissar von einer Soko speziell über die Church of Scientology sagte: "Wenn sie jemanden von den Scientologen auf die Schliche kommen und bei einer Straftat festnehmen, wird er fast immer bei der Gerichtsverhandlung freigesprochen." Das ganze war ihm bisher immer ein Rätsel gewesen, aber seit der Zeit, als er erfahren hat, daß die Scientologen mittlerweile eine Verbindung zu den Freimaurern haben, sei ihm nun alles klar.

Der Anwalt hat uns in unserem Fall geraten, da man offensichtlich versuchen würde, uns durch die ganze Geschichte eins auszuwischen, einfach nie darauf zu reagieren, und meine Frau solle ihren Wohnsitz in Deutschland abmelden. So sei es unmöglich, das Urteil zuzustellen, beziehungsweise zu vollstrecken, da die Wohnung auf meinen Namen laufen würde und ich mit der Firma nie etwas zu tun habe. Es könnte zwar passieren, daß Blank-Blerox einen Privatdetektiv engagieren würde, um nach dem Verbleib meiner Frau zu forschen, aber das sei in diesem Fall unwahrscheinlich, da es gerade einmal um die Summe von zehntausend Mark gehen würde. Das sei aber längst durch Versicherungen und Abschreibungen bezahlt. Sollte Blank-Blerox das Gerät nun wirklich niemals erhalten haben, so hätten sie doch den ihnen entstandenen Schaden schon längst, durch eine Versicherung, entschädigt bekommen.

Wir haben auch bis heute, was nun mehr als ein Jahr her ist, nie mehr was von diesem Fall gehört.

Inzwischen gab es bei uns auch noch eine Hausdurchsuchung, deren eigentlichen Anlaß mir bis zum heutigen Tag völlig unbekannt ist. Das einzige, was von den Kripobeamten dabei mitgenommen wurde, waren ein paar Blöcke mit handschriftlichen Aufzeichnungen über unsere Telefonerotik. Nachdem ich aber bei dem zuständigen Staatsanwalt gleich nach der Durchsuchung angerufen und mit ihm über Freimaurer gesprochen hatte, bekam ich innerhalb dreier Tage die Unterlagen wieder zurück, mit der Begründung, daß das Verfahren eingestellt worden sei.

- 16 -

In der Woche, in der das mit der Hausdurchsuchung war, sah ich im Fernsehen eine der vielen Nachmittags - Talkshows, es war, so glaube ich, "Bärbel Schäfer", in der es um Ernährung ging. Es waren dort unter anderem auch Vegetarier und Vageren. Als sie erzählten, daß sie kein Fleisch und die anderen überhaupt keine tierischen Produkte essen würden, sagte ich zu meiner Frau, daß diese Leute ja verrückt sein müssen. Denn es war für mich in meiner größten Mc Donalds-Suchtphase, in der meine Frau auch war, unvorstellbar, auf Fleisch, Milch oder sogar Käse zu verzichten. Doch als ich am nächsten Morgen aufwachte, konnte ich plötzlich kein Fleisch mehr essen. Allein schon bei dem Gedanken wurde mir schlecht. Sie meinte, daß es ihr genauso gehen würde, und so stellten wir unsere Ernährung auf vegetarisch um. Nach einiger Zeit merkten wir dann auch, daß wir uns viel besser fühlten.

Es war nun an der Zeit, wieder einmal in den esoterischen Buchladen nach Bayern zu fahren. Und womöglich inspiriert durch unseren Aufenthalt dort, faßten wir auf der Heimfahrt den Entschluß, eine Reise rund um die Welt zu machen. Wir wollten uns alles in Ruhe ansehen und uns dabei kein Zeitlimit setzen, ob wir nun ein Jahr unterwegs waren oder sogar fünfzehn. Wen würde es schon stören? Wir machten eine genaue Aufstellung, was wir alles benötigen würden. Als Fortbewegungsmittel wollten wir zuerst ein Fahrrad benutzen, aber dieses schied aus, weil es Probleme mit dem Transport des Hundes und der Ausrüstung gegeben hätte. So kamen wir zu dem Entschluß, eine Kutsche zu nehmen. Hier stellte sich aber die Frage, welche Belastung die Pferde aushalten konnten, ohne sich zu quälen. Und wie sah das mit deren freien Willen aus oder zählt der bei Tieren nie? Wir kamen zu der Überzeugung, daß alles in der Natur seinen "freien Willen" hat, also auch die Tiere. So stellte sich die Sache mit der Kutsche auch keineswegs als optimale Lösung heraus. Schließlich entschlossen wir uns, einen alten Landrover zu nehmen und diesen etwas umzubauen, damit sich der Verbrauch in Grenzen halten und der Motor relativ wartungsfrei arbeiten würde. Solch eine Möglichkeit wäre zum Beispiel gewesen, ihn mit einem Ölfilter auszustatten, bei dem kein Ölwechsel mehr gemacht werden muß, und dadurch, daß hier das Öl feinstgefiltert wird, auch eine Langlebigkeit des Motors und der Verschleißteile erreicht werden kann.

Für unsere ärztliche Versorgung hatten wir uns in der Zwischenzeit mit einigen Naturheilverfahren beschäftigt, wie Steinheilkunde, Akupressur, Bachblüten usw. Mit der Ernährung waren wir soweit, daß wir auch fast keinerlei Milchprodukte mehr gegessen hatten, außer Schafs- und Ziegenkäse. Für das Trinkwasser hatten wir uns mittlerweile von einem Expeditionsausstatter Filter besorgt, mit denen wir Schwebstoffe und Bakterien aus dem Wasser filtern konnten, um es dann später über einen Granderfilter wieder aufzubereiten. Der Expeditionsausstatter besorgte uns dann weitere Sachen wie Schlafsäcke, Zelt, Zargesboxen usw. Nach einem halben Jahr hatten wir eine komplette Expeditionsausrüstung zusammen und über das Geld, das wir unterwegs brauchten, machten wir uns keine Gedanken, da wir bereit gewesen wären, unterwegs zu arbeiten oder selbstgebastelte Dinge zu tauschen oder zu verkaufen. Zur Sicherheit wollten wir aber noch einen bestimmten Betrag in Gold mitnehmen. Um alles zu testen, unternahmen wir erst einmal eine kurze Reise durch Frankreich, Italien und der Schweiz, worauf ich gleich noch einmal zurückkommen möchte. Erst erzähle ich ihnen aber noch, was sonst noch passierte.

- 17 -

Es sind hier vielleicht drei Dinge interessant: Zum einen war es, das wir wieder Kontakt zu den Eltern meiner Frau bekamen, zum zweiten, daß meine Frau auf einmal anfing, die Aura anderer Menschen zu sehen und zum dritten, daß wir uns für ein "Flower of Life"-Seminar anmeldeten. So, jetzt aber erst einmal der Reihe nach.

Der Kontakt zu meinen Schwiegereltern kam nach unserer Flucht aus Norddeutschland wieder zustande. Es gab nur noch einmal eine kurze Begegnung, damals, als wir für kurze Zeit auf dem Bauernhof, auf dem wir unser Pferd stehen hatten, arbeiteten. Dieses Treffen endete in einem Streit und seitdem hörten wir lange Zeit keinen Ton mehr von ihnen. Bis eines Tages meine Frau meinte, daß sie das Gefühl hatte, sie müßte ihre Eltern wieder einmal anrufen. So rief sie bei ihren Eltern an, die darauf sehr freundlich reagierten. Sie erzählten uns, daß das Haus, das wir dort oben bewohnt hatten und sogar ihr eigenes immer noch beobachtet würden. Als nächstes berichteten sie uns, daß unsere ehemalige Steuerberaterin spurlos verschwunden sei. Außerdem berichteten sie, daß Gerd ein zweites Geschäft aufgemacht habe und ihn unser ehemaliger Subunternehmer unterstützen würde. Gerd habe sich trotz eines Mahnverfahrens, das wir gegen ihn eingeleitet hatten, ein BMW-Cabrio gekauft. Das wunderte uns, denn nach Auskunft unseres Rechtsanwalts war eine Vollstreckung bei ihm unmöglich, da er keinen Besitz habe. Nun eröffnete er einen zweiten Laden. Es störte uns zu diesem Zeitpunkt aber kaum mehr, denn was soll man Dingen in der Vergangenheit nachlaufen. Die Gegenwart ist das Eigentliche in unserem Leben das wirklich zählt und in der sollte man leben. Weiter erzählten meine Schwiegereltern, daß ein Besitzer mehrerer Hotels und selbst Freimaurer, ebenfalls spurlos verschwunden sei und das Frau Jessen, die erste Vorsitzende des Gewerbevereins, hieraus ausgeschlossen wurde, weil sie den Verein um eine größere Geldsumme betrogen habe. Der Schwiegervater sagte noch, daß er zur Zeit aufgrund einer Krankheit arbeitsunfähig sei. Er habe Osteoporose und starke Ausschläge am ganzen Körper. Er würde deshalb im nächsten Monat zur Kur fahren. Da dies in der Nähe von uns war, beschlossen wir, ihn einmal zu besuchen.

Das zweite wichtigere Ereignis war, daß meine Frau auf einmal anfing, die Aura eines Menschen, also sein Energiefeld, zu sehen. Das geschah folgendermaßen: Wir lasen wieder einmal in den Büchern, die wir aus der esoterischen Buchhandlung in Bayern mitgebracht hatten, als meine Frau zu mir sagte: "Schau mal, das ist ja interessant. In dem Buch steht, wie man lernen kann, die Aura eines Menschen zu sehen". Das war für sie ganz wichtig, denn sie glaubt nur das, was sie selbst auch wirklich gesehen oder erlebt hat. So beschloß sie, das in dem Buch Gelesene auch gleich auszuprobieren. Es stand dort, daß man sich bei etwas gedämpftem Licht zirka drei Meter vor eine Person, die in weiße Kleidung gehüllt ist und vor einer weißen Wand postiert ist, stellen soll, um am Anfang so die besten Ergebnisse zu erzielen. Meine Frau sagte zu mir, daß ich mir als Testperson ein weißes Badelaken umhängen und mich vor die weiße Wand stellen sollte. Sie stellte sich an die Wand, die gegenüber von mir war und schaute auf mich, doch konnte kein gewünschtes Ergebnis erzielen. Ich sagte: "Laß es uns doch einmal umgekehrt versuchen." Darauf stellte sich meine Frau vor die Wand und ich stand ihr gegenüber. Als ich versuchte, etwas zu sehen, fingen die Augen meiner Frau an zu leuchten und sie sagte ganz laut: "Oh, ist das, toll ich kann einen goldenen Lichtschein um dich herum sehen." Am Kopf würde dies aussehen wie ein Heiligenschein. Sie war der Meinung, daß es nun deshalb geklappt hatte, da sie aufgehört hatte völlig verkrampft zu versuchen irgend etwas zusehen, sondern einfach frei und ungezwungen auf mich blickte. Das kann man mit einem verträumten Blick vergleichen, den man in einer langweiligen Schulstunde manchmal hat und dann einfach an die Decke oder in die Ferne blickt. Mitunter hat der Lehrer dann, wenn er es gemerkt hat, zu einem gesagt. "Na, schaust wohl in die nächste Woche?" Genau das ist auch der Blick, wenn man die Aura sehen möchte. Meine Frau kann das mittlerweile so gut, daß sie außer den ganzen Farben, auch Bilder oder Wesenheiten sieht, die einen umgeben. Sie kann dies überall und es funktioniert sogar bei Leuten, die sie im Fernsehen sieht. Das mit der Wand und dem weißen Tuch ist nur für den Anfang gedacht, um ein Gefühl dafür zu bekommen. Doch als sie damit begann, meinte sie, daß ihr noch völlig unbewußt gewesen sei, was man alles sehen könne.

Sie fügte noch hinzu, daß sie trotz allem was sie sieht, noch mal auf ihre eigene innere Stimme hört, ob da keine Täuschung vorläge. Als ihr dann ein sehr guter Bekannter und Freund von uns erklärt hat, wie man noch weiter kommen kann und sie es auch gleich probiert hat, war sie sehr fasziniert. Ich nenne ihnen hier nur ein paar Beispiele des Möglichen: Als sie einmal zu einer Bekannten wollte und bei ihr die Treppe im Hausflur hinaufging, sah sie auf einmal überall auf den Treppenstufen zirka fünfzehn Zentimeter große blaue Kugeln, die bei der Bekannten aus der Wohnung kamen. Sie stellte dann beim hinaufgehen fest, daß es sich dabei um Gedanken handelte. Doch sie wollte das noch überprüfen und fragte deshalb ihre Bekannte, was sie gerade in dem Moment und kurz zuvor getan hatte. Diese sagte zu ihr: "Ach weißt du, ich habe im Moment ein Problem und denke schon die ganze Zeit ganz stark darüber nach".

Wir wollten aber trotzdem noch einmal eine Bestätigung und machten einen weiteren Test. Meine Frau sollte sich meine Aura einmal genau anschauen und nach einer kurzen Zeit sagte sie, daß die Kugeln nun auch bei mir aufstiegen und genau in diesem Moment hatte ich angefangen, über etwas intensiv nachzudenken. Es ist meiner Frau dann auch bei anderen Leuten im ganz normalen Alltag aufgefallen, und da wußten wir, daß man tatsächlich Gedanken sehen kann.

Ich selbst kann bis jetzt nur den Pranakörper sehen, das ist das, was die meisten aus der Kirlianfotografie kennen und nach meiner Meinung fälschlicherweise als Aura bezeichnen, denn dieses ist nur ein Teil davon. Ab und zu sehe ich auch Farben, aber auch bei mir merke ich, daß diese Fähigkeit immer besser wird. Es ist, wie ich eben schon erwähnt habe, wenn man es erst einmal kann, auch nie mehr nötig, vor einer weißen Wand zu stehen. Es funktioniert dann überall, sobald man seinen Blick umgestellt hat, und ich bin übrigens der Meinung, daß es jeder kann. Ebenso wie auch alle anderen sogenannten "übersinnlichen Fähigkeiten", die absolut jeder Mensch in sich verborgen hat. Der eine entdeckt sie eben nur etwas früher, als der andere, ist aber deswegen noch lange kein "Wundermensch", den man deswegen verehren müßte. Persönlich bin ich zum Beispiel davon überzeugt, daß jedes Baby die Aura wahrnimmt und sich daran orientiert. Dadurch kann man zum Beispiel einem Kleinkind auch niemals etwas vormachen, wenn die Eltern sich einmal gestritten haben. Sie können bei dem Kind ein noch so freundliches Gesicht aufsetzen, aber das Kind weiß genau, ob die Eltern gut gelaunt sind oder schlecht. Wir verlieren diese Wahrnehmung erst dadurch, wenn unsere Eltern sagen: "Was schaust du schon wieder so verträumt in der Gegend herum", oder: "Was Du schon wieder siehst". Denn dadurch meint das Kind, daß es etwas sieht, was es niemals gibt und verdrängt diese Fähigkeit. Auch ist uns aufgefallen, daß viele Kinder diese Begabung gerade dann verloren, als sie in die Schule kamen. Was ist dort geschehen? Nun, bevor die Kinder zu logischem Denken verzogen werden, handeln sie rein intuitiv. Das heißt, der Großteil des Tages – so auch in den Ferien – läuft spontan ab – auf deutsch gesagt, man tut nur das, wozu man Lust hat.

Lebt man so, lebt man harmonisch und beide Gehirnhälften arbeiten synchron. Doch in der Schule wird nur noch der Intellekt, also die linke Gehirnhälfte trainiert und die Gefühle, die Intuition und das Spontane, also die rechte Gehirnhälfte, wird vernachlässigt. Dadurch entsteht ein Ungleichgewicht und durch dieses verschwinden auch die PSI - Fähigkeiten. Aber dennoch bleiben sie tief in uns erhalten und können irgendwann wieder aktiviert werden, so wie das bei meiner Frau und mir der Fall war.

Lieber Leser, suchen Sie einmal bei sich selbst nach solchen Fähigkeiten und Sie werden überrascht sein, was Sie alles finden. Übrigens sind es keineswegs nur Menschen, die diese Aura haben, sondern alle anderen Dinge in der Natur auch, egal ob Pflanze oder Tier.

Hier können Sie, falls ihnen das Aussehen der Aura unbekannt war, ein paar Bilder sehen.

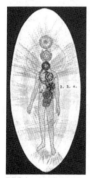  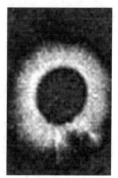

Bild 1 zeigt die Aura und die Hauptchakren

Bild 2 zeigt ebenfalls die Aura - nur wurde hier auf der linken Seite mit Hilfe der Linien die einzelnen Schichten herausgehoben.

Bild 3 zeigt die Kirlianfotografie von einer menschlichen Fingerkuppe

In einem anderen Buch hat meine Frau gelesen, daß man durch Handauflegen Krankheiten heilen kann und zwar durch die Arbeit mit der Energie, die dabei fließt. Sie versuchte das gleich bei unserem Hund, der an diesem Tag eine Schwellung an seinem Hals hatte. Sie legte ihm also die Hand auf diese Stelle und stellte sich vor, wie diese "kosmische Energie" durch ihre Hand zu dieser Stelle strömte und dadurch einen Heilprozeß einleitete. Am nächsten Tag war bei dem Hund die Schwellung verschwunden, nur meine Frau hatte an genau der gleichen Seite am Hals und in der gleichen Größe wie zuvor der Hund, eine Schwellung. Sie meinte, daß sie diese wahrscheinlich auf sich übertragen habe und nun machte sie noch einmal das gleiche bei sich. Sie versuchte jetzt noch zusätzlich, die herausströmende Energie zu reinigen, was auch gelang, denn bei ihr verschwand die Schwellung dann auch und ist bei keinem mehr von uns aufgetaucht.

Nun zum dritten Punkt: Es ist die Anmeldung zum "Flower of Live"-Seminar. Zum ersten Mal wurden wir in dem Buch von Bob Frissell darauf aufmerksam. In dem Seminar geht es um die MER KA BA - Meditation. Ich werde später darauf eingehen und unsere Erlebnisse dort schildern, so gut es hier mit Worten möglich ist. Wir beschlossen, sobald wir wieder in Bayern in der esoterischen Buchhandlung waren, uns darüber zu erkundigen. Dort sagte man uns, daß man sich bei ihnen für die Seminare anmelden könne, und daß das nächste Seminar, welches noch frei wäre, in der Schweiz stattfände. Das paßte uns sehr gut, denn auf unserer Testreise wollten wir durch die Schweiz wieder zurück nach Deutschland kommen und konnten das vielleicht so miteinander verbinden. Wir meldeten uns für dieses Seminar an und kamen auch mit einer ganzen Menge neuer Literatur wieder von dem Laden zurück - wie jedesmal.

Nun fuhr der Vater meiner Frau zur Kur und wir entschieden uns, ihn dort zu besuchen. Er erzählte uns von seinen Beschwerden und wir sagten ihm, daß wir ihm vielleicht helfen könnten. Meine Frau und ich stellten gegen seinen Ausschlag ein selbstgemachtes Steinwasser her, welches er auf die betroffenen Stellen auftragen sollte. Die Ärzte hatten gesagt, nachdem sie alles versucht hatten und erfolglos geblieben waren, daß man unmöglich etwas mehr daran ändern könne. Zusätzlich gab ihm meine Frau noch eine selbst hergestellte Bachblütenmischung, die er regelmäßig einnahm. Am Ende seiner Kur war der Ausschlag zur Überraschung der Ärzte verschwunden und auch die anderen Beschwerden hatten sich deutlich gebessert, nachdem er zusätzlich auch auf Milchprodukte weitgehend verzichtet hatte. Die Ärzte hatten ihm dagegen geraten, viele Milchprodukte zu sich zu nehmen. Wir hatten aber mehrmals davon gehört, daß das bei Osteoporose wenig sinnvoll sei, sondern das Krankheitsbild eher noch wesentlich verstärken würde, was wiederum mit den Umwandlungsprozessen zu tun hat, die im Körper ablaufen. Kurze Zeit später wurde an der Arbeitsstelle meiner Mutter, sie arbeitet in einer Kurklinik, ein Vortrag darüber gehalten, daß die meisten Ärzte mittlerweile ihre Meinung geändert hatten und ebenfalls zu dem Entschluß gekommen waren, daß Milchprodukte bei Osteoporose schädlich sind. Mein Schwiegervater war total begeistert über unseren Behandlungserfolg und konnte sogar kurze Zeit später wieder seine Arbeit aufnehmen, obwohl jeder schon dachte, daß er zum Frührentner werden würde.

- 18 -

Nun war es mittlerweile an der Zeit, unsere Kurzreise in Richtung Frankreich anzutreten. Es war eine ganz tolle Tour, auf der wir vieles gesehen hatten und die uns über Colmar, Lyon, Avignon, nach Salon führte, der Stadt in der Nostradamus lebte, gestorben und beerdigt ist. In Salon selbst hatte ich das Gefühl, daß ich hier schon einmal gelebt habe. Ohne jemals dort vorher in diesem

Leben gewesen zu sein, fand ich mich perfekt dort zu recht, was mir vorher schon öfters passiert ist und wahrscheinlich auch jeder von uns schon einmal erlebt hat. Falls man das noch nie erlebt haben sollte, ist das aber auch weniger schlimm, denn vielleicht haben sie es ja unterbewußt erlebt und können sich jetzt nur keinesfalls mehr daran erinnern.

Ohne zu suchen oder jemanden zu fragen, fand ich das Haus, in dem Nostradamus gelebt hatte. Bei einem Rundgang, in dem heute als Museum dienenden Haus, sah ich auf einmal die Räume in der damaligen Zeit vor meinem inneren Auge. Nur manche Räume in dem Museum kamen mir total unbekannt vor, in denen konnte ich auch diese Bilder zu keinem Zeitpunkt wahrnehmen. Später erfuhren wir, daß diese nach einem Erdbeben, welches in dieser Gegend Anfang des 20 Jahrhundert stattgefunden hatte, neu erbaut worden waren. Nach diesem Besuch führte uns der Weg direkt zu der Kirche, in der Nostradamus beerdigt worden ist. Dieser Tag in Salon war ein phantastisches Erlebnis, auch die Landschaft rings herum hat uns stark beeindruckt. Von Salon führte unsere Reise weiter nach Marseilles, die Cote d'Azur entlang nach Monaco. Von dort aus ging es dann über Italien in die Schweiz, wo sie vorerst endete, da unser Seminar dort stattfand. In dem einwöchigen Seminar ging es um die MER KA BA. Was ist die Mer Ka Ba?

Wir besitzen einen physischen, einen mentalen und einen emotionalen Körper, wobei jeder dieser Körper die Form eines Sterntetraeders hat, also zwei ineinandergeschobene Tetraeder, die so einen dreidimensionalen Davidstern bilden.

Die Bilder zeigen jeweils einen Sterntetraeder von einer Frau und einem Mann von oben. Beim Mann ist er um 180° gedreht gegenüber dem der Frau. Es ist also einmal die Spitze des oberen Tetraeders nach vorn gerichtet und einmal die flache Seite. Mit dem unteren Tetraeder verhält er sich genauso.

Es handelt sich also um drei identische Sterntetraeder, als sich überlagernde Felder, deren einziger Unterschied darin besteht, daß der physische Körper unbeweglich ist, sich also niemals dreht. Die Mer Ka Ba entsteht durch Energiefelder, die in entgegengesetzter Richtung rotieren. Das mentale Sterntetraeder, dessen Natur elektrisch und männlich ist, dreht sich links herum. Der emotionale Sterntetraeder dagegen ist magnetisch, weiblich und dreht sich rechts herum. Die Verbindung des Geistes mit dem Herzen und dem physischen Körper in einem ganz speziellen geometrischen Muster erschafft bei einer ganz bestimmten Geschwindigkeit die Mer Ka Ba. Das Wort ‚Mer' beschreibt gegeneinander rotierende Lichtfelder, ‚Ka' den Geist und ‚Ba' den Körper oder die Realität. Also ist die Mer Ka Ba ein sich gegeneinander drehendes Lichtkraftfeld, das Geist und Körper umfaßt. Sie ist außerdem eine Art Vehikel, ein Raum-Zeit-Gefährt. Einmal aktiviert, kann sie einem Menschen samt seinem fleischlichen Körper dazu befähigen, sich unsichtbar zu machen, von einem Ort zum anderen in Sekundenbruchteilen zu reisen oder sogar die Dimensionen zu wechseln. Nähere Informationen hierüber können Sie in dem Buch "Zurück in unsere Zukunft" von Bob Frisell mit der ISBN-Nr. 3-89538-260-X lesen.

Weitere Schwerpunkte des Seminars waren Informationen über Atlantis und Lemuria, zur Existenz außerirdischen Lebens, eine ausführliche Erklärung der ‚Heiligen Geometrie', eine innige Verbindung mit dem Herzzentrum und dem ‚Höheren Selbst', neue Fakten zur Veränderung auf der Erde (Zukunft, Gegenwart, Vergangenheit), spielerische Lernerfahrungen, die dazu dienen unseren Mental- und Emotionalkörper zu klären oder auszurichten. Im alten Ägypten bezeichnete man dieses Training als "Das rechte Auge des Horus".

Die MER-KA-BA-Meditation selbst war ein ganz tolles Erlebnis. Seit der Zeit hat sich für uns sehr vieles verändert. Das schönste Erlebnis für mich war aber eine Meditation im Freien, beziehungsweise in den Bergen an dem Nachmittag, der uns zur freien Verfügung stand. Wir gingen in die Berge hinauf, abseits des Weges. Dort setzte ich mich in Meditationshaltung auf einen großen Stein und meditierte dort zirka drei Stunden lang, wobei ich keinesfalls merkte, wie schnell die Zeit um mich herum verging. Dabei hatte ich folgendes Erlebnis: Ein Adler kam und setzte sich neben mich, um mich auf einen Flug durch die Schweizer Alpenwelt mitzunehmen. Es war so phantastisch, daß ich es unmöglich in Worte fassen kann. Während dieser Meditation wurde mir auch bewußt, daß ich keine Brille mehr brauche und selbst wieder erreichen kann, daß ich normal sehe. Seit dieser Zeit habe ich, bis zum heutigen Tag, keine Sehhilfe mehr benutzt und meine Sehkraft hat sich von Tag zu Tag verbessert. Das war das stärkste Erlebnis, das ich persönlich von diesem Seminar mitgenommen habe. Nach einer Woche war das Seminar beendet und wir kehrten nach Deutschland zurück. Auf dieser Tour hatten wir unsere Ernährung fast völlig auf Rohkost umgestellt, von der wir uns auch heute noch ernähren. Keineswegs nur deswegen, weil wir uns dazu zwingen und es tun, weil es sehr gesund oder gar modern ist, sondern weil wir auf keine anderen Sachen mehr Appetit haben. Es ist nach meiner Meinung viel schlechter, wenn ich mich zu etwas zwinge, als wenn man das ißt, was einem schmeckt und worauf man Appetit hat. Vielleicht braucht es der Körper ja aus irgendeinem Grund gerade in diesem Moment. Wenn man rein vom gesundheitlichen Aspekt ausgeht, bin ich auch der Meinung, daß Rohkost die beste, beziehungsweise natürlichste Art der Ernährung darstellt. Es gibt natürlich auch die Möglichkeit, sich gänzlich von geistiger Energie zu ernähren, wie das auch Jasmuheen in ihren Seminaren vorführt, doch das ist momentan nur wenigen Menschen möglich. Daher bietet es sich für uns persönlich an, uns von Rohkost zu ernähren. Durch das Kochen tötet man das Nahrungsmittel sowieso nur noch mehr ab, was wir durch eigene Tests auch untersucht haben. Der Energiekörper, der sich um lebende Wesen befindet, so auch um Pflanzen, ist bei Rohkost fast vollständig vorhanden, verschwindet durch das Kochen der Speisen jedoch fast gänzlich. Das heißt, daß Zerkochtes oder noch schlimmer die Mikrowellenkost fast nur noch den Magen füllt, ohne dem Körper wirkliche Lebensenergie zu liefern. Das läßt sich auch mit Hilfe der Kirlianfotografie belegen. Seit unserer Ernährungsumstellung fühlen wir uns so gesund und leistungsfähig, wie noch nie zuvor. Einen Arzt haben wir seit dieser Zeit auch nie mehr gebraucht. In den ersten drei Wochen hatten wir zwar starke Entgiftungserscheinungen, die dann aber verschwunden sind. Viele Menschen, die ihre Ernährungsweise umstellen und diese Entgiftungserscheinungen erleben, schließen daraus, daß sie diese Ernährungsweise unmöglich verkraften. Meistens ernähren sie sich dann wieder wie zuvor. Deshalb empfehle ich denjenigen, die ihre Ernährung auf Rohkost umstellen möchten, eine langsame Umstellungsphase. Eine weitere Erscheinung, die wir durch die Rohkost festgestellt haben, war folgende: Wie es aussieht, pendelt man sich auf ein Idealgewicht ein, egal wieviel man ißt. Diejenigen, die zu dick waren, nehmen ab und die, die zu dünn sind, nehmen zu. Es ist aber hierbei wichtig, sich niemals einseitig zu ernähren. Ich möchte aber noch einmal zum Ausdruck bringen, daß man sich nie zwingen soll, bestimmte Nahrungsmittel keinesfalls mehr zu essen. Es würde einen wahrscheinlich schlecht gelaunt, aggressiv, vielleicht sogar depressiv machen und man hätte keine Lebensfreude mehr. Deshalb sollte man essen, was einem schmeckt. Mir persönlich schmeckt eben momentan noch Rohkost und frische Dinge, also esse ich auch nur diese. Würde ich auf einmal wieder Appetit auf ein Stück Käse bekommen, würde ich diesen auch essen.

Wir kamen nun also wieder gut erholt zu Hause an. Seit diesem Seminar wurde das Meditieren zu einem festen Bestandteil unseres Lebens, aber es darf niemals zur Abhängigkeit werden, was es bis jetzt auch zu keinem Zeitpunkt geworden ist. In ein paar Meditationen haben wir regelrechte Bilder und sogar Visionen gesehen, von denen ich hier kurz zwei schildern möchte.

Meine Frau erzählte mir einmal nach einer Meditation, daß sie ein dreieckiges Raumschiff gesehen habe. Sie malte mir alles in allen Einzelheiten auf. Danach hatten wir aber die Sache als wenig Ungewöhnlich oder als ein Objekt der Phantasie abgetan. Erst ein halbes Jahr später sahen wir genau das gleiche Bild, daß meine Frau aufgemalt hatte, in einer amerikanischen Zeitung. Es war ein Artikel von einer UFO-Sichtung in Arizona, ungefähr zu dem Zeitpunkt, als meine Frau das gleiche Objekt gesehen hatte.

Mein Erlebnis hat mehr mit der Meditation selbst zu tun. Ich spürte auf einmal während des Meditierens, wie ich den Raum, in dem ich saß, verließ und ich mich zwischen Sphinx und den Pyramiden sitzend wiederfand. Plötzlich schob sich neben mir im Sand eine Steinplatte, die dort lag, zur Seite und gab den Blick in einen Gang frei. Es gingen dort steinerne Stufen nach unten in die Dunkelheit. Ich stieg nun in diesen dunklen Gang hinab, der vor einer Tür ende- te. Ich wollte weitergehen und diese Tür öffnen, aber eine Stimme sagte mir, daß es noch keineswegs an der Zeit wäre, dieses zu tun. Dann merkte ich, wie ich wieder langsam aus der Meditation heraus zurück in das Zimmer kam, in dem ich saß. Ich muß sagen, daß ich, bevor ich die Augen wieder öffnete und mit den Händen über den Boden strich, ganz schön erschrocken war, Teppichboden zu spüren und keinen Sand. Ich vermute, daß dieses meditative Erlebnis damit in Verbindung steht, daß ich seit mehreren Jahren schon den inneren Drang ver- spüre, einmal nach Ägypten und zu den Pyramiden zu reisen.

Was wir beide, aber sehr oft beim Meditieren erleben, ist, daß wir in einem dermaßen glänzenden hellen goldenem Licht sitzen, daß man sich richtig geblendet fühlt. Es strahlt eine so angenehme Wärme aus, daß man stundenlang in diesem Licht sitzen könnte.

- 19 -

Nun aber wieder zu der eigentlichen Geschichte zurück. Wir fuhren ein paar Tage nach dem Seminar erneut in das esoterische Geschäft in Bayern, um uns nach einen Begriff zu erkundigen, den wir in einem Buch und in einer Broschüre gelesen hatten. Das Wort hieß "Tachyon", beziehungsweise "Tachyonen" und faszinierte uns irgendwie. Wir fuhren also wieder dorthin und gingen in den Laden. Der Inhaber war leider fort, da er sich gerade darauf vor- bereitete, für eine unbestimmte Zeit nach Amerika zu gehen. So fragte ich seine Mitarbeiterin, ob sie mir etwas über die Tachyonen sagen könne. So erfuhren wir, daß an dem Wochenende in der Nähe des Bodensees ein Seminar stattfin- den und von einem Mann gehalten würde, der tachyonisierte Produkte, von denen wir gelesen hatten, entwickelt habe. Ich weiß ja kaum, lieber Leser, ob Ihnen der Begriff "Tachyonen" bekannt ist? Deshalb werde ich ihn hier in Kurzform erläutern. Wer sich näher dafür interessiert, dem empfehle ich das Buch "Unbegrenzte Lebenskraft durch Tachyonen" von Christian Opitz, der auch Übersetzer im Seminar war.

Zuerst einmal die wissenschaftliche Erklärung für diese Teilchen. Tachyonen sind Teilchen im subatomaren Bereich, ohne Masse, die sich mit Überlichtgeschwindigkeit bewegen. Sie durchdringen jede Masse und sind des- halb überall vorzufinden. Je höher ihr Energiegehalt, um so niedriger ist ihre Geschwindigkeit. Sie fällt dabei aber niemals unter die Lichtgeschwindigkeit. Je niedriger ihr Energiegehalt, um so höher die Geschwindigkeit. Theoretisch können sie unendlich schnell werden. Der Amerikaner Moray sagte einmal: "Das Vakuum einer einzigen Glühbirne genüge, um sämtliche Ozeane zum Kochen zu bringen. Dieses unvorstellbare Energiepotential könnte, richtig genutzt, unsere sämtlichen Energie- und Umweltprobleme lösen." Die Wissenschaftler in der ganzen Welt beschäftigen sich schon seit vielen Jahren mit dieser Energie. Der bekannteste unter ihnen war der schon erwähnte Nikola Tesla.

Die Tachyonen-Energie, die auch mit der sogenannten "Freien Energie" gleichzusetzen wäre, ist in den verschiedensten Religionen und Philosophien schon unter dem Begriff Chi, Ki, Prana, Lebenskraft bekannt. Wir selbst leben durch diese Energie. Deshalb gibt es sogar Menschen, die nie mehr zu essen brauchen und sich rein von Luft ernähren, beziehungsweise von der Energie, die in ihr ist. Die Wissenschaftler stellten ebenfalls fest, daß unsere Zellen irgendwann an einen Punkt angelangten, dem sogenannten Bifokutationspunkt, an dem sie entweder zerfallen oder einen Quantensprung machen können. Da in einem Tachyonenteilchen der ganze Bauplan des Universums enthalten ist, bekommt die Zelle, an so einem Punkt der Entscheidung angelangt, die Information, wie sie sich entwickeln muß und erfährt so einen Quantensprung. Aus diesem Grund läßt sich die Tachyonen-Energie sehr gut zu Heilzwecken einsetzen. Denn bei einer Krankheit liegt ein Defekt in der Struktur des Zellbereichs vor, dieser kann auch im feinstofflichen Bereich liegen. Trifft nun dieses Tachyonenteilchen auf einen solchen Chaospunkt, bekommt dieser Bereich wieder die Information, wie er normal aussehen sollte und wird so wieder "repariert". Ich bin auch der Meinung, daß es aus diesem Grund keine unheilbare Krankheit gibt. Nur, wenn der Patient gesagt bekommt, daß er an einer Krankheit leide und er sich durch diese Aussage des Arztes aufgibt, blockiert er diesen Prozeß der Regenerierung der Zellen.

Die tachyonisierten Produkte dienen als Antennen um die Tachyonenteilchen anzuziehen, damit sich die defekten Stellen wieder regenerieren können. Sie dienen aber ausschließlich als Hilfsmittel. Hätten wir noch unseren normalen Atemrhythmus, wäre die Ernährung speziell auf unseren Körper eingerichtet. Wäre unsere Umwelt in Ordnung, gäbe es auch keine Defekte an unseren Zellen. Ein Beispiel hierfür ist, daß Tiere in freier Natur nur an fünf Krankheiten erkranken können. Doch leben sie in der Nähe des Menschen, bekommen sie auch alle zirka 30 000 Krankheiten, die ein Mensch bekommen kann. Diese fünf Krankheiten von freilebenden Tieren in einer intakten Natur treten auch nur bei einer zu starken Vermehrung auf und sind Infektionskrankheiten, die eine Dezimierung der betreffenden Art bewirken.

Da mich nun die Tachyonen-Thematik so interessierte, fragte die Angestellte in dem Buchladen, ob es denn noch möglich sei an diesem Seminar teilzunehmen. Sie antwortete, daß sie dieses unmöglich wisse, aber sie gab mir die Telefonnummer des Hotels in dem es stattfinden sollte und sagte, daß sie sich gleich noch einmal erkundigen würde, ob es seitens der Seminarleitung noch möglich, sei einen Platz zu bekommen. Sie rief also beim Veranstalter an und bekam dort gesagt, daß noch ein Seminarplatz frei wäre, nur mit dem

Hotelzimmer könne es ein Problem geben. Da es schon relativ spät war, rief ich auf der Heimfahrt von einer Autobahnraststätte im Hotel an, um mich zu erkundigen, ob noch ein Zimmer für diese Zeit frei sei. Man sagte mir, daß ich Glück hätte, denn kurz vorher habe jemand abgesagt und ich könnte dieses Zimmer bekommen. Nun war mir klar, daß ich an diesem Seminar teilnehmen sollte, denn Zufälle gibt es keine. Nach diesem Telefonat rief ich beim Veranstalter an und meldete mich für dieses Seminar an. Man sagte mir ebenfalls, daß ich viel Glück gehabt hätte und nur durch eine Absage eines Teilnehmers diesen Platz bekommen hätte, denn die Seminare wären sonst ein halbes Jahr oder länger im Voraus ausgebucht. Sie mußten schon vielen, die vor kurzem angefragt hatten, absagen. Ich war nun gespannt auf dieses Seminar. Als wir zu Hause angekommen waren, fing ich gleich an, die Sachen zu packen und fuhr am nächsten Tag los. Am darauffolgenden Morgen begann das Seminar. Ich war ein paar Minuten früher zu dem Seminarraum gegangen und als ich dort ankam, war außer mir noch niemand dort. Ein paar Minuten später sah ich eine ältere Frau auf mich zukommen und erlebte etwas Merkwürdiges. Diese ältere Frau hatte ich vorher in meinem Leben noch nie gesehen. Sie sprach mich an und sagte: "Wissen Sie, daß sie etwas mit Nostradamus zu tun hatten?" Ich meinte, daß es schon möglich sein könnte, ich jedoch sehr wenig darüber wisse. Ich erzählte ihr von meinem Erlebnis das ich in der Stadt Salon in Frankreich hatte, und daß ich mich als Kind schon sehr für seine Prophezeihungen interessiert hätte. Als ich aus der esoterischen Buchhandlung in Bayern ein Buch mitbrachte, in dem ein Teil des Schlüssels zu seinen Prophezeihungen sein sollte, fand ich heraus, daß es der gleiche Teil des Schlüssels war, den ich schon eine ganze Zeit vorher vermutet hatte. Es gibt auch Ereignisse oder Meldungen in den Nachrichten, bei denen ich spontan zu meiner Frau sage, daß das in einem Vers in den Centurien von Nostradamus stehe.

Jetzt gibt es zur Zeit immer mehr Leute, die nach dem Schlüssel der Centurien suchen. Sie wollen wissen, was in der Zukunft passiert. Oder manche sagen: "Schaut, jetzt ist wieder etwas eingetreten." Sie streiten sich dann darüber, ob Nostradamus ein Scharlatan war oder ein Prophet. Ich bin der Meinung, daß das uninteressant ist und Nostradamus die Centurien keinesfalls aufgeschrieben hat, damit die Menschheit dasitzt und wartet, daß sich wieder eine Prophezeihung bewahrheitet. Sondern Nostradamus hat diese Prophezeihungen übermittelt bekommen, um der Menschheit zu sagen: "Wenn ihr so weiter macht und niemals von eurem Weg abweicht, oder ändert, dann passiert das, was aufgeschrieben ist". Es sollte als eine Warnung dienen, er wollte den Menschen klarmachen, daß sie sich ändern müßten, ansonsten würden sie irgendwann in der Katastrophe enden. Deshalb bin ich der Meinung, daß es gut wäre, wenn die Prophezeihungen immer weniger so eintreten würden, wie sie vorausgesagt wurden. Das würde bedeuten, daß die Menschheit sich ändern würde oder schon geändert hätte. Denn unsere Zukunft ist niemals, bis ins kleinste Detail, festgeschrieben, sondern bis auf einige Fixpunkte veränderbar. Ein einfaches Beispiel hierzu wäre, daß es verschiedene Möglichkeiten gibt, von Hamburg nach München zu fahren. In diesem Fall sind die beiden Städte die Fixpunkte. Sobald man sich für einen Weg entschieden hat, sind auch die Ortschaften, durch die man fährt, bestimmt. Man weiß, welche Ortschaft als nächstes kommt, wenn man eine Straßenkarte zuhilfe nimmt, welches in unserem Fall ein Teil von den Prophezeihungen bedeutet. Sollte man in den Nachrichten dann von einem Stau hören, der auf der Strecke liegt, weiß man, wenn man so weiter fährt, ohne auf eine Nebenstrecke auszuweichen, in den Stau kommt. Biegt man aber vorher irgendwo rechtzeitig ab, weil man von dem Stau erfahren hat, kommt man durch andere Orte und erlebt auch andere Dinge, kommt aber trotzdem in München an. So ähnlich verhält es sich auch mit den Prophezeihungen. Man braucht nur einen anderen Weg einzuschlagen und schon ändert sich alles, bis auf den Fixpunkt. Es ist auch unlogisch, auf einer Strecke zu bleiben, von der man weiß, daß sie gestaut ist und man eine Ausweichmöglichkeit hat. Bei den Prophezeihungen aber wartet man auf den Stau und fährt dann, um bei diesem Beispiel zu bleiben, noch absichtlich diese Strecke, um zu sagen: "Ja, es stimmt, was in der Verkehrsmeldung gesagt wurde, der Stau war wirklich da." Genauso, bin ich der Meinung, verhält es sich, wenn man immer wieder darauf wartet, daß eine der Prophezeihungen eintritt und niemals versucht, sich zu ändern um somit alles andere mit zu verändern.

Nun aber wieder zu dem Gespräch mit der Frau. Sie sagte mir, daß sie, sobald das Seminar vorbei und sie wieder Zuhause sei, sie sich mit einem Bekannten unterhalten würde, der Zugang zur Akasha-Chronik hat, dem Magnetfeld der Erde, in dem alle Gedanken, Gefühle und Taten aller Lebewesen abgespeichert sind. Kurze Zeit nach dem Seminar erhielt ich dann auch Post von ihr. Sie schrieb, daß ich früher einmal ein Schüler von Nostradamus gewesen sei und mehrere Jahre zusammen mit ihm verbracht hätte. Einige Zeit danach traf ich noch einen Mann, der ebenfalls behauptete, Zugang zur Akasha-Chronik zu haben. Er bestätigte die Aussage des anderen Mediums, obwohl er vorher niemals wissen konnte, daß es mir schon einmal jemand gesagt hatte. Er fügte aber noch hinzu, daß ich schon sehr oft als verschiedene Personen hier auf der Erde gelebt hätte. Unter anderem wäre ich der Lehrer des Pharao Tutenchamun gewesen und wäre auch einer der Baumeister der Pyramiden gewesen.
Na ja, wer weiß?

Meine Meinung nach sind die Pyramiden allein durch Gedankenkraft gebaut worden. Deshalb kann man auch keinerlei Aufzeichnungen über irgendwelche Großbaustellen oder den Bau der Pyramiden selbst finden. Die Ägypter haben sonst sehr viele Dinge aufgezeichnet, nur über diese Bauwerke bzw. wie sie gebaut wurden sollen keine existieren. Das ist für mich mehr als unwahrscheinlich. Es müßten sich ebenfalls Überreste von den Rampen (schiefe Ebenen), von denen die Forscher sagen, daß sie benutzt wurden, um die Quader aufzuschichten, finden lassen. Aber selbst mit heutiger Technik wäre es sehr schwer möglich, solche Bauwerke zu bauen. Macht man dieses aber mit Gedankenkraft und bewegt die Steine durch Levitation und Telekinese an die passenden Stellen, ist das Problem sehr klein. Sofern man davon ausgeht, daß man alleine mit der Kraft und der Energie der Gedanken Dinge bewegen kann. Davon ist unsere sogenannte Wissenschaft, wie es aussieht, zur Zeit noch weit entfernt. Auch bin ich der Meinung, daß die Pyramiden niemals erbaut wurden, um als Grabmäler zu dienen, sondern eher eine Verbindung zu einer anderen Dimension darstellen und in ihr die Leute auf den Weg dorthin vorbereitet wurden. Sie werden jetzt sicherlich sagen, daß dort in den Pyramiden die Mumien der Pharaos in den Sarkophagen gefunden wurden. Das stimmt. Dieses würde aber auch ein Archäologenteam, das in ein paar tausend Jahren zum Beispiel einen Dom untersucht, sagen, es handelt sich hierbei um Grabmäler, oder? Hier drin sind auch Bischöfe oder sonstige Kirchenfürsten beerdigt worden. Doch die Aufgabe dieser Bauwerke, und da werden Sie mir doch auch zustimmen, ist ganz sicherlich keinesfalls die eines Grabmals. Sie sehen also, wie leicht man sich täuschen kann, wenn nur sehr wenig über eine bestimmte Kultur bekannt ist oder man alles, was nach unserem Verständnis niemals sein darf, ausschließt.

Es ist aber egal, wer oder was man früher war, es kommt darauf an, wer man jetzt ist und was man daraus macht. Die Gegenwart ist das Wichtigste und niemals die Vergangenheit oder die Zukunft, denn durch die Gegenwart gibt es die anderen Zeiten erst.

Jetzt aber wieder zurück zu dem eigentlichen Seminar. Am Anfang kam es mir wie auf einer-- Verkaufsveranstaltung vor, denn es wurden erst einmal alle Produkte von David Wagner, der persönlich aus Amerika gekommen war, vorgestellt. Die Gruppe der teilnehmenden Personen bestand fast nur aus Heilpraktikern und Ärzten. Die Vorstellung der Produkte dauerte ungefähr einen halben Tag. Am Nachmittag bekamen wir dann genauer erklärt, um was es sich bei den Tachyonen eigentlich handelt und David Wagner erzählte uns seine bisher gemachten Erfahrungen damit. Hiervon möchte ich stellvertretend eine erwähnen.

Die Mutter seines besten Freundes war an Krebs erkrankt, und die Ärzte sagten, daß sie nur noch wenige Wochen zu leben hätte. Sein Freund bat ihn deshalb um Rat, ob er seiner Mutter helfen könne. David sagte, daß er einmal mit seiner Mutter sprechen würde, wenn sie es wünsche. So vereinbarte sein Freund ein Treffen mit seiner Mutter, die ihm jedoch zu verstehen gab, daß sie an solchen "Spinnkram" niemals glaubt. Doch um ihres Sohnes willen traf sie sich mit David. Dieser gab ihr dann verschiedene Produkte, die sie verwenden konnte, wenn sie wollte. Danach ging er wieder fort. Seinen Freund traf er ungefähr nach einem Jahr wieder und fragte ihn auch gleich, wie es seiner Mutter gehe. Der sagte ihm daraufhin, daß seine Mutter gestorben sei. Nun, dachte David bei sich, wird er garantiert enttäuscht oder verärgert sein. Doch um so mehr war er von der Antwort seines Freundes überrascht. Denn dieser sagte, daß er sich im Namen seiner Mutter noch einmal bedanken solle, weil er ihr so gut geholfen habe. Seine Mutter wäre immer eine so griesgrämige und streitsüchtige Frau gewesen. Sie habe sich mit allen Nachbarn und Verwandten verkracht. Auch die Kinder, die in der Nähe des Hauses spielten, habe sie ständig fortgejagt. Doch kurze Zeit, nachdem sie mit der Behandlung angefangen habe, habe sie angefangen, ihrer Verwandtschaft zu schreiben, um sie einzuladen und sich mit ihnen zu versöhnen. Das gleiche tat sie auch mit ihren Nachbarn und selbst die Kinder durften bei ihr auf dem Grundstück spielen. Sie wurde eine ganz liebevolle, nette und glückliche Frau. "Nun", sagte sie zu ihren Verwandten, "habe ich meine Lebensaufgabe erfüllt und kann gehen". Sie ist einen Tag später auch überglücklich gestorben. Als David Wagner im Seminar diese Geschichte erzählte, sagte er, auch dies auch eine Art der Heilung sein kann, es muß sich keineswegs immer um eine körperliche Form handeln.

Der Abend war zur freien Verfügung. Am nächsten und letzten Tag folgte dann die praktische Anwendung der Tachyonenprodukte. Das war sehr interessant und rief unter den Teilnehmer teilweise Verwunderung über die Wirkungsweise dieser Produkte hervor. Ein Arzt meinte, daß dies ja wirklich der Stein der Weisen sei, und ein anderer: "Das können wir ja niemals einsetzen, dann werden die Leute ja gesund, und wir leben nun einmal von den Kranken. Was nützen uns hundert gesunde Stammpatienten? Wenn keiner mehr krank ist bekommen wir kein Geld. Man muß als Arzt auch kaufmännisch denken." Ein anderer meinte: "Dann muß die Behandlung so teuer sein, daß sie sich keinesfalls jeder leisten kann und dadurch das Geld wieder hereinkommt." Diesen Meinungen kann ich mich zwar niemals anschließen, aber ich wollte sie hier keineswegs unerwähnt lassen. Alle waren trotzdem irgendwie von der Sache begeistert.

Ich kaufte dort auch gleich einige tachyonisierte Produkte, um sie meiner Frau zu zeigen. Auf der Fahrt passierte mir noch etwas Merkwürdiges. Ich hatte die tachyonisierten Produkte, die ich am letzten Tag gekauft hatte, den ganzen Tag bei mir. Abends, als das Seminar beendet war, und ich mich auf die Heimfahrt machte, habe ich sie auf den Beifahrersitz gestellt. Nachdem ich vielleicht achtzig Kilometer gefahren war, spürte ich am ganzen Körper ein Kribbeln und Kitzeln. Ich würde es vielleicht mit einem Miniorgasmus vergleichen. Dann begann alles um mich herum zu verschwimmen. Ich könnte mir vorstellen, daß es genauso ist, als hätte jemand eine Dosis Drogen genommen. Da ich jedoch so kaum mehr in der Lage war, weiterzufahren, bin ich auf die nächste Raststätte gefahren und habe dort gehalten. Ich überlegte nun, wo dieses herkommen könnte. Da fiel mir ein, daß es sich genauso bemerkbar machte, wie David Wagner die Wirkungsweise einer "Überdosis" der Tachyonen beschrieben hatte. Ich stellte nun alle Tachyonen in den Kofferraum, und machte selbst eine halbe Stunde Pause, bis sich mein Zustand wieder normalisiert hatte. Seit dieser Zeit bin ich auf irgendwelche Energien noch viel feinfühliger geworden.

Einen guten Nebeneffekt hatte mein "Tachyonenrausch" auch noch, ich bin während der gesamten Autofahrt, obwohl es Nacht war, nie müde geworden. Doch meine Frau, die ja nur das glaubt, was sie selbst gesehen oder erlebt hat, stand der Sache noch etwas skeptisch gegenüber. Doch drei Tage später konnte sie sich selbst von der Wirkungsweise der Tachyonen überzeugen. Meine Oma und mein Onkel brachten uns bei einem Besuch frische Holunderbeeren aus ihrem Garten mit, die meine Frau, gleich nachdem die beiden weggefahren waren, zu Saft verarbeiten wollte. Da wir uns mittlerweile fast nur noch von Rohkost ernährten, preßte meine Frau diesmal auch nur die Beeren aus, ohne sie vorher abzukochen. Uns war absolut unbekannt, daß sie in diesem Zustand giftig sind, da sie so ein großes Maß an Blausäure enthalten. Meine Frau trank ungefähr einen halben Liter, den sie in einen Krug gefüllt hatte, fast ohne abzusetzen, aus, da sie einen großen Durst hatte. Der Saft war garantiert noch auf dem Weg zum Magen, als er oben, sowie kurze Zeit später durch den Darm wieder herauskam. Es traten dann auch sofort Krämpfe, Schüttelfrost, hohes Fieber und Schweißausbrüche auf, und sie war zum Teil kaum mehr richtig ansprechbar. Normalerweise hätte ich meine Frau ins Krankenhaus bringen müssen, aber meine innere Stimme sagte zu mir, daß ich die Tachyonenprodukte benutze sollte, um ihr zu helfen. Ich sagte meiner Frau, daß ich jetzt einen Energieausgleich mittels der tachyonisierten Produkte bei ihr vornehmen würde. Sie stand der Sache immer noch skeptisch gegenüber, aber in diesem Zustand war ihr alles egal, Hauptsache es konnte ihr jemand helfen. Ich stärkte mit der Tachyonen-Energie ihr Hara (Energiepunkt in der Nähe des Bauchnabels) und nach einer halben Stunden stellte sich bei ihr eine leichte Besserung ein. Nachdem ein halber Tag vergangen war, waren die Beschwerden verschwunden und sie konnte sogar wieder etwas essen. Meine Frau sagte hinterher, daß sie bewußt kaum etwas gespürt hätte, sie hätte aber schon bemerkt, wie sich ihr Körper mit mehr Energie füllte und so die Vergiftung abbaute. Das war meine erste praktische Erfahrung mit diesen Produkten. Meine Frau stand nun der Sache ebenfalls keineswegs mehr so skeptisch gegenüber und wir erzählten meiner Oma beim nächsten Telefonat, als sie sich erkundigte, wie uns der Saft geschmeckt hatte, was passiert war.

Zwei Tage danach bekamen wir einen überraschenden Anruf von meiner Mutter, die uns bat, meine andere Oma auch mit einem Energieausgleich zu "behandeln". Das verwunderte mich, weil der Kontakt zu meinen Eltern zu diesem Zeitpunkt total abgebrochen war. Sie sagten immer nur, daß wir verrückt seien oder mit einer Sekte zu tun hätten, weil wir uns mit diesen Themen beschäftigten. Doch jetzt baten sie uns um Hilfe, da die Ärzte der Meinung waren, daß meine Oma demnächst in einem Rollstuhl sitzen würde. Sie hatte zu diesem Zeitpunkt sehr hohen Zucker und mußte sich deshalb spritzen. Zusätzlich hatte sie auch noch Parkinson, starke Osteoporose, grünen Star und konnte nur noch an einem Stock gehen, wenn überhaupt. Ich fragte mein "Höheres Selbst" in der Meditation, ob es in Ordnung sei, ihr Hilfe zur

Selbsthilfe zu geben. Denn ich selbst helfe niemals, die Leute können sich nur selbst helfen. Ich kann lediglich einen Impuls dazu geben. Nachdem ich also das "Okay" bekam und, was genauso wichtig ist, meine Oma ebenfalls damit einverstanden war, fuhren wir zu ihr, um mit dem Energieausgleich anzufangen. Schon nach den ersten beiden Energiearbeiten konnte man deutliche Besserungen sehen. Die sah wie folgt aus: Sie konnte nun in der Wohnung ohne Stock gehen und die Schmerzen hatten nachgelassen. Nach den nächsten beiden Energieausgleichen wurde die Besserung immer deutlicher. Ihr Arzt stellte fest, daß sich ihr Zucker besserte und sie sogar neu eingestellt werden mußte. Sie konnte draußen schon eine Weile, beziehungsweise ein ganzes Stück ohne Stock gehen. Bei einem EEG wurde zur Verwunderung der Ärzte eine leichte Besserung vom Parkinson festgestellt und sogar der Augenarzt stellte fest, daß sich bei ihrem grünen Star eine Besserung eingestellt hatte. Sie konnte nun auch wieder Dinge sehen, die sie vorher niemals gesehen hatte. Dieser Zustand hält bis zum heutigen Tag an. Vor kurzem sagte sie mir, daß sogar zum Teil ihre Altersflecken auf der Hand verschwinden würden.

Bis zum heutigen Tag erlebte ich viele Besserungen von Krankheiten oder daß Leute wieder gesund wurden. Ich möchte aber betonen, daß man von den Produkten niemals abhängig werden sollte. Vielmehr muß der Körper wieder lernen, einen eigenständigen und optimalen Energiefluß zu erreichen. Was dies bedeutet, das werde ich in der Zusammenfassung noch einmal kurz erläutern. Diese Erfolge hatte ich dem Mann mitgeteilt, der in Deutschland die Generalvertretung für diese Produkte hat. Er hat sich gewundert und gesagt, daß er bis jetzt noch nie erlebt habe, daß sie bei allen Leuten wirken würden. Darauf habe ich gesagt: "Ich hatte bis jetzt noch niemand, bei dem keinerlei Wirkung zu sehen oder zu spüren war." Das liegt meiner Meinung, die ich durch verschiedene Tests mit den Tachyonen gebildet habe daran, daß es sich bei den Tachyonen um sehr komplexe Teilchen handelt, die aus verschiedenen einzelnen Formen bestehen: Ich möchte sie hier einmal mit den Namen T+ (positiv), T- (negativ) und T0 (neutral) bezeichnen. Diese Begriffe zur Bezeichnung der unterschiedlichen Art der Teilchen habe ich zu Ihrem besseren Verständnis aus dem Bereich der Elektrotechnik gewählt und stellen keinerlei Wertigkeit dar.. Mit T- Tachyonen möchte ich die Teilchen bezeichnen, die voll mit Informationen über den Bauplan des Universums sind. Die T+ Tachyonen tauschen ihre Informationen immer wieder aus. Sie treffen zum Beispiel ohne jegliche Information auf einen Körper (Frequenz) nehmen die Informationen in sich auf, behalten diese dann solange bis sie wieder irgendwo auftreffen, geben dann ihre Informationen ab und nehmen die Neuen auf. Dieser Vorgang geht unendlich weiter. Dadurch ist es sehr wichtig mit welchem Bewußtsein, man mit diesen tachyonisierten Produkten arbeitet. Ob man es nur macht, um damit Geld zu verdienen oder wie ich, rein auf Spendenbasis und dann auch nur, wenn ich das geistige "okay" und das "okay" von der zu behandelnden Person bekommen habe. Zusätzlich bin ich dann auch mit meinem Bewußtsein voll dabei, und ich gebe demjenigen, wie vorhin erwähnt, auch nur einen Impuls, alles andere macht er selber, beziehungsweise die Schöpfungskraft durch ihn. So nehmen diese Teilchen keine destruktiven Informationen auf, durch die ein erfolgreicher Energieausgleich blockiert wird. Der Vollständigkeit halber möchte ich kurz noch die T0 Tachyonenteilchen erklären. Sie sind neutral und haben ein eigenes Bewußtsein und würden wenn sie alleine vorkommen, eher unangenehm auf uns wirken, da sie ihr Bewußtsein aus höheren Dimensionen entwickelt haben und mitbringen. Man könnte ganz kurz über sie auch sagen, sie "sind". Dieses war nur eine kurzen Erklärung, zu der von mir festgestellten Komplexität der Tachyonen, vielleicht werde ich demnächst über die Tachyonen und die Bioinformationstechnologie noch ein eigenes Buch schreiben.

Nach dem Tachyonen-Seminar fuhren wir gleich noch einmal in den esoterischen Buchladen nach Bayern, um uns von unserem Freund vor seiner Amerikareise zu verabschieden. Wir waren, nachdem er fort war, nur noch zweimal dort. Von dem einen Mal, welches ein halbes Jahr später war, werde ich später noch berichten, denn seit dieser Zeit fehlte irgend etwas in dem Laden, er hatte seine eigentliche Bedeutung für uns verloren.

- 20 -

In der Zwischenzeit beschäftigten wir uns sehr viel mit den Tachyonen und waren mit den Reisevorbereitungen für unsere Weltreise beschäftigt. Das mit der Weltreise sollte sich aber mit einer Einladung zu einem "Flower of Life"-Family-Weekend im Dezember ändern. Wir sagten hier zu und fuhren kurz vor Weihnachten an den Chiemsee zu diesem Treffen. Bevor wir dort hinfuhren, hatten meine Frau und ich den gleichen Traum. Wir hatten im Traum viele Blaulichter gesehen, die ein Stück vor uns auf einer Autobahn zu sehen waren. Wir überlegten daraufhin, ob wir fahren sollten und kamen zu dem Entschluß, daß die geträumten Blaulichter uns keinesfalls direkt betrafen. Wir traten also unsere Reise an. Am Anfang war die Fahrt sehr ruhig und ohne irgendwelche Probleme. Wir waren ebenfalls noch sehr gut in der Zeit und hätten ohne Probleme zum Seminarbeginn um sieben Uhr am Chiemsee sein können. Doch kurz hinter München begann ein Stau. Wegen eines schweren Unfalls wurde die Autobahn komplett gesperrt. Nun sollte unser Traum Realität werden, denn auf einmal sind fünf Feuerwehrfahrzeuge mit Blaulicht, zwei große Krankenwagen und zwei Fahrzeuge des Technischen Hilfswerks an uns vorbeigefahren, um an die Unfallstelle zu gelangen. Das waren genau die gleichen Bilder, die meine Frau und ich im Traum gesehen hatten. Die Sperrung der Autobahn ist nach zweieinhalb Stunden wieder aufgehoben worden. Deshalb trafen wir über eine Stunde später zu dem Seminar ein. Wir waren aber keineswegs die einzigen, die in dem Stau gesteckt hatten. Das Seminar wurde trotz der Anreise ganz wunderbar. Wir haben wieder sehr viele Erfahrungen dort gesammelt. Als erstes lernten wir zusätzliche Schritte zur MER KA BA-Meditation kennen. Danach machten wir eine Meditative-Schamanenreise, zu unserer inneren Landschaft, um dann in unsere eigene Unterwelt zu reisen. Dadurch lassen sich Blockaden, die noch vorhanden sind, lösen. Wir machten während einer anderen Meditation noch eine Reise nach Atlantis. Mir erschien auf dieser Reise in Atlantis ein sehr alter weißhaariger Mann mit einem Bart, der zu mir sprach. Ich empfand plötzlich eine innere Ruhe, wie ich es vorher so intensiv niemals gekannt habe. Seit dieser Zeit begleitet er mich oft in meinen Meditationen. Ich hatte mit diesem Mann aus "Atlantis" kurz nach diesem Seminar ein sehr interessantes Traum- vielleicht sogar Astralerlebnis, von dem ich noch berichten werde.

Während dieses Seminars lernten wir wieder verschiedene interessante Leute kennen. Der eine kannte sich bestens in der "Heiligen Geometrie" aus. Bei ihm schaute meine Frau auch auf seinem eigenen Wunsch hin nach der Aura und sah etwas, was sie bisher vorher bei niemanden gesehen hatte. Von seinem Hinterkopf ging eine Spirale nach oben, die alle Regenbogenfarben enthielt. Dieses könnte vielleicht der Grund sein, warum er sich gerade auf diesem Gebiet so gut auskannte. Aber vielleicht ist er gerade durch die Spirale mit einer Informationsquelle verbunden, durch die er diesen speziellen Teil seines Wissen übermittelt bekommt. Eine andere Person, die wir bei diesem Seminar kennen- lernten, ich nenne ihn hier einmal Erik, war etwas merkwürdig. Er ist ein Typ, der einem irgend etwas sagt, sich dann aber eine Ewigkeit keineswegs mehr rührt. Später stellt sich dann aber immer heraus, daß das, was er gesagt hatte, einem irgendwie weitergeholfen hat. Für viele, die ihn kennen, ist er unheim- lich. Mancher hat schon gesagt, er sei Mitarbeiter eines Geheimdienstes, der auf beiden Seiten arbeiten würde. Ich glaube das allerdings weniger, sondern eher, daß er diese Informationen durch eine Art "Channeling" erhält.

Als wir den anderen während des Seminars von unserer bevorstehenden Reise erzählten, sagte Erik ganz beiläufig nur folgenden Satz zu mir: "Warum bist du hier in Deutschland geboren?" Ich nahm diesen Satz nur so nebenbei auf und maß der Frage keine größere Bedeutung zu.

Nachdem die zweieinhalb Tage vorbei waren, machten wir uns alle wieder auf den Heimweg. Vom Heimweg fehlt uns, auch wenn es sich verrückt anhört, bis zum heutigen Tag eine komplette Stunde Zeit, inklusive der Strecke, die wir hätten fahren müssen. Wir waren um eine Stunde schneller zu Hause, als wir es hätten sein müssen. Ich rief am nächsten Tag noch andere Teilnehmer des Seminars an, die in der Nähe von uns wohnten. Auch ihnen ist es sehr komisch vorgekommen, denn sie hatten genau das gleiche Phänomen erlebt wie wir. Eine Erklärung hatte eigentlich niemand parat, außer der Bemerkung, daß wir viel- leicht von einem UFO "hochgebeamt" worden seien. Na ja, wir werden es schon irgendwann herausfinden.

Zu Hause liefen die Vorbereitungen für unsere Reise wieder auf vollen Touren. Die Wohnungen hatten wir endgültig für Ende März gekündigt und die letzten Reisevorbereitungen getroffen.

Inzwischen lernten wir die Schwester von Christine, der Hellseherin, die uns damals geholfen hatte, kennen. Christine bat mich, als ich ihr von den Tachyonen erzählte, einen Energieausgleich bei ihrer Schwester Andrea durchzuführen. Diese hatte nach einer langen schweren Krankheit, wo ihr keiner helfen konnte, eine deutliche Verbesserung durch die Tachyonen erlebt und war nun wieder so genesen, daß sie dies wieder weitergeben konnte, um anderen zu helfen. Andrea machte es wie ich, rein auf Spendenbasis, um niemanden auszuschließen, der es sich sonst aus finanziellen Gründen niemals leisten kann. Sie war auch irgendwie eine ungewöhnliche Person, sie war wie ein Engel und ist sehr wahrscheinlich auch einer.

Wir telefonierten nun auch häufig mit unserem Freund aus dem esoterischen Buchladen in Bayern, der inzwischen in Amerika lebte und tauschten mit ihm viele Neuigkeiten aus.

An einem Morgen, während der Meditation, fielen mir wieder die Worte von Erik ein: "Warum bist du in Deutschland geboren?" Ich hörte weiter meine innere Stimme sagen: "Wäre diese Reise zu dem jetzigen Zeitpunkt in etwa keine Flucht? Hast du dich niemals freiwillig zu einer Mission auf der Erde gemeldet, die es zu erfüllen gilt? Die Zeit für so eine Reise ist jetzt keinesfalls gegeben."

Ich sprach anschließend mit meiner Frau über das, was ich während der Meditation erlebt hatte und wir beschlossen, die Reisevorbereitungen erst einmal zu stoppen, bis wir Klarheit über alles hatten. Am nächsten Tag kam mir während der Meditation die Idee, ein Institut zu gründen, um die verschiedenen Dinge in den esoterischen Kreisen weiter zusammenzuführen. Es störte mich eigentlich schon immer, daß es ein Gegeneinander gab, was eigentlich genau gegen die Interessen des Ganzen ist.

Wären die Leute in diesen Kreisen so spirituell, wie sie zum Teil meinen, würden sie sich niemals untereinander bekämpfen sondern sich akzeptieren und respektieren. Aber was passiert in Wirklichkeit? Da sagt derjenige, der Reiki gibt, daß seines das beste ist und derjenige der etwas anderes macht, sei ein Spinner. Derjenige, der sich mit Steinen beschäftigt, sagt meist das gleiche von sich und über die andern usw. Damit machen sich, meiner Meinung nach, alle unglaubwürdig, denn alles ist eins und gehört zusammen. Keines ist besser oder schlechter als das andere, sondern alles ist nur ein Teil vom Ganzen.

Zur Gründung des Institutes habe ich alle Bekannte eingeladen, die hieran ebenfalls Interesse zeigten. Das Institut sollte ebenfalls dazu dienen, Leuten, die in irgendwelchen Krisen steckten, Hilfe zu bieten. Wir waren selbst auch sehr froh, daß wir in einer unser schwierigsten Zeiten Hilfe von verschiedenen Leuten erhielten. Aber wieviele Menschen gibt es, die niemanden haben, und froh wären, wenn sie wieder einen Impuls zur Selbsthilfe bekommen würden?

In bezug auf die Gründung des Institutes wollte ich auch Verbindung mit Jan van Helsing aufnehmen, da mir jemand erzählte, daß Jan ebenfalls so etwas vorhatte. Es wäre nämlich in meinen Augen wenig sinnvoll gewesen, wenn wir etwas ähnliches oder sogar das gleiche gemacht hätten. Es ist dann auch völlig egal, wer es verwirklicht. Jan sagte mir aber, daß an der Geschichte nie etwas dran war. Nur hatten irgendwelche Leute, ohne ihn zu fragen, einmal mit seinem Namen für so etwas geworben. Anschließend vereinbarten wir, daß es sinnvoll wäre, sich in der nächsten Zeit einmal zu treffen. Wir machten aber zum damaligem Zeitpunkt noch keinen festen Termin aus und beendeten das Gespräch.

Durch die Gründung des Instituts lernten wir sehr viele interessante Leute kennen, die irgendwelche Dinge entwickelten oder sich mit den unterschiedlichsten Themen beschäftigten. Von einigen dieser Leute möchte ich hier berichten.

Einer von ihnen beschäftigt sich mit Möglichkeiten, um zum Beispiel Wasser und Lebensmittel durch radionische Methoden wieder in den gereinigten Ursprungszustand zu versetzen, Elektrosmog radionisch unschädlich für uns zu machen, dem Barcode (Strichcode) die radionische Toxität zu nehmen usw. Diese arbeiten beruhen auf quantenphysikalische Vorgänge. Bei meiner Frau hat er zum Beispiel auch auf radionischen Wege eine Blockadeauflösung in Gang gesetzt, die uns sehr wahrscheinlich zu einem Teil des Schlüssels von den Ereignissen die in Norddeutschland passiert sind, geführt hat.

Wir besuchen ihn ab und zu, wenn wir Zeit haben und sehen uns seine neusten Entwicklungen an, die uns immer wieder überraschen. Wenn wir sein Reich wieder verlassen, sagt er immer, daß er nun erst einmal seine Wohnung von den ganzen Wesenheiten, die wir bei ihm gelassen hätten, reinigen müsse. Manchmal ruft er uns dann noch einmal an und teilt uns mit, wieviel von den Wesenheiten nun bei ihm zurück geblieben waren, die er anschließend zurück ins Licht geführt habe.

Eine andere Person, die wir kennenlernten - ich nenne ihn hier Gerd - sagte, daß sein Bekannter, eine Tapete entwickelt habe, mit der man die Heizung im Haus ersetzen könne. Sie heizt durch Nutzung der sogenannten "Freien Energie" den Raum auf die gewünschte Temperatur. Der Entwickler mußte aber bei der Version, die in den Vertrieb gehen sollte, noch ein Kabel angebracht lassen, mit dem man einen Teil der Energie aus der Steckdose zuführt, da er sonst seine Erfindung unmöglich patentiert bekommen hätte. Wir vereinbarten mit Gerd einen Termin, an dem wir uns trafen und über alles Mögliche redeten. Meine Frau war skeptisch in bezug auf den Aufbau des Vertriebs dieser Tapete. Später stellte sich dann auch heraus, daß die Vertriebspartner nur daran interessiert waren, daß dieses Produkt niemals auf den Markt kommt, was ihnen schlußendlich auch gelang. Wir hatten aber weiterhin sehr guten Kontakt mit Gerd und seiner Frau.

Nachdem er die Vertriebsrechte von dem Unternehmen, das die Tapete für seine Bekannten vertreiben sollte, nie genommen hatte, weil er auch merkte, daß diese überhaupt nie an einem Vertrieb interessiert waren, war er auf der Suche nach einer neuen Tätigkeit. Denn in dem Finanzierungsgeschäft, das ihm gehörte, herrschte eine Flaute. Mittlerweile haben wir keinen Kontakt mehr mit ihm, da er sich wieder voll um seine Finanzierungen kümmert. Ich glaube, daß wir auch etwas zu unheimlich für ihn und seine Frau gewesen waren. Unheimlich ist vielleicht etwas zu stark ausgedrückt. Sie kamen wohl kaum damit zurecht, daß wir einfach das machen, was wir wollen und nie in einer streng bzw. übertriebenen ‚positiven Welt' leben. Diese sogenannte streng "positiv" ausgerichtete Lebensweise finde ich im übrigen Quatsch, denn es hat mit der eigentlichen ‚Esoterik' überhaupt nie was zu tun. Aber trotzdem sollte Gerd und seine Frau noch einmal eine wichtige Rolle in unserer Geschichte spielen.

Dann, irgendwann Anfang 97, war auch die Zeit, in der ich eines Nachts das Erlebnis mit diesem Mann aus "Atlantis" hatte. Ich ging nachts, wie sonst auch, ganz normal zu Bett. Es war so ungefähr drei Uhr morgens, als ich vielleicht normal oder astral diesen Mann vor mir am Fußende des Bettes gesehen hatte. Er sagte zu mir, daß nun die Zeit gekommen wäre, wo meine eigentliche Mission beginnen würde und ich die letzten Prüfungen dafür zu absolvieren hätte. Ich war ziemlich erschrocken und weiß bis heute kaum, ob ich dies geträumt hatte. Er sagte zu mir, daß er wisse, daß ich Angst vor Särgen hätte, ich ihm aber vertrauen solle. Dann zog er einen Steinsarkophag aus der Wand neben dem Bett und sagte zu mir, daß ich mich dort hineinlegen solle. Am Anfang zögerte ich noch einen Moment, doch dann war ich innerlich so ruhig und hatte so ein angenehmes Gefühl verspürt, daß ich aufgestanden bin und mich in diesen Sarkophag hineingelegt habe. Er sagte zu mir, bevor er den Deckel verschloß, daß ich ganz ruhig bleiben und alles was nun passieren würde einfach auf mich zukommen lassen und mich niemals dagegen wehren solle. Als der Deckel dann verschlossen wurde, merkte ich, wie ich einen langen dunklen Tunnel kam und auf einmal Licht an der anderen Seite erkennen konnte. Als ich an dem Licht angekommen war, erlebte ich mein ganzes Leben noch einmal von Geburt an bis zum jetzigen Zeitpunkt. Doch hatte ich auch die Möglichkeit, in Situationen, die bis dahin noch völlig unverarbeitet waren, hineinzugehen und sie im nachhinein zu verarbeiten. Es gab darunter angenehme und unangeneh-me Situationen, aber in dem Moment erlebte ich sie alle neutral, um deren Sinn und Zweck verstehen zu können. Nachdem ich das hinter mir hatte, merkte ich, wie der Sarkophag sich wieder öffnete und der alte Mann sich darüber beugte und mir sagte, daß ich nun wieder aufstehen und herauskommen könne. Ich fühlte mich nun auf einmal sehr leicht und befreit. Es war ein wunderbares Gefühl, das eigentlich kaum zu beschreiben ist. Danach sagte er zu mir, daß ich mich nun wieder ins Bett legen und weiterschlafen solle, denn die eigentliche Auflösung meiner Blockaden würde erst noch beginnen. Am nächsten Morgen als ich wach wurde, sah ich sofort auf die Wand, aus der in der Nacht der alte

Mann den Sarkophag herausgezogen hatte, doch ich konnte keinesfalls was Ungewöhnliches entdecken. Ich bemerkte nur an mir, daß ich mich noch immer, wie von einer schweren Last befreit fühlte. Ich spürte eine Energie und innere Ruhe in mir, die bis heute anhält, die mir Kraft in allen Problemsituationen gibt. Ich erzählte das Erlebnis gleich meiner Frau, als sie wach wurde. Sie sagte daraufhin nur, daß sie in der Nacht auch das Gefühl hatte, daß eine Person in dem Raum gewesen sei. Ich weiß bis heute kaum, wie vorhin schon einmal erwähnt, wie ich dieses Erlebnis einordnen soll. Nur eines weiß ich, daß ab diesem Zeitpunkt eine extreme starke Auflösung meiner Blockaden angefangen hat, von der ich später noch ein paar Dinge berichten werde.

- 22 -

Eines Morgens, als meine Frau und ich aufwachten, sagte sie zu mir: "Laß uns doch heute in den esoterischen Buchladen nach Bayern fahren." Ich stimmte spontan zu, da es jetzt fast ein halbes Jahr her war, als wir das letzte mal dort waren. Wir fuhren nun zu dem Laden nach Bayern und schauten uns erst einmal an, was es alles Neues gab. Es war dort diesmal anders als sonst. Wir spürten, daß noch irgend etwas in der Luft lag und sich hier ereignen sollte. Zuerst fiel mir in dem Laden eine Person auf, die sehr verwirrt und verängstigt aussah, die ich aber vorher hier noch nie gesehen hatte. Als ich neben ihr stand und auch nach den Büchern schaute, sprach der Mann mich an und fragte mich nach einem speziellen Buch. Ob ich ihm vielleicht dabei behilflich sein könnte, es zu finden. Da ich es kurz zuvor in der Hand hatte, zeigte ich ihm, wo es stand. Nun kamen wir ins Gespräch über alle möglichen Dinge. Ich erzählte ihm von dem Institut und einen kleinen Teil unserer Geschichte, und meine Auffassung beziehungsweise Meinung zu den ganzen Vorgängen in der Welt und was die Wissenschaft betrifft. Ich sprach mit ihm auch über die Tachyonen-Energie. Er hörte die ganze Zeit sehr interessiert zu und meinte, daß dies ganz interessante Erkenntnisse beziehungsweise Standpunkte wären. Dann erzählte er, daß er verfolgt würde und er starke Angst habe, was ihm ganz deutlich anzusehen war. Es stellte sich im Gespräch heraus, daß er ein Professor war und sich mit den Themen der Freien Energie, Gedankenkontrolle, Manipulationen usw. beschäftigte. Er sagte, daß es ganz toll sei, wie ich mit dem ganzen umgehen würde, so angstfrei nach diesen Ereignissen. Ich sagte daraufhin: "Was sollen sie einem auch schon nehmen? Sie können einem nur das Fahrzeug (physischer Körper) nehmen, aber das eigentliche "ich" niemals." Das sich die Macht der Oberen nur darauf aufbaut, daß alle in beziehungsweise mit allen möglichen Ängsten, lebten. Er stimmte mir zu und meinte, daß es nie ausreichen würde, nur ein bißchen der Angst zu verlieren, sie müsse komplett weg sein. Sie hätten an seiner Universität Versuche gemacht, bei denen festgestellt wurde, daß es technisch möglich sei bei einer Person, die nur noch 0,1 Prozent Angst vor irgend etwas hat, diese wieder auf volle 100 Prozent zu setzen. Der Wert von 0,1 Prozent ist hier nur mal angenommen, er kann im Prinzip unendlich klein sein. Die technische Möglichkeit kann hier zum Beispiel aus der Bestrahlung mit ELF-Wellen (Extreme Low Frequency) bestehen. Diese kann dann auf ein ganzes Gebiet oder eine einzelne Person gerichtet werden.

Ich hatte den Eindruck, daß es dem Professor nach unserem Gespräch etwas besser ging. Er verabschiedete sich danach, weil er noch einen dringenden Termin hatte und verließ den Laden. Später erfuhr ich, daß er die Person war, die die Tapete entwickelt hatte, die ich vorhin schon erwähnte. Das war aber keinesfalls die einzige Person, die wir an diesem Tag treffen sollten. Kurze Zeit, nachdem der Mann gegangen war, kam ein Ehepaar aus der Schweiz herein, die sich hauptsächlich mit der Ernährung beschäftigen. Meine Frau erkannte sie gleich, weil sie hinten auf einem Buch, das wir einmal gelesen hatten, abgebildet sind.

Wir sprachen kurz mit ihnen und sie sagten uns, daß sie hier mit Jan van Helsing verabredet seien. Kurze Zeit später betrat erneut eine Person den Laden, und ich wußte genau, daß es Jan war, obwohl ich ihn vorher noch nie gesehen hatte. Ich ging auf ihn zu, stellte mich vor und sagte ihm, daß wir schon einmal miteinander telefoniert hätten. Wir sprachen ganz kurz miteinander und vereinbarten, daß er sich nach Ende seines Gesprächs Zeit nehmen würde, um sich noch eine Weile mit uns zu unterhalten. Dieses taten wir bis spät in die Nacht. Und nachdem mich Jan mehrmals darauf hingewiesen hatte, unsere Geschichte aufzuschreiben, viel die eigentliche Entscheidung, dies zu tun, auch an diesem Abend.

Es gab an diesem Tag aber noch ein anderes Erlebnis in dem Laden. Meine Frau unterhielt sich mit einer Mitarbeiterin, die auch die Aura sehen kann und verschiedene Eingebungen hat, über ihre Erfahrungen. Weil meine Frau unsicher war, fragte sie die Mitarbeiterin, wie sie mit dem Sehen der Aura und den Eingebungen umgehen solle. Die Mitarbeiterin sagte zu ihr, daß es schon stimme, was sie sehe, sie aber das, was sie gesehen habe oder die Eingebungen die sie hätte, niemals anderen Leuten erzählen solle. Als nun ein Kunde nach dem Preis, eines Artikels fragte, den er kaufen wollte, und keiner es ihm sagen konnte, hatte meine Frau auf einmal einen Preis als "Eingabe" bekommen. Sie unterließ es aber sich zu äußern, weil die Mitarbeiterin ihr ja gesagt hatte, daß sie ihre Eingebungen niemals weitererzählen solle. So suchte die Mitarbeiterin fast eine viertel Stunde nach dem Preis des Artikels. Meine Frau hatte mir zwischenzeitlich den Preis, den sie per Eingebung genannt bekam, gesagt. Als die Mitarbeiter des Ladens dann endlich mit vereinten Kräften den Preis für den Artikel gefunden hatten, war es genau der, den meine Frau mir gesagt hatte. Daraufhin erwähnte ich den Vorfall gegenüber der Mitarbeiterin, und wies sie auf ihre Bemerkung gegenüber meiner Frau hin, Gesehenes oder ,Empfangenes' niemals zu äußern, woraufhin sie ihre Aussage etwas korrigierte und meinte, daß man selbst entscheiden solle, ob man es sage oder sein läßt. Wir mußten dann aber trotzdem alle über dieses Ereignis lachen.

Daheim fing ich erst einmal an, zusammen mit meiner Frau alles, was wir bisher erlebt hatten, stichpunktartig aufzuschreiben. Trotzdem wurde ich dabei immer gestört. Das stellte sich im nachhinein als sehr gut heraus, denn zu diesem Zeitpunkt fehlte uns noch der Schlüssel zu den Ereignissen in Norddeutschland. Es sollte auch noch zwei Monate dauern, bis wir soweit waren. Zwischenzeitlich geschahen aber noch weitere Dinge, von denen ich hier berichten möchte. Da war zum Beispiel folgendes: Eines Abends, meine Frau und ich lagen schon zu Bett, wurde ich wach, weil irgend etwas meine Haare berührte. Ich öffnete sogleich meine Augen und sah, daß mich meine Frau, die ebenfalls wach war, ganz entgeistert ansah. Sie sagte zu mir: "Hast du auch gerade die Lichtkugel gesehen, die ganz knapp über Deinen Kopf geflogen ist?" Ich verneinte, erklärte ihr aber, daß ich nur gemerkt hätte, wie etwas ganz leicht meine Haare berührt habe.

Sie beschrieb dann, daß sie diese Lichtkugel schon eine ganze Weile beobachtet habe. Sie sei die ganze Zeit oben an der Decke geschwebt, dann immer weiter abgesackt, bis sie meine Haare berührte und von da sei sie zur Decke auf die andere Seite des Zimmers geflogen. Nachdem meine Frau mir das erzählt hatte, konnte ich die Lichtkugel auch ganz deutlich sehen. Ich weiß keineswegs mehr genau, wie lange sie noch dort war, weil wir kurze Zeit später wieder in einen tiefen Schlaf gefallen waren.

Ein anderes Ereignis spielte sich folgendermaßen ab. Wir saßen gerade am Wohnzimmertisch und unterhielten uns, als auf einmal ein schwarzer Strahl, wie ein Laserstrahl, aus der Decke kam. In dem Moment, als er den Boden erreichte, breitete er sich wie ein Atompilz im ganzen Zimmer aus. Als wir von dieser schwarzen Wolke erfaßt wurden sind, wurden wir so aggressiv, wie wir es zuvor noch nie erlebt hatten. Da ich mich aber normalerweise niemals richtig streiten kann, sagte ich zu meiner Frau, daß wir nach draußen, an die frische Luft gehen sollten. Sofort, als wir draußen waren, war die ganze Aggressivität schlagartig verschwunden. Wir machten anschließend einen längeren Spaziergang, bevor wir die Wohnung wieder betraten. Nachdem wir wieder zurück waren, haben wir die Wohnung energetisch gereinigt. Unsere Bekannten mochten uns alle nur sehr ungern in dieser Wohnung besuchen, nachdem sie einmal dort gewesen waren, da sie die Meinung vertraten, daß dort merkwürdige Dinge passierten.

Einmal hatten wir ein eigenartiges Erlebnis während einer Vorstandssitzung des Institutes. Sie begann zuerst ganz normal, bis meine Frau so gegen dreiundzwanzig Uhr auf den Balkon unserer Wohnung ging, in der die Sitzung stattfand, um eine Zigarette zu rauchen. Sie kam plötzlich ganz aufgeregt herein und rief: "Da draußen ist ein UFO am Himmel!" Wir sind natürlich ebenfalls alle nach draußen gegangen, um dieses Objekt, was sich dort in wilden Formationen bewegte, zu sehen. Mittlerweile sind immer mehr Personen, die in diesem Wohnblock wohnten, auf ihre Balkone gelaufen, um sich dieses Ereignis anzusehen. Ich ging zurück in die Wohnung, um einen Fotoapparat zu holen. Doch sobald ich das Objekt fotografieren wollte, hatte der Fotoapparat eine totale Funktionsstörung. Ich probierte testweise die Funktionsfähigkeit des Fotoapparates in der Wohnung und in andere Richtungen am Himmel - problemlos. Zu dem einzelnen Objekt gesellten sich noch zwei weitere dazu und ein Nachbar, der ein Fernglas hatte sagte, daß weiter oben, über den anderen, noch ein viel größeres Objekt zu sehen sei. Gerd, der auch bei der Vorstandssitzung anwesend war, machte den Vorschlag, uns zum Meditieren in die Wohnung zu setzen, vielleicht könnte man ja Kontakt mit ihnen aufnehmen. Dann nach einer halben Stunde des Meditierens sprachen wir über die Ereignisse, die wir während der Meditation erlebt hatten, und stellten fest, daß es fast jedem gelungen war, etwas zu sehen. Die Aussagen stimmten fast alle damit überein, daß die Wesen so aussahen, wie die sogenannten ‚Greys‘ immer beschrieben werden – etwa einen Meter zwanzig klein, einen übergroßen Kopf mit großen, schrägen, schwarzen Augen, grauer Haut und Glatze - nur daß die Wesen hier eine hellere Hautfarbe zu haben schienen. Sonst hatten wir aber niemals näheres darüber erfahren und fuhren dann mit der Vorstandssitzung fort. Am nächsten Tag erzählte jemand, der auf einem nahegelegenen Flughafen arbeitete, daß es sich bei diesem Objekt um die Raumstation MIR gehandelt haben solle. Die Lichterscheinungen sollen durch irgendwelche Experimente, die dort durchgeführt wurden, entstanden sein. Selten so gelacht! Das war bei der Größe der Objekte mehr als unwahrscheinlich. Ich erzählte die Sache meiner Mutter, als sie uns ein paar Tage später anrief. Sie sagte daraufhin, daß sie letztens auch so etwas wie ein UFO gesehen habe. Sie sei mit dem Zug von der Arbeit nach Hause gefahren. Von ihrem Fensterplatz habe sie den strahlend blauen Himmel beobachtet, an dem nur eine kleine Wolke zu sehen war. Auf einmal fing diese Wolke an, in allen Regenbogenfarben zu blinken und verschwand dann ganz schnell.

Als ich zwei Wochen später zusammen mit Jan van Helsing zum UFO-Weltkongreß in die Schweiz fuhr, traf ich dort ein Ehepaar wieder, das meine Frau und ich früher schon einmal in dem esoterischen Buchladen in Bayern kennengelernt hatten. Da sagte der Ehemann zu uns, daß er ein Buch geschrieben habe in dem er beschreibt, daß er und seine Frau von Außerirdischen entführt wurden und er seit dieser Zeit auch Kontakt mit ihnen habe. Er beschreibt die Wesen genau so, wie wir sie damals bei der Meditation gesehen hatten. Er erwähnte noch nähere Einzelheiten über das Innere des Raumschiffes. Zum Beispiel, daß er dort viele Embryos in Behältern, die mit grünlichem Wasser gefüllt seien, gesehen hätte. Für die Kleinkinder gäbe es dort ein Spielzimmer und die Leute, die mit denen diese Außerirdischen in Kontakt stünden, hätten am Schienbein eine Narbe, wo ein Sender während einer "Entführung" eingepflanzt worden sei. Er sagte auch, daß diese Außerirdischen versuchen würden, durch ein Vermischen mit der menschlichen Rasse ihren sogenannten "Emotionalkörper" wiederzubekommen, den sie durch Klonexperimente verloren hätten. Sie wären, so teilten sie ihm mit, uns freundlichen gesonnen und

124

wollten uns Menschen in dieser schwierigen Zeit helfen. Zusammen mit diesen kleinen ‚Grauen' und gleichzeitig deren Anführer seien die Aldebaraner, eine Rasse über zwei Meter großer Außerirdischer, die behaupten, die Vorfahren der arischen Rasse zu sein.

Mich interessierte die Sache mit der Narbe am Schienbein, denn vor ein paar Jahren bin ich morgens aufgewacht und hatte am Schienbein genau an der gleichen Stelle, wie er sie beschrieb, eine Narbe beziehungsweise eine kleine Beule, die ich dann aufgekratzt hatte. Kurze Zeit später war sie aber wieder da, sie ist auch bis heute noch immer noch vorhanden. Als ich diese Narbe vor ein paar Jahren meiner Frau zeigte, sagte sie nur: "Das ist ja lustig, ich habe genau an der gleichen Stelle so eine Narbe."

Nach dem Kongreß fuhr ich mit zu Jan nach Hause, wo meine Frau, die sich mit Jans Frau gut verstand, bereits wartete. Auf unserer anschließenden Heimfahrt zu uns, erzählte ich ihr die Sache mit der Narbe. Darauf berichtete sie mir eine Geschichte, bei der ich erschrak. Das konnte ja kein Zufall sein. Denn nun erzählte sie mir, was sie in der Nacht, als wir bei unserer Vorstandssitzung die Sichtung hatten und danach meditierten, was sie in ihrer Meditation wirklich erlebt hatte. Sie schilderte es so: Sie sahen zwar aus wie Greys und machten einen sehr freundlichen Eindruck, doch war ihr noch ein anderes Wesen aufgefallen, das einem Menschen sehr ähnlich gesehen hätte. Es besaß blonde, mittellange Haare, die sie, wie sie sagte, an Prinz Eisenherz erinnerten. Außerdem wäre es sehr groß gewesen, hätten einen athletischen Körperbau gehabt und wunderschöne blaue Augen. Ihr kam es so vor, als würde es auch das Raumschiff (Objekt) führen. Diese Person äußerte sich auch gegenüber meiner Frau. Sie sagte, daß sie, also ihre Rasse, in Frieden kommen würde und uns helfen wollte. Meine Frau erklärte mir dann noch, wie diese Kommunikation stattfand. Man könne es niemals mit einer Unterhaltung, wie wir sie kennen, vergleichen, sondern sie würden ihr ihre Gedanken telepathisch übermitteln. Sie erzählte mir genau das Gleiche, was mir der Bekannte auf dem Kongreß von seinen Begegnungen mit den Außerirdischen erzählte. Dieser hat inzwischen mit Jan van Helsing zusammen seine Erlebnisse und die seiner Familie veröffentlicht – in dem Buch "Unternehmen Aldebaran". Das Bemerkenswerte war, daß ich meiner Frau zu diesem Zeitpunkt noch kein Wort von seiner Geschichte erzählt hatte. Ich hatte lediglich nur die Narben erwähnt. Ich sagte daraufhin zu meiner Frau, daß sie am Abend den Bekannten einmal anrufen und ihm die Geschichte erzählen solle. Er sagte ihr, daß es sich an diesem Abend tatsächlich um einen Kontakt mit den selben Außerirdischen gehandelt haben könnte, mit denen er auch in Verbindung steht.

Was hatte sich sonst noch getan? Wir mußten uns mittlerweile eine Wohnung suchen, weil wir unsere bisherige wegen unsere Reise ja gekündigt hatten. Dies stellte sich viel schwieriger, als zuerst angenommen heraus. Ungefähr drei Wochen, bevor wir aus unserer Wohnung heraus mußten, lernten wir einen Bekannten von Erik kennen, mit dem er geschäftlich zu tun hatte. Er sagte uns, daß er Jürgen heißen würde und einen Bekannten hätte, der sein Haus vermieten wolle. Wir machten nun mit Jürgen und seinem Bekannten Wolfgang, einen Termin aus, um dessen Haus zu besichtigen. Das stellte sich doch auch diesmal als viel schwieriger heraus, wie zuerst gedacht. Denn Jürgen teilte uns mit, daß Wolfgang mit seiner Frau dort gewohnt hatte. Doch sie hätte ihn zusammen mit dem Kind verlassen und seit dieser Zeit wäre für Wolfgang eine Welt zerbrochen. Er würde sich weder um seine Firma kümmern, noch um irgendwelche anderen Dinge. Sein Haus wollte er jetzt vermieten, da er in einer seiner Mietwohnungen wohne. Nach fast zwei Wochen klappte es endlich mit dem Besichtigungstermin. Das Haus gefiel uns sehr gut, es lag sehr schön ruhig. Wir waren uns auch schnell mit Wolfgang einig geworden, der uns von seinen Problemen erzählte. Er sagte uns, daß er das Haus nur für drei Monate vermiete, denn dann wollten es seine Eltern kaufen. Das störte uns aber kaum, es sollte ja nur eine Übergangslösung für uns sein. Wir vereinbarten mit ihm, daß wir einen Tag vor dem Einzug den Schlüssel von ihm bekommen sollten. Anschließend sprachen wir noch weiter über seine Probleme und versuchten ihm neuen Mut zu geben. Danach fuhren wir glücklich in unsere Wohnung zurück, denn wir hatten zwei Wochen vorher doch noch eine ganz tolle Wohnung gefunden. Meine Frau hatte aber der Sache niemals getraut, was ich ihr anmerken konnte.

In der Woche bevor der Umzug stattfinden sollte, hatte ich noch eine Gerichtsverhandlung. Es ging um einen Kredit, den meine Frau durch die Firma bei einer Bank in Norddeutschland noch hatte und für den ich bürgte. Es war eine der Banken, die mit der Freimaurerei zu tun hatten. Die Bank hatte mittlerweile ein Mahnverfahren vor einem halben Jahr eingeleitet, wogegen ich, weil mir die Unterlagen über die genaue Summe fehlten und die Bank sich weigerte diese uns zuzusenden, Widerspruch eingelegt hatte. Daraufhin bekam ich eine Ladung vor Gericht, bei der ich die Summe anerkennen sollte. Diese Gerichtsverhandlung sollte zuerst an dem Ort sein, an dem meine Eltern wohnten. Ich rief daraufhin bei Gericht an und sagte, daß dieses Gericht doch auf gar keinen Fall für mich zuständig sein könne, weil ich dort niemals wohne. Ich erwähnte noch einen kleinen Teil von unserer Geschichte, inklusive der Sache mit der Freimaurerei. Danach sagte ich, daß es mir unmöglich sei, soweit weg von da wo ich jetzt wohne, so früh vor Gericht zu erscheinen und bat den Richter, um eine Verlegung der Verhandlung zu meinem jetzigen Wohnort. Der Richter antwortete darauf, daß ich, wenn ich fern bleiben würde, mit einem

Versäumnisurteil zu rechnen hätte. Danach beendeten wir beide das Gespräch. Eine Woche nach der Verhandlung erhielt ich vom Gericht Post. Sie enthielt den Beschluß des Gerichtes, in dem erklärt wurde, daß dieses Gericht keineswegs zuständig sei und den Rechtsstreit an das Gericht verweise, wo ich jetzt wohne. Ich hatte also überraschender Weise kein Versäumnisurteil erhalten, obwohl ich niemals zu dem Gerichtstermin erschienen war. In der Zwischenzeit erhielt ich Informationen darüber, daß man unter bestimmten Umständen einen Kredit niemals zurückbezahlen muß und auch nie dafür haftbar gemacht werden kann.

Das hat folgenden Hintergrund, eine Bank geht davon aus, daß sie im Höchstfall fünf Prozent ihres Kapitals auf einmal ausbezahlen muß. Es ist für eine Bank deshalb völlig unnötig, mehr als diese Summe an Bargeld bereithalten zu müssen. Die anderen 95 Prozent sind nur reine Zahlen, die nur dazu verwendet werden, um sie als reine Zahlen für Kredite, Aktien usw. zu nutzen. Der größte Teil dieser "Zahlen" wird aus Tradegeschäften gewonnen, in denen ein Teil von ihnen auch wieder zurückfließt. Diese Geschäfte laufen zusammen mit der jeweiligen Bundesbank und der FED (Federal Reserve Bank = Zentralbank der USA) ab. Nach internationalem Bankrecht gilt aber nur Geld als Geld, das auch wirklich existiert, als Scheine oder Münzen und keineswegs nur aus Zahlen im Computer besteht. Das dies so ist, fällt einem unmöglich auf, wenn man zu einer Bank geht, um Geld abzuholen. Es wird aus den fünf Prozent genommen, die die Bank eigentlich nur besitzt. Möchte man aber jetzt von der Bank einen Kredit, mit dem ein Haus oder irgend etwas anderes bezahlt werden soll, sind es nur wieder die Zahlen, die von einem Konto aufs andere wandern. Durch die Scheckkarten und Kreditkarten ist es mittlerweile noch einfacher für die Banken aus irgendwelche Zahlen, die eigentlich nie Geld waren, "Geld" zu machen. Als ich nun erneut die Ladung für die Verhandlung vor Gericht bekam, dachte ich am Vortag noch: "Was soll es schon bringen, dies vor Gericht zu erzählen, es glaubt mir ja doch keiner." Doch am Morgen der Gerichtsverhandlung hatten meine Frau und ich ein so gutes Gefühl, daß ich doch hingegangen bin. Vor Gericht wurde ich vom Richter gefragt, ob ich die genannte Geldsumme anerkennen würde. Ich sagte: "Ja, sofern es sich um Geld und um keine Zahlen handelt." Ich erwähnte zusätzlich noch, was ich damit meinte. Der Richter bat daraufhin die Bank alle ihre Geschäfte offenzulegen und zu beweisen, daß es sich bei der geforderten Summe um tatsächliches Geld handeln würde. Worauf der Rechtsanwalt, der die Bank vertrat, sagte: "Das ist doch egal - Geld ist Geld." Der Richter blieb aber bei seiner Entscheidung und setzte der Bank eine Frist von vier Wochen. Sollte innerhalb dieser Frist von der Bank keine neuen Unterlagen bzw. Beweise, bei ihm vorgelegt werden, brauche ich die geforderte Summe nie mehr zu bezahlen. Die Bank hat daraufhin die Klage zurückgezogen, um ein Grundsatzurteil zu vermeiden. Wäre nämlich ein Urteil zu meinen Gunsten gefällt worden, hätte dieses eine allgemeine Gültigkeit gehabt und jeder hätte die Rückzahlung seines Kredites, sofern es sich dabei um keinen bar ausgezahlten gehandelt hat, verweigern können. So hatte die Bank aber keinen Verlust erlitten, denn bei jedem Abschluß eines Kredites schließt die Bank auch noch eine Versicherung ab, die im Falle, daß der Kredit nie mehr zurückbezahlt wird, dieses übernimmt. So verdient die Bank also im Prinzip dreifach: erstens macht sie aus ‚Nichts‘ beziehungsweise ‚Zahlen‘ Geld; wird es nie mehr zurückbezahlt tritt die Versicherung in Kraft und sie Klagen noch einmal vor Gericht und bekommen dann entweder einen Titel gegen den Schuldner oder lassen pfänden und bekommen dadurch noch einmal die Summe. Nun kommt aber noch das Tüpfelchen auf dem "i". Für alles kassieren sie auch noch fleißig Zinsen, was sich normalerweise niemals mit dem eigentlichen Zinsrecht vereinbaren läßt, da man nur Zinsen für irgend etwas nehmen kann, was man tatsächlich auch hat.

Ein anderes Thema, was wir in bezug auf Banken erlebten, war folgendes. Ich hatte von jemandem, der mit der Bundesbank und der Weltbank zu tun hatte, erfahren, daß im Moment Gold ausgegeben würde, welches unecht sei. Es soll zwar genau das gleiche Gewicht haben, wie echtes, aber es handele sich hierbei um ein spezielles Metall, das nur einen Goldüberzug hätte. Dieses habe folgenden Hintergrund, wenn der Euro eingeführt wird, soll es zu einer Inflation kommen, damit es zu einer kampflosen Übernahme der Firmen kommen kann (durch das Kapital). Ich lasse hier bewußt fort zu erwähnen, wer mit dem Kapital gemeint ist. Aber wer sich ein bißchen auskennt in bezug auf die Weltregierung und so, weiß, wen ich hiermit meine. Würde ich hier genau nennen, wen ich meine, würde wahrscheinlich das Buch verboten werden. Um auch dem Volk das Geld zu nehmen und dadurch abhängig zu machen, sagt man ihnen, daß sie ihre Ersparnisse in Aktien anlegen sollen, was man ihnen durch steigende Aktienkurse und sogenannte ‚Volksaktien‘, zum Beispiel der Telekomaktie, schmackhaft macht. Bei einem vereinbarten Zeichen, wenn genug Leute in Aktien eingestiegen sind und sich alle durch ständig steigende Kurse sicher fühlen, besteht die Möglichkeit das es zu einem, von den oberen inszenierten, Börsencrash kommt und die Ersparnisse sind verloren. Da aber keinesfalls alle ihre Ersparnisse in Aktien anlegen, fährt man natürlich mehrgleisig und nimmt hier das Gold zu Hand. Das wurde ja in den esoterischen Kreisen sehr bewußt als Geheimtip zur Geldanlage schmackhaft gemacht. Nun, nach einem Chaos, was zum Beispiel bei einer Inflation oder nach einem Krieg, auf dem Finanzmarkt entstehen würde, schließt man alle bestehenden bekannten Banken, läßt nur vielleicht eine einzige für Kunden, unter einem anderen Namen geöffnet, die aber keine Haftung für die alten Banken hat. Wenn nun die Leute mit ihrem Gold kommen, sagt man zu ihnen, daß dieses unecht sei und dadurch natürlich auch niemals etwas wert ist. So ist auch denen, die auf Gold gesetzt hatten, das Vermögen und damit eine Unabhängigkeit entzogen. Ich konnte das, was ich da hörte, beim ersten Mal auch niemals so recht glauben. Doch die Schwierigkeiten, die ich beim umtauschen von unseren Goldbarren hatte, die wir mit auf die Reise nehmen wollten, gab mir doch zu denken.

Wir gingen mit dem Gold, das ich ein paar Monate zuvor auf der gleichen

Bank gekauft hatte, hin und fragten, ob man uns dieses in Bargeld umtauschten würde. Die Angestellte antwortete daraufhin, daß dies nur dann möglich sei, wenn wir ein Konto dort hätten und selbst dann müßte dieses noch an die Bundesbank geschickt werden, die dann überprüfen würde, ob es echt sei. Ich sagte daraufhin, daß es doch noch original verschweißt sei und ich auch die Originalbelege der Bank dabei hätte. Doch die Bankangestellte meinte, daß das keineswegs etwas zu sagen hätte. Ich verlangte daraufhin den Direktor zu sprechen, der mir die Aussage von der Bankangestellten bestätigte. Ich fragte ihn, ob ich sonst eine Möglichkeit hätte, das Gold umzutauschen, worauf er antwortete, daß ich es einmal bei einem Goldschmied versuchen solle. Das tat ich dann auch. Ich suchte drei Goldschmiede auf, um mir ein genaues Bild darüber zu machen und keinen "Zufallstreffer" in irgendeiner Aussage zu bekommen. Alle drei kamen aber zu der gleichen Aussage und wollten mir nur die Hälfte des aktuellen Goldpreises dafür geben. Mehr seien diese Barren niemals wert. Um sich aber genauer festlegen zu können, müßten sie die Versiegelung öffnen, doch dann hätte ich noch mehr Probleme, es irgendwo anders einzutauschen. Ich sagte ihnen jeweils, daß das völlig unnötig sei und ging wieder. Als letztes wollte ich es nun bei der Zentrale einer großen deutschen Bank probieren. Hier schaute man sich den Barren an, legte ihn auf eine Platte und durchleuchtete ihn und kam zu dem Entschluß, daß er noch original versiegelt war. Ob es sich bei dem Barren um reines Gold handeln würde, ließ man offen. Sie nahmen ihn aber trotzdem mit der Begründung, daß es ja auch egal sei, denn schließlich sei er noch original verschweißt und sich deshalb schon ein Käufer dafür finden würde.

Über das Thema Zinsen und dubiose Geschäfte der Banken, wie weit diese zulässig sind beziehungsweise was dahinter steckt, ließe sich ebenfalls ein eigenes Buch schreiben und soll keinesfalls Bestandteil dieses Buch sein. Ich wollte dieses nur hier an dieser Stelle erwähnen, weil wir es selbst erlebt haben und es deshalb zu der Geschichte dazu gehört.

So, nun war es also so weit. Wir sollten den Schlüssel für das Haus bekommen. Ich rief bei Wolfgang an, um eine Uhrzeit für die Übergabe zu vereinbaren, doch ich konnte ihn nie erreichen. Deshalb fuhr ich dorthin, wo er wohnte, da er manchmal aus irgendwelchen Gründen es unterließ ans Telefon zugehen. Man kann ihn dann nur erreichen, wenn man an seine Wohnungstür klopft, was ich dann auch tat. Dies blieb aber auch ergebnislos, so daß ich dachte, daß er vielleicht die Schlüssel bei seinen Eltern hinterlegt hat. Sie wohnten in dem gleichen Ort, in dem das Haus stand. Doch als ich bei ihnen dann nach den Schlüsseln fragte, wußten sie von alledem kein Wort und waren der Meinung, daß es sich nur um einen Irrtum handeln könnte. Ihr Sohn sei außerdem auf einem Seminar in der Schweiz und wann er wieder zurückkommen würde, sei ihnen unbekannt. Ich rief nun also bei Jürgen an und teilte ihm alles mit. Er reagierte ziemlich sauer auf Wolfgang und sagte mir, daß er auch kaum wisse, wo er sich aufhielte. Er hatte ihm nur den Namen von einer Firma genannt, die in verschiedenen Zeitungen inseriert. Mehr konnte er mir keineswegs sagen. Aber er könnte mir helfen, nach der Anzeige der Firma in den Zeitungen zu suchen. Kurze Zeit später rief er mich an und sagte, daß er die Anzeige gefunden hätte. Ich rief hierauf meine Frau an, die sich einmal erkundigen sollte, ob Wolfgang bei der Firma ist und machte mich dann auf den Weg zu ihr. Sie konnte ihn dort erreichen und er sagte zu ihr, daß wir uns keine Gedanken machen sollten. Wenn er übermorgen wieder zurück sei, regele er alles. Nun bot sich Gerd an, daß wir unsere Sachen bei ihm unterstellen könnten und, solange bis wir die Schlüssel hätten, auch bei ihm wohnen könnten. Wir waren ihm für dieses Angebot sehr dankbar, denn wo hätten wir sonst so schnell eine andere Wohnung gefunden? Am nächsten Tag versuchte ich erneut, Wolfgang zu erreichen. Doch auch diesmal verlief es ergebnislos, wie an den anderen Tagen auch. Wir machten uns nun erneut auf die Suche nach einer Wohnung, was aber keinen Erfolg hatte. So ungefähr eine Woche später rief uns dann Wolfgang an und sagte, daß er die ganze Zeit keine Zeit gehabt hätte und sich nun mit uns treffen wollte, weil er mit uns reden müßte. Nach einigem hin und her klappte dieses Treffen dann auch. Er sagte uns, daß es ihm leid tun würde, aber das Haus in zwei Monaten versteigert werden solle. Es würde sich eine Vermietung deshalb keinesfalls mehr rentieren, er sagte aber auch zu uns, daß er uns eine neue Wohnung in den nächsten drei Tagen besorgen würde. Seit dieser Zeit haben wir nie mehr etwas von ihm gehört und in seiner Firma ließ er sich, nachdem ich einmal dort angerufen hatte, verleugnen. Aus den vorhin genannten Gründen, die ich schon einmal von Gerd und seiner Frau berichtete und einem Vorfall, den ich gleich erzähle, konnten wir nach ein paar Tagen dort auch unmöglich bleiben. Nun hatte uns aber Andrea, die Schwester der Hellseherin, der ich den Umgang mit den Tachyonen-Produkten gezeigt hatte, angeboten, in den fünf Tagen in denen ihr Mann und ihre Kinder im Urlaub waren, bei ihr zu wohnen. Dadurch hatten wir erst einmal wieder für fünf Tage Zeit, etwas Neues zu suchen.

Nun möchte ich aber erst noch einmal erzählen, was wir bei Gerd in der letzten Nacht, die wir dort verbrachten, erlebten. Wir hatten gerade mit Gerd den Kometen ‚Hale-Bopp' beobachtet und uns über mysteriöse Dinge unterhalten, als wir auf einmal das Gefühl bekamen, daß sich noch mehr Personen als nur wir in diesen Raum befinden würden. Gerd hat dann meine Frau gebeten, daß sie einmal versuchen könne, mit ihrem "Aurablick" zu schauen, um zu sehen, ob sie etwas erkennen könne. Nach einiger Zeit bemerkte sie zwei Wesen (Greys), die im Raum waren. Es waren die gleichen Wesen, die sie schon bei der Meditation während der Ufosichtung gesehen hatte. Gerd meinte nun zu uns, daß er die Greys auch gern einmal sehen würde. Kurze Zeit später materialisierten sich die Greys mehr und mehr. So weit, daß selbst ich sie erkennen konnte. Sie waren ungefähr auf der Schwingungsfrequenz, wie der Pranakörper eines Menschen. Weiter materialisierten sie sich aber nie. Es waren inzwischen auch vier von den Greys dar, die uns beobachteten. Nun wurde es Gerd unheimlich.

Obwohl meine Frau und ich überhaupt keine Angst vor diesen Wesen hatten -
im Gegenteil - willigten wir ein, als Gerd sagte: "Laßt uns schnell nach oben
schlafen gehen." Wir sind auch daraufhin nach oben gegangen und legten uns in
unsere Zimmer schlafen. Wie lange die Greys, die uns beobachtet hatten, noch
da waren oder was sie genau wollten, ist mit absolut unbekannt. Am nächsten
Tag kam dann zu Gerd und seiner Frau jemand, der das Haus wieder von diesen
Energien reinigen sollte, da seine Frau die Energien als negativ empfand. Wir
sind an diesem Tag zu unserer Bekannten zum Übernachten gefahren. Dort blieben wir solange, bis ihr Mann und die Kinder zurückkamen. Nun boten uns
andere Bekannte an, so lange, bis wir etwas gefunden hätten, in deren
Gartenhütte zu bleiben. Christine, die Hellseherin, meinte, daß wir auch bei ihr
bleiben könnten, wofür wir uns dann auch entschieden. Nach drei Tagen fanden
wir über eine Zeitungsanzeige eine Wohnung. Bis die Renovierung der
Wohnung abgeschlossen war, konnten wir aber noch bei ihr wohnen. Bei ihr
sollten wir auch den Schlüssel zu unseren Erlebnissen in Norddeutschland finden.

- 24 -

Wir saßen abends zusammen in ihrer Küche, als meine Frau zu ihr sagte, daß
sie so ziemlich alles glauben würde, was sie ihr sage, nur eines keineswegs und
zwar, daß ihre Eltern auch ihre wirklichen Eltern sind. Sie könnte ihr ruhig die
Wahrheit sagen, denn sie sei auf alles gefaßt. Dann erzählte meine Frau ihr, welche Bilder sie von Kindheit an immer wieder vor Augen hatte, die sie bis dahin
noch nie richtig einordnen konnte:
Es war ein Kellergewölbe, welches überall schwarz verhängt war. In der
Mitte ein großer Tisch, der Raum selbst war nur mit Kerzenlicht beleuchtet. Die
Leute im Raum waren alle schwarz gekleidet und es würden dort schreckliche
Dinge vor sich gehen. Meine Frau verglich diese Szenerie mit einem Gruselfilm
der im 18. Jahrhundert spielte. Nun bekam Christine eine Gänsehaut und fing an
wie in Trance zu erzählen. Sie hatte nun ebenfalls diesen Raum gesehen und
beschrieb ihn noch etwas plastischer. In der Mitte auf dem Tisch lag die Mutter
meiner Frau, sie sah aus, als wenn sie unter Drogen stehen würde oder in einen
tranceähnlichen Zustand versetzt wäre. Christine sagte, daß es sich bei der
ganzen Sache um eine schwarze Messe handeln würde. Dann, so beschrieb
Christine weiter, fand ein Zeugungsritual statt, bei dem alle der Anwesenden mit
ihren Energien einwirken mußten. Sie sah, das ein solches Ritual kurz vorher
schon einmal dort stattgefunden hatte. Dieses sei mißglückt, denn das Kind, das
geboren wurde, war tot. Der Vater meiner Frau war auch anwesend in diesem
Raum. Anschließend beschrieb die Hellseherin immer noch in einem tranceähnlichen Zustand den Ablauf der Geburt. Es fand wieder in dem gleichen
Raum mit einem Ritual statt. Es war kurz vor Mitternacht, die Mutter meiner

Frau lag wieder auf diesem Tisch und die Leute, die um sie herum standen, waren wieder schwarz gekleidet. Man legte eine Schlange der Mutter auf den Bauch und sobald der Säugling geboren wurde legte man ihm die Schlange um den Hals und gab ihm als erstes Blut zu trinken. Danach wurde ein Malzeichen in den Säugling, welches meine Frau war, eingeritzt. Nach der Übermittlung von Christine schaute meine Frau nach und fand auch tatsächlich an der beschriebenen stelle dieses Mal. Nun aber weiter zu den Bildern, die Christine gesehen hatte. Sie sah, wie der Säugling zu einer Frau gebracht wurde, wo es die erste Woche verbrachte. Danach kam der Säugling erst nach Hause. Das Interessante hierbei ist, das niemand der Verwandtschaft meiner Frau die genaue Geburtszeit wußte. Selbst beim Standesamt konnte mir niemand etwas darüber sagen, als ich früher einmal nachfragte.

Nun waren für uns viele Eigenschaften meiner Frau verständlich. Jetzt war weiterhin auch klar, warum wir so hartnäckig verfolgt wurden, denn in meiner Frau sind die Energien der beteiligten Personen gebündelt enthalten. Christine fügte bei ihren Ausführungen noch hinzu, daß meine Frau allein durch die Kraft ihrer Gedanken jemanden töten könne, was sie auch als Kind zweimal getan haben soll. Es wurde für uns noch deutlicher, daß dies die volle Wahrheit war, als meine Frau zwei Tage danach bei ihren Eltern anrief. Dort teilte ihr Vater ihr mit, daß ihre Mutter, die die ganzen Jahren über an starken psychischen Problemen litt, an dem gleichen Abend, als Christine die Durchsagen bekam, schlagartig von diesen Problemen befreit war und nun wieder voller Selbstbewußtsein im Leben stehe. Seit dem Tag fängt nun auch meine Frau an, Gefühle zu zeigen und die Menschen, die sonst Angst vor ihr hatten, wenn sie ihr begegneten, gehen seit dem viel freundlicher auf sie zu. Unseren Bekannten ist eine deutliche Änderung an ihr aufgefallen. Sie hat ihre strenge und unnahbare Ausstrahlung gegen eine freundliche und Liebenswerte getauscht. Nun war uns auch klar, wir keine Wohnung gefunden haben, denn wir hatten jeder für sich in dieser Zeit eine ganze Menge Blockaden gelöst, die wir zuvor noch hatten. Zwei Tage später sind wir dann in die neue Wohnung gezogen.

Eines hat aber seit dieser Zeit niemals aufgehört bzw. hat sich noch verstärkt, und zwar, daß wir so viele Dinge erleben und unser ganzes Leben einem Abenteuer gleicht. So haben wir zum Beispiel festgestellt, daß es in Deutschland eine gleiche Anlage wie die von Montauk (Erklärung siehe Buchempfehlung) gibt. Sie liegt in der Nähe von Kaiserslautern und ist keineswegs wie in einem der angegebenen Bücher beschrieben in der Nähe von Nürnberg. Hier wurden beziehungsweise werden auch ELF-Wellen Experimente gemacht. Wir erfuhren sogar von einem Militärangehörigen, daß diese Dinge während des Golf- und des Jugoslawienkrieges eingesetzt wurden. Es wurden mit den Strahlen auch Serbische Stellungen bestrahlt und die Soldaten fingen an, sich zu übergeben oder weinten, je nachdem wie die Strahlen programmiert waren.

Sie sehen also, obwohl wir nun zwar schon wieder in einer neuen Wohnung wohnen, sind wir schon wieder auf die unglaublichsten Dinge gestoßen sind, die jetzt nach sieben Monaten, da wir Anfang Januar 1998 haben, schon für ein zweites Buch reichen würden. Doch hierfür sehe ich zur Zeit keine Notwendigkeit, da das eigentliche und wichtigste nie unsere Erlebnisse in der Vergangenheit sind, sondern die Gegenwart und da ist eigentlich mit den Naturgesetzen alles gesagt. Wer die kennt, weiß was auf ihn zu kommt oder auch, was er in der Vergangenheit getan hat.

Teil III

Nun im letzten Teil dieses Buches möchte ich Ihnen zu bestimmten Themen die Erkenntnis schreiben, die wir durch eigene Erfahrungen oder durch Visionen zu verschiedenen Themen gewonnen haben. Außerdem habe ich dort auch die Naturgesetze noch einmal ausführlich erklärt. Vielleicht kann dieses in manchen Situationen für Sie eine Hilfe sein.

Sollten Sie das Bedürfnis haben mir etwas mitzuteilen, können Sie sich gerne an IMPULS Freies Institut für alternative Technologie und Geisteswissenschaft e.V. wenden. Die Anschrift ist am Schluß des Buches zu finden.

Die Dualität

Nachdem Sie nun die Geschichte von meiner Frau und mir gelesen haben, wird der eine oder andere möglicherweise sagen: "Oh, was haben die nur alles Schreckliche erlebt, wie furchtbar." Ich sage aber, wie gut dies war und bin auch noch allen diesen Menschen dankbar, weil sie meine Lehrer waren und mir geholfen haben, meine Aufgabe, die ich mir hier aussuchte bevor ich geboren wurde, zu bewältigen. Ihr seht hierin also, das Dinge, die für den einen schlecht sind, für den anderen wiederum gut sein können. Daraus ergibt sich, das es eigentlich kein "gut" oder "schlecht", "positiv" oder "negativ" in diesem Sinne gibt, sondern nur eine wertfreie und neutrale Sache. Es gibt nur eine Einheit, das gute gehört genauso wie das schlechte zusammen und ist ein Teil davon, und je nachdem, aus welcher Perspektive wir eine Sache sehen, können wir entweder nur den guten oder den schlechten Teil davon sehen. Es ist also nur eine Frage des Blickwinkels, aus dem wir eine Sache betrachten. Ein schönes Beispiel hierzu ist: Ein Schwarzer, der in seiner Bambushütte lebt und aus seiner Sicht ein glückliches Leben führt. Doch wir sagen, was ist dieser Mensch arm, weil er keinen Luxus besitzt und geschweige denn genug Fleisch oder andere westliche Ernährungsvielfalt zum Essen hat. Deshalb meinen wir, das wir eine solche Person zivilisieren müßten. Also schicken wir ihnen Entwicklungshilfe und versuchen ihnen unseren sogenannten westlichen Wohlstand beizubringen. Was passiert, sie werden krank, es kommt zu Hungerkatastrophen, weil der Wald, von dem sie sich früher glücklich und gesund ernährt haben, gerodet wird, so das er Platz für Weiden bekommt auf dem seine Tiere weiden können, und es zum Schluß Platz für Häuser beziehungsweise Städte gibt. Damit wird ihnen die natürliche Ernährungsquelle, die früher ausreichend war genommen. Auch wird ihnen gesagt, daß sie Medikamente benötigen und natürlich auch unsere westliche Schulmedizin, da ihre Naturmedizin und die Medizinmänner und Schamanen, zu denen sie vorher gegangen sind, Scharlatane seien. Da frage ich

135

mich dann doch, warum diese Naturvölker, wenn sie so eine schlechte Heilkunde haben, schon so lange existieren und keineswegs schon längst alle ausgestorben sind.

Was wird mit so einem Menschen geschehen bei dem wir dachten, wir würden ihm was gutes tun? Er wird in Abhängigkeit der Industrienationen kommen, was ja auch die Absicht der Oberen ist und unglücklich werden. Es wäre deshalb doch besser gewesen, ihn sein Leben so leben zulassen, wie er es schon seit Jahrtausenden kennt, im Einklang mit der Natur, anstatt sich in sein Leben einzumischen.

Die Universelle Liebe

Als meine Frau und ich einen guten Freund in seinem Ladengeschäft besucht hatten, kam ein Mann herein und fragte uns, ob uns eigentlich schon einmal aufgefallen sei, daß das englische Wort "alone" keineswegs nur für "allein" stehen muß, sondern auch genau die umgekehrte Bedeutung enthält, schreibt man nämlich "all one" heißt es in deutsch "Alle eins". Daraus kann man folgenden Spruch bilden "We are not alone, we are all one" in deutsch "Wir sind nicht allein, wir sind alle Eins".

Jedes Tier, jede Pflanze, jeder Stein, jeder Mensch und ist er in unseren Augen noch so böse, ist doch auch ein Teil von uns. Töten wir ein Tier, so töten wir einen Teil von uns, zerstören wir eine Pflanze, so zerstören wir einen Teil von uns, bekämpfen wir einen sogenannten Feind, so bekämpfen wir einen Teil von uns. Diese Liste würde sich beliebig so weiter führen lassen, denn alles besteht aus Schwingungen(Frequenzen), die den selben Ursprung haben, wie die Wassertropfen, die zusammen ein See oder Meer bilden. Wenn wir alles gleich stark lieben könnten, unsere Freunde, wie auch unsere sogenannten Feinde, die in unseren Augen böse sind. Erst dann, wenn wir dieses erkannt haben, wissen wir, was die universelle Liebe ist.

Der Mittlere Weg

Der mittlere Weg ist eigentlich das Ziel von allem und jedem. In meinen Augen kann es niemals der richtige Weg sein, sich auf die sogenannte weiße oder schwarze Seite zu stellen. Denn die weiße Seite ist genauso weit weg vom mittleren Weg, wie die schwarz Seite. Beide Extreme sind niemals das Ziel, denn man muß sich alles als eine Spirale vorstellen. Das heißt, was jetzt schwarz ist, wird irgendwann weiß werden und umgekehrt. Ein Extrem zu erreichen ist für uns auf den ersten Blick aber immer einfacher, deshalb pendeln wir meistens auch immer dazwischen hin und her. Ein Beispiel hierzu wäre: Jemand der

Alkoholiker ist, dieses gilt aber keineswegs nur für den Alkohol, sondern auch für alle anderen Dinge in unserem Leben. Merkt eines Tages selbst oder bekommt von jemanden gesagt, daß er süchtig sei. Was passiert: Er bekommt Angst und versucht krampfhaft damit aufzuhören. Doch dadurch, daß er sich zum aufhören zwingt, hat er immer mehr Verlangen nach Alkohol. Also, was passiert: Er schafft es vielleicht kurze Zeit, aber wird dann wieder rückfällig. Denn auf der einen Seite stehen die, die keinen Alkohol mehr trinken und ihm sagen: "Komm laß das mit dem Alkohol". Würde er zu ihnen gehen käme er in das eine Extrem. Auf der anderen Seite stehen die, die weiter trinken. Würde er sich zu ihnen begeben, wäre es auch kaum besser. Um nun aber den mittleren Pfad zu gehen, sagt er zu beiden Seiten in keinem Fall sofort "Ja" oder "Nein" sondern später. So entscheidet er sich für keine der Seiten, denn sein freier Wille war ursprünglich, mit dem Trinken aufzuhören. Weshalb sollte er dann nun etwas trinken, da es niemals sein eigener Willen war. Sondern, wozu er nur von seinem äußeren beziehungsweise Umfeld gezwungen wurde dieses zu tun. Hat er nun dadurch Verlangen nach Alkohol braucht er nur zu sagen, jetzt warte ich noch, später trinke ich etwas. Mein freier Wille ist im Moment es unterlassen zutrinken und ich mache das, was ich will. Ich lasse mich niemals von dem Äußeren manipulieren. Es wäre ja auch ein Ding, wenn ich noch keinesfalls einmal mehr Herr über meinen Körper wäre. Ich könnte zwar trinken aber jetzt habe ich kein verlangen danach. Ihr wollt zwar, aber ich niemals. Dadurch legt er sich keine Zwänge beziehungsweise Verbote auf und bleibt so auf dem mittleren Pfad. Aus dem "später" werden dann irgendwann Jahre, bis er schließlich ganz vom Alkohol loskommt. Denn er weiß, er könnte etwas trinken, wenn es sein freier Wille wäre, aber er möchte halt jetzt auf keinen Fall trinken. So setzt er sich keinem Zwang oder einem Verbot aus, was ihn gereizt, depressiv oder wieder rückfällig machen würde. Denn was verboten ist, das ist bekannt, interessiert einen am meisten.

Eigentlich brauchen wir bei allem nur auf unsere innere Stimme(Inneres Kind, Höheres Selbst) zu hören, um den mittleren Weg oder wie die Indianer sagen, den mittleren Pfad beziehungsweise roten Pfad zu folgen. Dieses ist das, was manche auch mit Gottvertrauen meinen. Es heißt niemals, das ich mich todesmutig in eine Gefahr stürzen kann, obwohl mir meine innere Stimme sagt, las es lieber, da Gott schon aufpassen wird. Dazu fällt mir folgende Anekdote ein, die mir ein Freund erzählt hat.
In einem Dorf in Indien lebte ein ganz angesehener Yogi. Eines Tages begann es fürchterlich zu regnen, das Wasser stieg in den Straßen immer höher und die Leute begannen, nachdem es jetzt schon mehrere Tage geregnet hatte ihre Häuser zu verlassen und auf einen nahegelegenen Berg zugehen. Nur der Yogi blieb in seinem Dorf zurück, da er Gott vertraute, daß ihm nie etwas passieren würde. Als es weiterregnete, fuhren die Leute mit einem Boot zu dem Haus des Yogis und sagten, er solle doch einsteigen und mit auf den Berg zu

ihnen kommen. Doch der Yogi sagte nur, er vertraue auf Gott und es würde ihm deshalb nie etwas passieren. Als das Wasser schon das Dach des Hauses erreichte, auf dem sich der Yogi nun schon befand, fuhren die Leute wieder zu ihm und wollten ihn erneut mitnehmen. Doch er sagte wieder, er vertraue auf Gott, und die Bewohner fuhren wieder auf ihren Berg zurück. Als das Wasser dem Yogi bis an den Hals stand, schwamm ein Baumstamm direkt an ihm vorbei, er überlegte sich kurz, ob er den Baumstamm greifen solle, da der Regen immer noch unaufhörlich andauert. Er unterließ es auch diesmal, da er ja Gott vertraute und ihm so ja unmöglich etwas passieren könne. Der Regen wurde aber immer stärker und stärker, so daß das Wasser als höher stieg und der Yogi ertrank. Wie er im Himmel Gott gegenüber trat beschwerte er sich bei ihm, daß er ihn ertrinken ließ, obwohl er auf ihn vertraute. Da sprach Gott zu ihm: "Du bist selbst Schuld gewesen, daß du ertrunken bist, denn was sollte ich noch alles tun, um dich zu retten. Ich habe dir zweimal die Leute mit einem Boot vorbei geschickt und zum Schluß noch diesen Baumstamm und alles hast du abgelehnt. So war es dein freier Wille, daß du ertrunken bist".

Dies soll zeigen, das wir uns, wenn wir von unserer inneren Stimme gewarnt werden, niemals einfach einer Gefahr aussetzen. Dazu fällt mir noch ein Beispiel ein: Ein sehr guter Freund von mir, der im Moment sehr große Probleme mit der Staatsanwaltschaft hat, sollte bei einer öffentlichen Veranstaltung, als Redner teilnehmen. Dieses lehnte er zuerst ab, weil ihm seine innere Stimme sagte, daß er sich damit in Gefahr begeben würde. Doch man versuchte ihn zu überreden, da er Gott vertrauen solle und dann geschehe ihm schon keinesfalls etwas. Er sagte nach einigem hin und her zu. Doch am Abend meldete sich wieder seine innere Stimme und sagte, daß er dieses unterlassen solle. Er sagte nach einiger Überlegung nun ab. Dieses, bin ich der Meinung, ist Gottvertrauen und hat mit Angst oder Schwäche niemals etwas zu tun.

Auf der nächsten Seite, habe ich versucht den "mittleren Weg" einmal grafisch darzustellen.

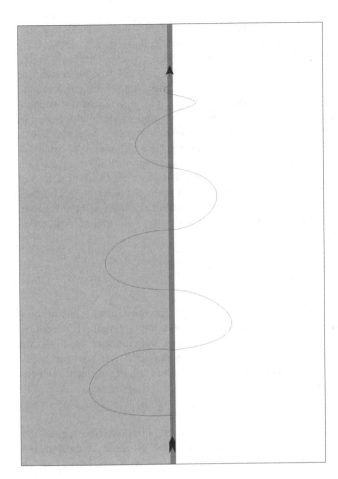

Erklärung zur Zeichnung links:

Das Bild soll noch einmal grafisch unseren Weg zum roten Pfad zeigen. Die linke graue Seite soll für das sogenannte negative stehen und die weiße rechte Seite für das positive. In der Mitte stellt die Trennungslinie zwischen beiden Seiten den vorhin angesprochenen roten Pfad bzw. den mittleren Weg das zu erreichende Ziel dar. Die Schlangenlinie zeigt unseren Weg, den wir gehen, bis wir zum "mittleren Weg" gelangen. Wir schwanken zuerst stärker dann schwächer zwischen positiv und negativ, gut oder böse, schwarz oder weiß hin und her bis wir den "mittleren Weg" die Neutralität (Wertfreiheit) erreichen.

Das Geld

Ein anderes Extrem, daß von der esoterischen Seite aufgebaut wird, ist, daß es heißt, das Geld etwas schlechtes ist. Es wird also wieder ein Extrem aufgebaut, denn die Leute meinen, sie dürften kein Geld besitzen oder geschweige denn reich sein, sonst könnten sie niemals spirituell sein. So haben die Sekten auch leicht die Möglichkeit, den Leuten, die zu ihnen kommen, zu begründen, warum sie ihr Geld und ihre Besitztümer an die Sekte abzugeben haben. Denn als erstes sagen sie zu Ihnen: "Ihr müßt euch von eurem Geld und euren Besitztümern trennen, um die volle Spiritualität zu erreichen". Dieses ist auch mit ein Grund warum zur Zeit immer mehr von den spirituellen Dingen in der

Öffentlichkeit bekannt gegeben werden, oder warum seitens der Oberen die New Age Bewegung unterstützt wird. Doch die Zeit ist hierzu noch völlig unreif, um ohne Geld zu leben. Es ist wahrscheinlich in dieser Dimension auch wenig Sinnvoll ohne Geld zu leben, da ein großer Teil des Lernprozesses nur mit Hilfe des Geldes funktioniert. Es ist nur wichtig, den richtigen Umgang damit zu lernen und die Angst davor zu verlieren, mal ohne Geld dazustehen. Man kann ruhig reich und trotzdem spirituell sein, wenn ich das Geld weiterhin fließen lasse und mich an dem "Geben" und "Bekommen" beteilige. Denn würde man Geld ablehnen, weil man sagt, sonst verliere ich meine Spiritualität zeigt das doch eigentlich nur eine Blockade auf, die man noch in bezug auf den Umgang mit Geld hat. Hat man den wertfreien Umgang mit Geld erreicht und sieht man es als neutral an, und hat keine Angst mehr davor, es zu bekommen oder zu besitzen, erst dann hat man einen weiteren Schritt zu seinem eigenen Mittleren Weg gefunden. Geld ist auch nur eine von vielen Arten des Energieausgleiches.

Die Chakren

Ein Chakra ist ein feinstoffliches radförmiges Energiezentrum, das im bio-plasmatischen Körper zur Versorgung der lebenswichtigen Organe mit Energie dient (dieses gilt für die Hauptchakras) beziehungsweise eine wichtige Funktion für Bildung und Manifestation des Bewußtseins darstellt. Wir besitzen außer den sieben wichtigen Hauptchakren noch mehrere untergeordnete Neben-chakren und Minichakren.

Wo sich die Hauptchakren in unserem Körper befinden habe ich, in der Zeichnung, auf der nächsten Seite dargestellt. Dort ist auch deren Aufgabe durch Stichwörter erwähnt.

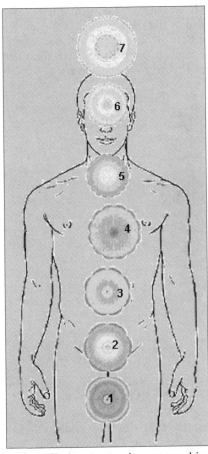

Das Bild links stellt die sieben Hauptchakren dar, die wie folgt bezeichnet werden:

1. Basis-Chakra = Geschlechtsorgane, - Drüse, es steht für das Leben.

2. Milz-Chakra = Milz, Pankreas, es steht für die Energie.

3. Solarplexus-Chakra = Sonnengeflecht und Nebenniere, es seht für den Intellekt und das Wissen.

4. Herz-Chakra = Herz, Thymusdrüse, es steht für Liebe, Harmonie und Sympathie.

5. Kehlkopf_Chakra = Schilddrüse, es steht für Kommunikation, Sprache, Religion und Kreativität.

6. Stirn-Chakra (Drittes Auge) = Zirbeldrüse, es steht für die Intuition.

7. Scheitel-Chakra = Hypophyse, es steht für die Spiritualität und die Weisheit.

Die genaue Aufgabe der einzelnen Chakren können Sie bei Interesse sehr gut in denen vom Windpferd Verlag erschienen Büchern nachlesen.

Das Chakrassystem in unserem bioplasmatischen Körper(Energiekörper) ist horizontal angeordnet. Dieses war aber keinesfalls immer so, denn in den ersten Lebensjahren ist dieses System in einem vertikalen Zustand und stellt so einen einheitlichen Energiefluß dar, wodurch ein völlig ausgeglichenes System entsteht. Später drehen sich die Chakren von zwei bis sechs in eine horizontale Position, nur das erste und siebte Chakra bleibt vertikal. Durch diese Veränderung im Energiesystems wird ein freier Fluß der "Lebenskraft" durch alle Energiesysteme unterbunden, er kann jetzt nur noch in maximal zwei Chakren stattfinden. Der Mensch verliert dadurch das Leben in seiner Einheit zu erfassen und lebt entweder nur im Kopf oder im Herzen oder aus dem Bauch heraus. Er nimmt nun seine Energien horizontal auf. Dieses geschieht unter anderem durch den Kontakt mit anderen Menschen; denn in diesem Moment findet ein horizontales geben und nehmen statt. Mitunter kann es so zu einem

Energieraub kommen, was sich durch Müdigkeit und Anfälligkeit für Krankheiten bemerkbar macht. Wir kennen ja alle die Situation, daß man sich in größeren Menschenmengen, wie zum Beispiel in einem Kaufhaus, schnell müde und ausgelaugt fühlt. Hier ist es nämlich der Fall, daß wir von mehr Menschen Energie genommen bekommen als wir wieder aufnehmen.

Das Bild zeigt wie der Energie Austausch durch das horizontale Chakrensystem passiert.

Dadurch, daß unser Chakrensystem horizontal ausgerichtet ist, können auch horizontale Energien bei uns wirken wie schwarze Magie, ELF-Wellen usw., dieses wäre in einem vertikalen System auch völlig unmöglich.

Nun werden sie sich sicherlich fragen, wie man alles das verhindern kann und wie man wieder ein vertikales Chakrasystem erhält. Bei einem vertikal ausgerichteten Chakrasystem wurde der Austausch der Energien nur indirekt geschehen, da die Energie nach oben und unten fließen würden. Es würde so eine direkte Verbindung zum Christusbewußtsein und dem Erdmittelpunkt erfolgen. Der Austausch erfolgte nun in einem höherem Bewußtsein (siehe hierzu nachfolgendes Bild).

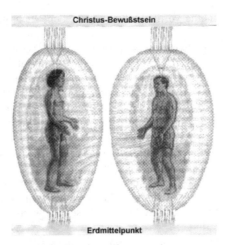

Zu dieser Frage kann ich ihnen nur das antworten, was meine Meinung dazu ist, ich möchte aber ausdrücklich betonen, das dieses keineswegs unbedingt der Wahrheit entsprechen muß.

Die Lösung, um ein vertikales Chakrasystem zu bekommen, besteht ganz bestimmt niemals darin, nur irgendwelche Esoterikkurse zu besuchen. Denn, wenn dieses nie mit dem entsprechenden Bewußtsein geschieht, hilft es sehr wenig. Mit dem entsprechenden Bewußtsein können diese Kurse aber einen Impuls in uns auslösen, der uns wieder auf den mittleren Weg bringen kann.

Man kann auch durch Meditation, Mantras usw. eine Vertikalität erreichen, aber diese bleibt ersteinmal nur solange erhalten, wie man in keinen Kontakt mit einer horizontalen Person kommt, denn dann richten sich die vertikalen Chakren auch wieder horizontal aus.

Es gibt viele Leute, die sich gegen so etwas durch einen Lichtmantel oder sogar durch Meiden von anderen Menschen schützen. Doch hierbei muß man eine ganze Menge seiner eigenen Energie aufbringen, was auf Dauer recht schwierig ist. Sich ganz von allem abzuschotten kann doch niemals die Lösung sein.

Meine Lösung hierzu ist, wieder so wie ein Kind zu werden, und das Ganze um uns herum wieder als eine Einheit bewußt wahrzunehmen, ein Bewußtsein für die anderen Menschen, die Tiere, die Pflanzen und die ganze Natur zu bekommen, sie als ein Teil von sich anzusehen. Das heißt, die Tiere und Pflanzen, sowie unseren gesamten Planeten als Brüder und Schwestern oder gleichwertige Mitgeschöpfe zu respektieren, und sie nie im Falle der Tiere als ein Konsumgut für unsere Nahrung zu benutzen. Denn wie steht schon in der Bibel(Genesis1,29): "Hiermit übergebe ich euch alle Pflanzen auf der ganzen Erde, die Samen tragen, und alle Bäume mit samenhaltigen Früchten. Euch sollen sie zur Nahrung dienen."

Ebenso ist es, um eine Vertikalität zu bekommen, wichtig, wertfrei zu allem zu sein. Wenn man diese Erkenntnis erlangt, dann wird sich auch unser Chakrasystem wieder vertikal ausrichten und zwar auf Dauer. Um diese Erkenntnis zu bekommen, müssen wir aber auch die ganzen Erfahrungen auf unserem "Lernplaneten" machen, um dann über den Weg der Meditation, der natürlichen Ernährung und der Spirualität allgemein wieder zur Vertikalität zu gelangen. Diese Vertikalität ist nach meiner Meinung auch mit dem Mittleren Weg und Christusbewußtsein gemeint.

Um eine kurzzeitige Vertikalität zu erhalten, gibt es folgende Möglichkeit, die von den Indianer angewandt wird. Sie umarmen einfach einen dicken Baum und lassen die Energie, die vertikal durch den Baum fließt durch sich hindurch fließen. In diesem Moment richtet sich ihr Chakrasystem, solange sie den Baum umarmen, wieder vertikal aus. Sie können dieses gerne einmal ausprobieren, es ist ein ganz tolles Gefühl.

Ein total vertikal ausgerichteter Mensch, hätte es in unserer Zeit sehr schwer, damit zurecht zukommen; denn er würde hören können, wie die Bäume schreien, wenn sie gefällt werden oder durch die Umweltgifte krank werden, wie die Tiere, die geschlachtet werden schreien usw., oder wie unser ganzer Planet zur Zeit unter den Menschen leidet, denn solch eine Person steht ja mit allem in Kontakt und ist eins mit allem.

Die Kraft der Gedanken

Aus unserer eigenen Erfahrung haben wir festgestellt, das wenn es ein Problem gibt und ich da sitze und sage ich schaffe das niemals, ich kann das nie, das klappt nie, dann klappt es auch niemals; aber wenn ich an das Problem herangehe und sage das klappt, dann finde ich auch ganz schnell eine Lösung für das Problem, sofern ich auch innerlich voll überzeugt bin, daß es klappt. Es bringt einem sehr wenig, wenn man einfach nur denkt das klappt schon, aber in Wirklichkeit denkt man, das funktioniert doch niemals. Ist man aber voll davon überzeugt, daß das, was man vor hat auch klappt, kann man im wahrsten Sinne des Wortes Berge versetzen. Ich gebe hier aber offen und ehrlich zu, daß dieser Lernprozeß schon schwer ist, denn wir sind von unserer Umwelt beziehungsweise unserem Umfeld oder durch die Nachrichten die immer nur Katastrophen, Gewalt usw. zeigen, so eingestellt, daß wir eher das Negative sehen und daran glauben. Es kommt sogar soweit, daß wir nur noch an den negativen Dingen gefallen finden. Ein Buch ist nur gut, wenn es ordentlich viele Tote gab, ein Film ist gut je mehr Action und Brutalität in ihm vorkommt usw. Also passiert in unserem eigenen Leben auch nur noch das sogenannte negative, weil man damit in Resonanz steht. Wie soll es nun aber möglich sein, wenn unsere

Frequenz auf Mord, Raub, Gewalt usw. steht, etwas liebevolles bzw. "positives" zu empfangen. Sie können ja auch niemals einen UKW-Sender im Radio hören, wenn dieses auf Mittelwelle eingestellt ist.

Eine Möglichkeit, um seine eigene Gedankenkraft in die "positive Frequenz" zu stellen ist folgende. Man sollte sich das, was man sich wünscht oder das was man gern möchte, daß es geschieht, mindestens zwanzigmal in Gedanken oder Worten wiederholen. Denn so dringt dieser Wunsch eher bis zum Inneren durch und kann sich schneller manifestieren. Ein schönes Beispiel hierfür ist, wenn jemand krank ist und einfach so nebenbei zu sich sagt, ich werde wieder gesund, aber in Wirklichkeit denkt, was geht es mir doch so schlecht. Der wird auch unmöglich gesund werden, denn er möcht ja, daß es ihm schlecht geht. Umgekehrt aber kann er sich so selbst wieder heilen. Würde der Kranke jetzt mehrfach wiederholen, mir geht es gut ich bin kerngesund, würde dieses irgendwann zu seinem Innersten durchdringen und dort würde sich aus dem "Mir geht es ja so schlecht" - "Ich bin Kerngesund" werden und er würde nun auch gesund werden. Dieses habe ich schon mehrfach angewandt, und Bekannte haben dieses ausprobiert und es hat prima funktioniert, sofern es ehrlich gemeint war. Eines muß dabei noch beachtet werden, daß man das Wort "nicht" niemals verwenden darf, denn eine Negation gibt es in den Naturgesetzen nie. Es verhält sich ähnlich mit dem Wort "kein". Ich dürfte zum Beispiel also in gar keinem Fall sagen: "Ich bin nicht Krank" bzw. "Ich habe keine Krankheit" denn da es das Wort "nicht" bzw. "kein" hierbei niemals gibt heißt dieses "ich bin krank" also richtig wäre "mir geht es gut, ich bin Kerngesund". Denn Gedanken, Gefühle, gesprochene Worte sind genauso wie Taten Energie und bewirken eine Wirkung. Ein weiteres Beispiel hierfür ist folgendes: Wir haben in unserem Wohnzimmer einen selbst designten Tisch. Er besteht aus einem Aquarium als Fuß, das mit Wasser gefüllt ist und einer Glasplatte, die mit kleinen Gummifüßen als Tischplatte dient, zusätzlich schwimmen Glasfische darin. Nun ergab sich folgendes Problem, das Wasser wurde unbehandelt nach zirka einer Woche trüb und zog Fäden. Es war aber sehr störend, es alle Woche auszuwechseln, so daß wir versucht haben, das Wasser haltbarer zu machen. Als erstes haben wir Wasser durch einen Granderfilter laufen lassen, jetzt dauerte es zirka zwei Wochen bis das Wasser wieder trüb wurde. Genauso lange dauerte es, nachdem wir eine Wasseraufbereitungskarte von unserem Bekannten, benutzt hatten. Nun sagte mir jemand, warum ich nie selber versuchen würde, dem Wasser mit Hilfe meiner Gedanken die benötigte Information zu geben, damit es nie mehr trübe würde und Fäden ziehe. Obwohl ich dieses selbst erst kaum so recht glauben konnte, dachte ich mir aber doch: "Warum soll ich es denn unterlassen es einmal zu versuchen, denn daß so etwas funktioniert weiß ich ja" und schaden kann man auch keinen damit anrichten.. Ich war mir nur völlig unsicher, wie weit meine Fähigkeiten dazu reichen würden. Trotzdem probierte ich es mit voller Überzeugung und ohne eine negative Einstellung daran, daß es klappt aus. Das Ergebnis war für mich und meine Frau doch etwas überraschend: Nach zwei Monaten sah das Wasser immer noch so frisch aus, als wäre es gerade eingefüllt worden. Das einzige, was wir jetzt nur noch machen mußten, war das Wasser, was verdunstet ist, wieder aufzufüllen.

Eine weitere Möglichkeit, wie man die Kraft der Gedanken erkennen kann, ist folgendes: Wenn man zum Beispiel ein wichtiges Gespräch hat, hilft es einem sehr viel, wenn man sich Zuhause in Ruhe hinsetzt und den Gesprächsablauf schon einmal durchgeht. Dieses macht man so lange, bis das Gespräch so verläuft, wie man es sich vorstellt. Sobald das Gespräch dann in Wirklichkeit stattfindet, wird man verblüfft sein, was passiert. Hat man es richtig gemacht, nimmt das Gespräch nämlich genau den gleichen Verlauf, den es daheim im Geiste genommen hat.

Eine interessante Meldung, die ich während der Korrektur des Buches, sechs Monate nachdem ich dieses geschrieben habe, in den Nachrichten gehört habe und die hierzu paßt, ist folgende: Schon allein der Gedanke an sportliche Aktivitäten zahlt sich nach Angaben von Wissenschaftlern für den Körper aus. Das Gehirn verhalte sich sehr ähnlich, egal, ob ein Mensch tatsächlich Sport treibe oder es sich nur vorstelle, sagte der Sportpsychologe Dave Smith. Mit Kollegen testete er seine Theorie indem er Studenten Fingerübungen machen ließ: Eine Gruppe mußte ihre Finger regelmäßig beugen, während die andere Gruppe sich dieses nur vorstellte. Bei beiden Gruppen habe der Muskelzuwachs nach vier Wochen bedeutend zugenommen.

Sie sehen an diesen Beispielen wir können uns alleine durch unsere Gedanken alles so erschaffen beziehungsweise verändern wie wir es wollen.

Die Sexualität

Ein anderes Thema, das ich ebenfalls als sehr wichtig betrachte, ist das Thema der Sexualität. Sie dient keineswegs nur der Fortpflanzung, sondern hat nach meiner Meinung noch eine sehr wichtige Aufgabe. Würde sie nur rein der Fortpflanzung dienen, würde man keinen Sexualtrieb haben, sondern würde sich einfach zu einem bestimmten Zeitpunkt sexuell vereinigen, damit Nachkommen entstehen können. Ich bin weiter der Meinung, daß auch niemals ohne Grund davon so ein Tabu Thema gemacht wird, nachdem was wir bisher alles erlebt haben. Ich finde, das hierin sogar ein Schlüssel zum sogenannten ewigen Leben beziehungsweise auch ewiger Jugend für unseren physischen Körper verborgen liegt. Ich muß vielleicht erst einmal erzählen, was ich unter dem ewigem Leben in diesem Sinne verstehe. Ich verstehe darunter, daß man in seinem physischen Körper so lange bleibt, es können auch mehrere hundert Jahre sein, bis man seine Aufgabe erfüllt hat und sagt, so nun habe ich meine Aufgabe erfüllt und gehe ich heraus in einen neuen Körper, in andere

Dimension usw. und man dabei sein Bewußtsein mitnimmt. Unter ewiger Jugend verstehe ich, daß der Körper sein Aussehen von zirka 25 Jahren, wenn die Zellen alle voll ausgebildet sind, behält bis ins hohe Alter hinein. Die Frage, die sie sicher jetzt haben ist, wie hängt dieses alles mit der Sexualität zusammen? Es ist nämlich so, daß all unsere Zellen einen Bauplan dabei haben, mit dessen Hilfe sie sich mehrmals kopieren können. Irgendwann ist die Kopie so schlecht, daß hier eine Neubildung der Zellen völlig unmöglich ist. Die Folge davon ist, daß der Körper altert. Dieses ist vergleichbar mit einem Original, was sie zum kopieren auf einen Kopierer legen. Nun nehmen sie die Kopie und machen erneut eine Kopie, dieses wiederholen sie immer wieder. Das Ergebnis hiervon ist, daß die Kopie immer schlechter wird, bis irgendwann es absolut unmöglich ist etwas zuerkennen. Genau so verhält sich das mit unseren Zellen. Nun ist unser Körper aber mit einem erneuten Original ausgerüstet, mit dem sich die Zellen wieder erneut kopieren können. Dieses Original im Körper befindet sich in der Energie, die beim Orgasmus entsteht, und in der Samen- und Eizelle enthalten ist. Das dieses so ist, sieht man ja auch daran, das hierdurch ein neues Lebewesen oder neuer Mensch entstehen kann. So, nun kommt das Entscheidende, man nutzt diese Energie, die man durch den Orgasmus spürt, indem man sie in den Körper zu den Zellen hoch zieht und dabei die Gedankenkraft mit einfließen läßt und somit den Zellen die neue Blaupause zuführen kann. Unterläßt man dieses aber nun, geht die Energie und damit das Original einfach in den freien Raum nach außen verloren. Deshalb heißt es auch in bestimmten Kulturen, daß ein Orgasmus, ab einem bestimmtem Alter, der kleine Tod ist. Aus diesem Grund wird auch von den Oberen dieser Welt der Sex, wobei es sich ihrer vorgetäuschten Meinung nach nur um die Auslebung eines Triebes handelt, und niemals etwas von Energien erzählt wird, uns so anders angepriesen, siehe hier die billig gemachten Pornofilme oder Hollywood Produktionen usw. Über das eigentliche Thema aber wird ein Tabu gelegt und darauf geachtet, daß ja nie etwas darüber an die Öffentlichkeit kommt. Denn würde man anfangen, darüber frei zu reden, könnte man wahrscheinlich auch den Schlüssel finden. Es sind in den alten Kulturen wie in Ägypten, Indien, China, Japan usw. niemals ohne Grund so viele Aufzeichnungen über die Sexualität gemacht worden. Von anderen Dingen, wie zum Beispiel ihre Bauwerke erbaut wurden, findet man kaum etwas. Dieses zeigt doch eigentlich, welch einen hohen Stellenwert die Sexualität bei ihnen hatte. Auch wurde diese Technik, wie zum Beispiel das "Hochziehen der Energie" zur Empfängnis-verhütung eingesetzt, weil hierdurch die Energie fehlt um ein neues Leben ent-stehen zu lassen.

Es ist auch interessant zu sehen, das Yogis, die unter dem Zölibat leben, zwar sehr alt werden aber eine verschrumpelte Haut haben, und Yogis, bei denen die Sexualität einen hohen Stellenwert hat, bis ins hohe Alter eine glatte und rosige Haut behalten. Meine eigene Erfahrung hierbei ist folgende: Bevor ich beim Geschlechtsakt beziehungsweise dem Orgasmus keine Technik angewandt habe, hatte ich danach immer großen Hunger oder war total müde. Dieses ist ein eindeutiges Zeichen dafür, daß ein Energieverlust stattgefunden hatte. Nachdem ich diese Technik angewandt habe, war ich wach, hatte keinerlei Hunger und fühlte mich sehr gut. Es gibt auch noch andere Möglichkeiten, die man mit dieser Energie hat, so kann diese Energie für Heilzwecke, Magie usw. eingesetzt werden aber dieses ist ein anderes Thema.

Sofern beim Ausleben der sexuellen Wünsche der freie Willen von einem selbst, so wie von seinem Partner akzeptiert wird und keiner hier geschädigt wird, sollte jeder das tun, was er möchte. Denn hier ist es nach meiner Meinung genauso, wie mit der Ernährung: Es hat ein Grund, warum man dieses jetzt tut, und es gehört auch zu einem Lernprozeß. Weiter ist es so, daß wenn man etwas gerne machen möchte und dadurch keiner geschädigt wird, alles nach dem freien Willen ablaufen sollte. Man sollte das tun, was man will. Denn würde man dieses niemals machen, könnten durch die zwanghafte Unterdrückung alle möglichen Krankheiten entstehen und dieses kann auch keineswegs Sinn und Zweck sein.

Es gibt noch einen Grund, warum die Oberen der Welt die Sexualität zu einem Tabuthema gemacht. Jemand der seine Sexualität frei auslebt, läßt sich auch in seinem sonstigen Leben niemals unterdrücken, lebt viel freier und ungezwungener als andere. Ich möchte aber hier noch einmal darauf hinweisen, daß dadurch keiner geschädigt, zu irgend etwas gezwungen oder manipuliert werden darf, denn sonst kommt dieses wieder auf einen zurück. Warum dieses so ist erkläre ich gleich in den Naturgesetzen.

Die Naturgesetze

Hier möchte ich ihnen die wichtigsten Naturgesetze noch einmal in Kurzform jedes für sich erklären.

Das Gesetz der Kausalität

Es wird auch manchmal als Gesetz von Ursache und Wirkung bezeichnet, das bedeutet: Wie ich in den Wald herein rufe, so schallt es auch heraus. Ich kann also niemals erwarten, wenn ich etwas böses tue, das ich dann etwas liebes zurückbekomme. Ich erhalte ja auch keine Kartoffeln, in meinem Garten, wenn ich vorher Radieschen ausgesät habe. Man könnte auch sagen: "Was man sät das erntet man auch".

Alles, was nach diesem Gesetz passiert, ist völlig wertfrei und neutral. Man kann deshalb auch niemand anderen als sich selbst verantwortlich machen, wenn einem etwas "schlechtes" passiert. Man könnte das mit folgendem Beispiel vergleichen: Wenn man einen Brief per Computer schreibt und darin sind Rechtschreibfehler vorhanden, dann kann man doch auch niemals den Computer für die geschriebenen Fehler verantwortlich machen. Der Computer hat doch nur völlig wertfrei das gemacht, was der Bediener ihm eingegeben hat. Genauso verhält es sich mit der Kausalität in unserem Leben.

Das Gesetz der Polarität

Ich habe dieses schon einmal unter dem Begriff der Dualität erklärt, möchte dieses hier aber noch einmal tun.

Unsere erlebte Geschichte ist ein gutes Beispiel für dieses Gesetz. Aus der einen Sicht war das, was wir erlebt hatten schrecklich und aus der anderen sehr gut. Liebe Leser, sie haben sicherlich auch schon Situationen erlebt, die für sie erst total "negativ" waren und sich dann doch als "positiv" herausgestellt haben. Es kommt nur darauf an, wie wir dieses wahrnehmen. Es handelt sich bei den Gegensätzen wie negativ-positiv, männlich-weiblich, gut-böse, usw. nur um subjektive Auffassungen einer selben Wahrheit.

Es gibt aus diesem Grund auch keine Sache, die nur eines von beiden hat, ich kann dieses aber nur feststellen, wenn ich beide Erfahrungen gemacht habe.

Als Abschluß zu diesem Gesetz möchte ich folgen Satz stellen: Der Mensch ist dazu geschaffen worden um diese Gegensätze(Polaritäten) durch Disziplin und Bewußtsein zu meistern.

Das Gesetz der Resonanz

Man nennt dieses auch das Gesetz der Schwingung. Alles um uns herum und selbst sogar wir bestehen aus Frequenzen (Schwingungen), die ein Energiemuster bilden und dadurch die Moleküle zusammenhalten. Alles hat unterschiedliche Schwingungsmuster, egal ob es sich zum Beispiel um einen Menschen, ein Insekt oder eine Pflanze handelt. Es gibt verschiedene Heilverfahren, bei denen man sich diesen Effekt zunutze macht. Diese Schwingungen sind aber für unser menschliches Ohr unmöglich mehr als Töne hörbar, da wir nur einen Bruchteil davon hören können.

Wenn man jetzt zum Beispiel eine Stimmgabel zum Schwingen bringt und diese an einen anderen Gegenstand hält, fängt der Gegenstand in der gleichen Schwingung an zu Schwingen. Da unsere Worte, ja sogar unsere Gedanken, ebenfalls Schwingungen erzeugen, passiert mit unserem Umfeld genau das gleiche wie bei dem Beispiel mit der Stimmgabel. Es wird diese Schwingung auf unser Umfeld übertragen und sie schwingt in der gleichen Schwingung wie wir. Aus diesem Grund heißt es auch "Die Umwelt ist ein Spiegel deiner Selbst" oder "Gleiches zieht Gleiches an".

Es gibt noch ein anderes Beispiel, um dieses deutlich zu machen: Ein Radio, das nur einen UKW Empfang hat, kann keine Mittelwelle empfangen. Da dieses Gesetz der Resonanz für alle Dinge gilt, ob Radio, Stimmgabel, Mensch usw. kann ein Mensch, der wütend ist, auch niemals für die Liebe empfänglich sein und umgekehrt.

Das Gesetz des Rhythmus

Hierzu möchte ich ihnen erst einmal kurz beschreiben, was das Wort Rhythmus bedeutet. Ein Rhythmus ist eine gleichmäßig gegliederte Bewegung, die periodisch wiederkehrt.

Das ganze Leben beziehungsweise das ganze Universum unterliegt einem Rhythmus, es dehnt sich spiralförmig aus und zieht sich wieder zusammen. Deshalb wandelt sich alles zu einer bestimmten Zeit in sein Gegenteil um, welches sich dann irgendwann erneut umwandelt, wie bei einer Spirale.

Aus diesem Grund wird es einmal so sein, das jetzt diejenigen, die auf der schwarzen Seite sind einmal die weiße Seite sein und umgekehrt.

In der östlichen Kultur werden diese wechselnden Kräfte der Ausdehnung und des Zusammenziehen als Yin und Yang bezeichnet, die auch in ständigen Spiralen der Kraft und der Trägheit miteinander verschmelzen und sich umwandeln. Lao Tse sagte einmal beim Beschreiben des Tao: "Beim Großsein geht es weiter, beim Weitergehen entfernt es sich, wenn es sich entfernt hat, kehrt es zurück."

Das Gesetz der Analogie

Man versteht darunter folgendes: Wie oben so auch unten. Wie im Makrokosmos, so auch im Mikrokosmos usw. Es herrschen überall die gleichen Gesetze und es ist alles gleich aufgebaut. Zum Beispiel auf der Erde dienen die Bäume und Wälder dazu, um Gifte der Atmosphäre in Sauerstoff umzuwandeln, die Erdoberfläche zu kühlen oder auch zu Wärmen, als Schutz zu dienen oder für die Erde(Planet) die nötige Energie anzuziehen. Bei uns übernimmt die Haut genau die gleiche Funktion.

Das Gesetz der Mentalität

Hierunter versteht man, daß wir mit unserer Kraft der Gedanken unsere eigene Realität erschaffen. Der Gedanke selbst ist dabei neutral und erschafft alles unabhängig von Werten, ob dieses etwas schönes oder unangenehmes bzw. schlechtes ist. Über die Kraft der Gedanken und ihre Auswirkungen habe ich Ihnen ja vorher in einem eigenen Thema ausführlich berichtet.

Die Zusammenfassung für diese Gesetze ergibt folgenden Satz:

"Alles, was Du Gottes Geschöpfen antust, ob Gutes oder Schlechtes, ob Menschen, Tieren oder Pflanzen, kommt irgendwann als Gutes oder Schlechtes auf dich zurück"

Der Tod

Der Tod ist nach meiner Meinung niemals etwas endgültiges oder gar etwas, wovor wir uns fürchten müßten. Er stellt nur eine Veränderung dar. Auch im Tarot bedeutet die Karte mit dem Sinnbild vom "Tod" eine Veränderung. Den Abschied von einer Sache und das Kommen einer Neuen. Dies könnte zum Beispiel auf eine Heirat hindeuten, welches ja den Abschied von Junggesellenleben bedeutet und mit der Hochzeit eine neue Zeit beginnt.

Nun möchte ich etwas ausführlicher erklären, wieso ich der Meinung bin, daß der Tod nur eine Veränderung bedeutet.

Da wir und alles um uns herum, wie vorhin schon einmal erwähnt, aus Schwingungen(Frequenzen) bestehen, je fester der Gegenstände desto dichter die Schwingung und umgekehrt, stellt der Tod nur eine Veränderung in der Schwingung dar. Als Beispiel hierfür fällt mir folgendes ein: Wenn man Wasser erwärmt, verändert es nach einer bestimmten Zeit beziehungsweise beim Erreichen einer bestimmten Temperatur auch seinen Aggregatzustand von flüssig nach gasförmig, denn es bildet sich nun Wasserdampf und wird keineswegs zerstört. Durch abkühlen erhalte ich nämlich wieder mein Wasser zurück.

Beim Mensch oder Tier ist dieses beim Tod genauso. Der einzige Unterschied ist hierbei nur, daß das Fortbewegungsmittel, die Hülle, sprich der physische Körper, zurückbleibt. Es wäre zwar auch möglich, diesen physischen Körper in eine andere Schwingungsebene mitzunehmen, das heißt, daß man sich beim Tod langsam dematerialiesieren würde, doch was würde uns das bringen, da wir ihn nur hier auf dieser Ebene benötigen. Ich könnte mir auch vorstellen, das, wenn wir uns beim Sterben dematerialiesieren würden(vergleichbar mit dem "beamen" beim Raumschiff Enterprice) dieses noch ein andres

Problem mit sich bringen würde, denn dann wüßten wir, das wir "unsterblich" wären und dieses wäre beim Sammeln unserer Erfahrungen auf diesem "Lernplaneten" hinderlich. Die Menschen würden nämlich dann, wenn sie wüßten, wie dieses funktioniert, einmal kommen und einmal gehen. Es würde dann ein hin und her entstehen und man könnte so die Aufgabe, die man vor der Inkarnation sich vorgenommen hat, nur sehr schlecht erfüllen. In der nächsten Dimension sieht dieses wahrscheinlich schon ganz anders aus.

Die Reinkarnation war ursprünglich auch ein Bestandteil der Bibel, wurde aber herausgenommen, damit man die Menschen durch die Angst vor dem Tod besser manipulieren kann.

Zu einem anderen Argument, was man immer wieder von den Leuten hört, das noch keiner wiedergekommen ist, der gestorben ist, möchte ich folgendes sagen: Erstens stimmt dieses so keineswegs ganz, aber dazu gleich und zweitens geht ein Kind, wenn es zum Beispiel das zweite Schuljahr bestanden hat, auch als nächstes in die dritte Klasse und nie noch mal zurück in die zweite. Genauso ist es, wenn jemand gestorben ist, denn für eine neue Inkarnation und der entsprechenden Aufgabe braucht er auch einen neuen physischen Körper, der zu dieser Aufgabe paßt.

Nun möchte ich noch einmal darauf zurückkommen, das dieses so niemals stimmt, das Verstorbene unsichtbar seien. Ich möchte ihnen hierzu vorab noch ein Beispiel aus dem Alltag geben. Wenn sie in ihrem Radio einen Sender mit einer bestimmten Frequenz eingestellt haben, können sie zwar in diesem Moment nur den einen Sender hören, aber ihr Radio empfängt die anderen Frequenzen auch alle. Sobald sie eine neue Frequenz einstellen, können sie einen anderen Sender hören und genauso verhält es sich auch, wenn jemand gestorben ist. Unser Auge nimmt normalerweise auch nur eine bestimmte Frequenz war und kann deshalb das, was auf den anderen Frequenzbereichen geschieht auch unmöglich wahrnehmen; aber wenn man anfängt seine Wahrnehmung zu erweitern, was für jeden von uns möglich ist, sieht man zusätzlich noch ganz andere Dinge wie zum Beispiel die Aura usw. Könnte man jetzt die Frequenz wahrnehmen, in deren Bereich man sich befindet, wenn man gestorben ist, würde man auch die "Toten" sehen. Genauso verhält es sich auch umgekehrt, denn es gibt ja genug Menschen, die verstorbene gesehen haben, von ihnen als Medium benutzt werden oder von ihnen Botschaften übermittelt bekommen.

Es kann auch zum Beispiel folgendes passieren: Es sind mehrere Menschen in einem Raum, nur einer von ihnen kann ganz andere Frequenzbereiche wahrnehmen. Er sagt jetzt zu den anderen, das er eine Person oder Sache vor sich sieht. Die anderen sagen aber zu ihm, da ist doch niemand, du bist ja verrückt, und trotzdem kann es sein, daß sich doch etwas dort befindet, da der andere ja einen ganz anderen Frequenzbereich wahrnimmt.

Ich bin auch der Meinung, das sehr viele Menschen in einer psychiatrischen Klinik sind, nur weil sie andere Wahrnehmungsmöglichkeiten haben als andere, wissen dieses aber niemals.

Ich möchte dieses Thema, noch mit zwei Beispielen von vielen, die es zu dazu gibt, abschließen. Mir ist einmal folgendes passiert: Vor zirka fünf Jahren waren meine Frau und ich bei meinen Eltern über das Wochenende zu Besuch. Wir wollten Sonntagmorgens schon kurz nach dem Frühstück wieder nach Hause fahren, da es immerhin über 500 Kilometer zu fahren waren und ich am nächsten Tag eine wichtige Prüfung im Kernkraftwerk hatte. Dafür wollte ich Zuhause noch etwas lernen, weil ich mir noch unsicher war, ob ich alles wußte. Ich war gerade dabei unserer Sachen, die wir dabei hatten, ins Auto zu laden und wollte die restlichen Dinge aus meinem Zimmer auf dem Dachboden holen, als ich auf einmal total erschrocken an der Billardplatte in meinem Zimmer eine Person in Nebel gehüllt stehen sah. Ich konnte in diesem Moment kein einziges mal schreien oder sonst irgendwie einen Ton aus mir herausbekommen. Diese Person stand da, grinste mich an und machte eine Faust mit der einen Hand und zeigte mit dem Daumen nach oben. Ich konnte nach einer kurzen Zeit erkennen, das es sich bei der Person um meinen Opa gehandelt hatte, den ich aber nie kannte, da er schon gestorben war, als mein Vater zirka zwölf Jahre alt war. Ich habe ihn auch nur deshalb erkannt, weil er genauso aussah wie auf dem Foto, das meine Oma bei sich in der Küche stehen hat. Als ich wieder nach meinem Vater und meiner Frau rufen konnte, löste sich mein Opa ganz langsam, auf bis er ganz verschwunden war. Eines war danach aber ganz seltsam, ich hatte überhaupt keine Angst mehr davor, daß ich in der Prüfung etwas falsch machen konnte bzw. etwas gefragt wird was mir unbekannt ist.. Am nächsten Tag bestand ich die Prüfung dann auch mit einer glatten Eins.

Das andere Beispiel was ich ihnen berichten möchte, handelt von meinem anderen Opa, der im letztem Jahr gestorben ist. Er mochte immer so gerne ein Rotkehlchen, das immer bei ihm am Haus war, dort auch sein Nest hatte. Als kurz bevor er gestorben war, der Nachbar die Hecke und einen Baum, in dem sich das Rotkehlchen aufhielt, wegmachte, war auch das Rotkehlchen verschwunden. Mein Opa hatte zu allen gesagt, die er kannte, daß der Nachbar sein Rotkehlchen vertrieben hätte. An der Beerdigung meines Opas geschah folgendes: Als die Leute alle um das Grab standen, kam auf einmal ein Rotkehlchen angeflogen und setzte sich neben den Fuß von meiner Oma und blieb auch bis zum Ende der Beerdigung ständig bei den Füßen meiner Oma, auch wenn sie sich bewegte ist es dort sitzen geblieben, obwohl dieses doch ein ziemlich scheuer Vogel ist.

Der Selbstmord

Zu diesem Thema möchte ich ihnen gerne folgendes sagen da ich der Meinung bin, daß fast alle Menschen in ihrem Leben schon einmal daran gedacht haben, sich umzubringen. Mir ging es früher auch schon ein paar mal so, wenn ich in einer Situation war, von der ich annahm, daß ich sie niemals lösen könne. Doch eines Tages fing ich an, darüber nachzudenken, was eigentlich passieren würde, wenn man sich selbst umbringt. Ich kam dabei zu folgendem Ergebnis: Da sich Energie ja nie vernichten läßt und wir aus Energie bestehen, würden wir nur erkennen, daß wir zwar unseren physischen Körper verloren hätten aber trotzdem noch existieren(siehe hierzu auch das Thema Tod). Ich bin weiterhin auch der Meinung gekommen, daß man vor einem Problem beziehungsweise einer Aufgabe, die man sich gestellt hat, niemals davon laufen kann, genauso wie man sich in der Schule nie vor einer Klassenarbeit drücken konnte. Irgendwann mußte man doch einmal die Arbeit schreiben. Man konnte sich zwar durch eine Krankheit an dem Tag, als diese geschrieben wurde, drücken, doch wenn man wieder gesund war, mußte man sie entweder nachschreiben, oder die nächste Arbeit kam bestimmt. Genauso sehe ich das bei einem Selbstmord. Ich hatte ihnen vorhin schon einmal gesagt, daß ich der Meinung bin, daß unsere Erde ein "Lernplanet" ist und wir uns alle, bevor wir hier inkarniert sind, eine Aufgabe ausgesucht haben, die wir lösen wollten. Diese Aufgabe ist sicherlich keineswegs einfach aber auch niemals unlösbar. Was passiert aber nun, wenn ich Selbstmord begehe? Dies wäre doch das Gleiche, als wenn ich in der Schule sitzen bleiben würde oder mich durch eine Krankheit vor einer Klassenarbeit drücken würde. Ich muß entweder das Schuljahr wiederholen oder die Arbeit nachschreiben und genauso ist es, wenn ich vor meiner selbst ausgesuchten Lebensaufgabe davonlaufe, ich werde sie bei der nächsten Inkarnation wiederholen müssen. Also, was habe ich durch den Selbstmord erreicht, keinerlei Lösung des Problems, nur, daß ich länger auf diesem Lernplaneten in die "Schule" gehen muß. Diese Erkenntnis hat mir persönlich sehr viel geholfen und seit dem habe ich auch niemals mehr in irgendeiner Weise an einen Selbstmord gedacht. Vielleicht konnte ich ihnen hiermit auch eine kleine Hilfe geben, wenn sie auch wieder einmal in einer solchen Situation sein sollten.

Die Oberen

Zu dem Thema der Oberen oder der Weltregierung möchte ich eigentlichen nur wenig schreiben und dies ist folgendes: Auch sie sind ein Teil vom ganzen und müßten in der Zwischenzeit auch erkannt haben, daß es für sie alleine keine Möglichkeit gibt, ihr Spiel zu gewinnen. Wenn sie in die nächste Dimension wollen, geht es nur mit einem voll entwickelten Bewußtsein für alles und der Erkenntnis, daß wir alle eins sind. Es auch zwecklos ist eine Gruppe zu unterdrücken beziehungsweise regelrecht zu versklaven, denn auch für sie gelten die Naturgesetze und irgendwann kommt sonst alles wieder auf sie zurück. In der letzten Zeit kann man immer mehr beobachten, daß ihnen sehr vieles schief läuft und sie die Kontrolle verlieren.

Wer mehr über dieses Thema wissen möchte empfehle ich sich die leider im deutschsprachigem Raum verbotenen Bücher "Geheimgesellschaften I und II von Jan van Helsing". Jetzt möchte ich hier aber noch ein paar Worte zu den Freimaurern schreiben, die das kleinste Rad auf der Seite der Oberen sind. Ich bin der Meinung, daß der "kleine Freimaurer" sei er nun Mitglied bei den Lions, Rotarier oder einer ähnlichen Organisation wirklich der Meinung ist, er tue etwas gutes und zu keinem Zeitpunkt merkt, daß er im Prinzip nur von den Oberen benutzt und manipuliert wird. Ich habe nämlich selbst einige getroffen, denen es erst durch ein Gespräch, das ich mit ihnen geführt hatte, bewußt wurde, daß sie nur eine Marionette im Spiel der Oberen sind. Sie würden bei einem Erfolg der Oberen und der Versklavung des Rests der Menschheit (Der neuen Weltordnung oder eine Weltregierung) diejenigen sein, die geopfert würden, weil sie ihre Aufgabe erfüllt haben.

Das kosmische Experiment

Nun noch ein anderes Thema. Es geht darum, was ich vor zirka einem halbem Jahr über das kosmische Experiment geträumt(Vision) habe.

Dieses trug sich in meinem Traum(Vision) wie folgt zu: Es wurde vor langer Zeit in den nächst höheren Dimensionen festgestellt, daß die Menschen auf der Erde und auch die Erde selbst den Dimensionssprung, wenn sie so weitermachen würden wie bisher, unmöglich schaffen. Also überlegte man, wie man ohne einen Teil des Ganzen zu verlieren, denn die Erde ist ja auch ein Teil vom kosmischen Gefüge und den freien Willen, der hier herrscht niemals zu verletzen, wie man dieses doch noch erreichen kann. Man versuchte es zuerst, in dem man einzelne Personen (wie z.B. Jesus, Graf St. Germain, Kaspar Hauser) aus den höheren Dimensionen auf diesen Planeten schickte, damit er beziehungsweise sie der Menschheit vorleben, wie sie es erreichen würden, aber dieses verlief keinesfalls komplett erfolgreich. Nun drängte die Zeit immer mehr, weil der Dimensionswechsel kurz bevorsteht. Man kam deshalb zu folgendem Ergebnis: Man schickte jetzt mehrere Freiwillige aus den höheren Dimensionen hierher, die aber ihr wissen, was sie haben, niemals vollkommen mitnehmen konnten. Sie mußten hier genauso wie alle anderen normalen Erdenbewohner ihre Prüfungen durchlaufen, aber tief im Inneren hatten sie ihre eigentliche Aufgabe im Unterbewußtsein enthalten. Nun schickte man aufgestiegene Meister vielleicht sogar nur drei, wie zum Beispiel Drunvalo, David Wagner und Ananda, aus der oberen Dimension herunter, die ihr volles Wissen hatten. Ihre Aufgabe war es, den anderen in Kursen, die sie leiten sollten, bestimmte Dinge zu erzählen, durch die ihre Aufgabe im Innern ausgelöst wurde. Auch hierbei war der freie Wille gegeben, denn auch die, die ihr volles Wissen hatten, hätten ja sagen können, wir machen dieses niemals. Bei denen, die es im Inneren hatten, war dieses auch gegeben, sie sind ja aus freiem Willen in die Kurse gegangen. So ist es am Ende keineswegs nur einer, sondern viele, die das Bewußtsein erhöhen können. Sollten dann einer oder mehrere ausgeschaltet werden, sind immer noch genug da, die zum Gelingen beitragen.

Schlußwort

Für alles aber gilt nach meiner Meinung "Tue was du willst", solange keine andere Person dabei in ihrem freien Willen beeinflußt wird, egal ob direkt oder indirekt und niemals sonst irgendwie geschädigt wird. Unter einer indirekten Manipulation oder Beeinflussung verstehe ich auch die Beeinflussung zum Positiven, egal ob durch sogenannte weiße Magie, mit der man jemandem was gutes tun möchte oder anders. Auch dieses ist eine Beeinflussung, denn woher weiß ich, was für den anderen gut oder schlecht ist. Vielleicht muß er dieses jetzt gerade tun, was er jetzt tut. Wenn man in solchen Situationen Neutralität zeigt, dann ist man auf dem Weg zum mittleren Weg.

Die Erkenntnis aus allem ist, weder schwarz noch weiß kann das Ziel sein, da beides nur ein Teil vom ganzen ist und alleine für sich keine Vollkommenheit darstellt. Es ist in unserer Dimension wichtig, daß diese beiden Seiten existieren, denn so können wir von beiden Seiten lernen und dadurch eine Wertfreiheit erlernen. Es wäre für uns fatal, wenn es nur die Oberen oder die weiße Seite geben würde, alles würde aus dem Gleichgewicht geraten und zerstört werden. Liebe Leser, Sie sehen hieran, daß es egal ist, ob es UFOs, Freimaurer, Illuminati, eine Weltverschwörung usw. gibt oder dieses nur erfunden ist. Es ist wichtig, daß wir unsere Aufgabe, die wir uns freiwillig, bevor wir hier inkaniert sind, ausgesucht haben erfüllen und zwar jeder für sich selbst, da jeder von uns sich seine verschiedenen Aufgaben ausgesucht hat, die er oder sie bewältigen möchte. Dies ist genauso wie niemals alle Kinder auf der Welt gleichzeitig im selben Schuljahr seien können und sich mit dem gleichen Thema beschäftigen. Deshalb sollte jeder sein Leben so leben, wie er es möchte. Er muß sich dabei nur bewußt sein, daß er den Naturgesetzen unterliegt und darf wenn er mit irgend etwas unzufrieden ist, die Schuld bei den anderen suchen. Sondern sollte sich vielleicht mal die Naturgesetze genauer ansehen, um zu erkennen, durch welche eigene Tat er das ausgelöst hat.

Stellungnahmen zu diesem Buch oder eigene Erlebnisse und Entdeckungen können Sie gerne, wie vorher schon einmal erwähnt, an die nachfolgende angegebene Adresse von IMPULS Freies Institut für alternative Technologie und Geisteswissenschaft e.V. senden, von dort werden diese an mich weitergeleitet.

IMPULS Freies Institut... e.V.
Postfach 2135
63243 Neu-Isenburg

Zum Schluß noch ein paar Buchempfehlungen:

Ernährung:

"Rohkost - die lebendige Nahrung" / Urs Hochstrass
er ́Verlag Bewusstes Dasein Zurich; 17,– DM ISBN 3-905 158 11-6.

"Kinderernährung lebendig und schmackhaft" / Urs Hochstrass
er ́Hans-Nietsch-Verlag; 17,– DM ISBN 3-929475-09-X

"Ganzheitliche Ernährung" / Gabriel Cousens
́Edition Sternenprinz; ISBN 3-92245-04-8

"Ernährung für Mensch und Erde" / Christian Optiz
́Hans-Nietsch-Verlag; 24,– DM ISBN 3-929475-07-3

"Köstliche Lebenskraft 235 Rezepte aus der Rohkostküche" / Andrea Optiz
́Hans-Nietsch-Verlag; 24,– DM ISBN 3-929475-10-3

"Die Ernährung des Menschen" / Thorsten Kubiz ́

Weltregierung, Freimaurer usw.:

"Die Götter von Eden" / William Bramley
́Editon Pandora;540S., 49,80 DM ISBN 3-89539-075-5

"Freimaurersignale in der Presse - wie man sie erkennt und was sie
bedeuten/Johannes Rothkranz"
'Pro Fide Catholica Verlag 247S.; 34,90 DM ISBN 3-929170-96-5

"Die Apokalyptischen Reiter"/Milton William Cooper,
'Editon Pandora 502S.; 48 DM, ISBN 3-89539-285-5

"Die kommende Diktatur der Humanität (3 Bände)/Johannes Rothkranz"
'Pro Fide Catholica Verlag; ISBN 3-929170-08-6

Ausserirdische, Ufos usw.:

"Unternehmen Aldebaran - Kontakte mit Menschen aus einem anderen Sonnensystem"/Jan v. Helsing mit Karin & Reiner Feistle; Ewert-Verlag; 350S.; 44,80 DM, ISBN 3-89478-220-X

"MJ12" / Milton William Cooper
´Editon Pandora; 81S., 19,80 DM ISBN 3-89539-277-4

"Die Innere Welt"/Jan U. Holey
´Amadeus-Verlag; 400S.; 44,90 DM, ISBN 3-8905733-1-1

"Kosmische Begegnung"/Courtney Brown ´
Knaur-Verlag; 400S.; 16,90 DM, ISBN 3-426-77269-8

"Das Montauk Projekt"/Preston B. Nichols & Peter Moon,
'Editon Pandora 206S.; 30 DM, ISBN 3-89539-269-3

"Rückkehr nach Montauk"/Preston B. Nichols & Peter Moon,
'Editon Pandora 261S.; 30 DM, ISBN 3-89539-270-7

"Pyramiden von Montauk"/Preston B. Nichols & Peter Moon,
'Editon Pandora 313S.; 36 DM, ISBN 3-89539-272-3

"Die Interviews zum Montauk Projekt"/Preston B. Nichols & Peter Moon,
'Editon Pandora 136S.; 28 DM, ISBN 3-89539-271-5

"Alternative 3"/, Editon Pandora 288S.; 32 DM, ISBN 3-89539-288-X

Sonstiges

"Zurück in unsere Zukunft"/Bop Frisell,
'ET Publishing unlimited 284S.; 30 DM, ISBN 3-89539-260-X

"Entwirrungen"/Jo Conrad,' 240S.; 29,80 DM, ISBN 3-9804586-5-2

"Nikola Tesla"/Franz Ferzak,
'Editon Pandora ; 24,80 DM, ISBN 3-9801-456-0-2

"Wilhelm Reich"/Franz Ferzak,' 256S.; 24,80 DM, ISBN 3-9801-465-3-7
"Money-Maker oder die Geschichte vom gewinnbringenden Schuldenberg"/
Miss Moneypenny,
'Editon Pandora ; 14,- DM, ISBN 3-89539-293-6

Allen C. Ross "Wakan Tanka Im Herzen sind wir alle eins"
Smaragd Verlag   ISBN 3-926374-31-4.

160

IM⬢PULS Freies Institut für alternative
Technologie & Geisteswissenschaft e.V.

In der Ritzbach 11a - 65510 Idstein
Tel.: +49 (0)6126 - 570534 Mo-Fr von 9bis 12 Uhr– Fax: +49 (0)6126 - 570536

Der Verein **IMPULS** *Freies Institut für alternative Technologie und Geisteswissenschaft e.V.* wurde gegründet um folgende Aufgaben zu erfüllen:

- in Not geratene Menschen zu unterstützen und Ihnen insbesondere nach Naturkatastrophen, Kriegen und ähnlichen Ereignissen zu helfen und technisches Gerät hierfür zu fördern
- die Existenz- und Umweltbedingungen für die gegenwärtige und künftige Generationen zu verbessern und zu sichern,
- die Grundlagen für Lebensqualität und kulturelle und innovative Leistung zu erhalten.

Dies soll erreicht werden durch folgende Maßnahmen:

- Förderung eines proaktiven Klimas mit Hilfe umfassender Öffentlichkeitsarbeit, (Vorträge, Ausstellungen, Workshops, Seminare)
- Ausbau und Unterhalt von Bildungsstätten zur Verbesserung der Übermittlung von umfassender Information.
- Hilfe zur Koordination und Kooperation. (know-how-pool)
- Erarbeiten von Empfehlungen und Stellungnahmen sowie Fachberatungen mit daraus folgenden Nebenaufgaben.
- Förderung der Verbreitung innovativer Ideen und Produktentwicklungen
- Förderung von Wissenschaft und Forschung im Bereich Umweltschutz

IMPULS hat sich damit zur Aufgabe gemacht, Natur und Umwelt wieder in einen gesundheitlich fördernden Einklang zu bringen und somit einen Konsens zu erarbeiten, die orthodoxen Wissenschaftsbegriffe und aktuelle ganzheitliche Wissenschaftsansätze vergleichbar gegenüberzustellen. Wir von **IMPULS** wünschen uns mehr miteinander beider Richtungen zum Wohle der Volksgesundheit.

Die Natur kann sehr wohl ohne uns Menschen weiter leben und überleben, die Menschheit hat jedoch keine Chance in einer zerstörten Umwelt und Natur zu überleben. **IMPULS** wurde aus Sorge und Fürsorgebegehren auf Grund des ständig fortschreitenden Verfalles unserer Regionalen und globalen Umweltsituation gegründet. Die auslösenden Gründungsgedanken wurden nie aus der ständig steigenden Angst unsere Umwelt und deren Folgen, wie Luft und Wasserverschmutzung geboren, sondern aus der starken Willenskraft diese bedauerlichen Tatsachen positiv durch Gedankengut und Tatkraft zielstrebig zu beeinflussen. Wir von **IMPULS** versuchen durch gezielte Aufklärung in allen Bereichen der Gesellschaft, wie z. B. der Großindustrie, den Mittelständischen Produktionsbereichen, im Handwerk, in allen Dienstleistungsunternehmen, in staatlichen, kommunalen und überregionalen Organisationen, durch ständige Präsenz, den Finger in der ständig steigenden Anzahl der umweltbelastenden und zerstörenden Gegebenheiten zu legen.

Eigenverantwortung und der kritische Umgang mit unserer Umwelt eines jeden Einzelnen, ist die Wurzel unseres Erfolges und unser Beitrag zum positiven und kreativen Denken und Handeln in allen Umweltbereichen.

Bestrebungen zur Verbesserung der derzeitigen Gesamtsituation im Hinblick auf unsere Umwelt und den daraus resultierenden Schutzmaßnahmen zum Erhalt unseres Lebensraumes für unsere Nachwelt und unsere Kinder haben in all unserem Denken und Handeln höchste Priorität!

Nur durch eine intakte Umwelt ist gewährleistet, daß die Gesundheit eines jeden Einzelnen erhalten bleibt und keinesfalls durch Krankheiten, wie z.B. der ständige Anstieg von Allergien oder Seuchen, zerstört wird.

Deshalb hat sich **IMPULS** den Schutz der Umwelt im allgemeinen und im speziellen auf die Fahne geschrieben. Insbesondere fördert **IMPULS** innovative Forschungen und daraus resultierende Zielverfahren und Produkte.

IMPULS finanziert sich ausschließlich aus Fördermittel und Spenden. Bitte überprüfen auch Sie, inwieweit Sie die hier dargestellten Ziele mit einer einmaligen und/oder regelmäßigen Spende unterstützen können.